KEMPTEN
Hörnle
53
Aggenstein
40
FÜSSEN
Tegelberg
41
Laber
52
Wank
51
LINDAU
Geisalpseen
39
GARMISCH-
ZÜRICH
49
50
Kranzberg
Kanzelwand
37
Säntis
19
Seebensee
54
Churfirsten
21
20
Stauberen
Niggenkopf
30
Rüfikopf
35
Kapall
36
34
Valluga
LANDECK
43
Acherkogel
45
Venetberg
18
Rigi
Parparner Rothorn
25
Pizol
22
32
Lünersee
Elfer
64
Gauertal
31
33
Hochjoch
Eisgrat
67
Flimserstein
23
29
Jakobshorn
Riffelsee
65
6
Jochpaß
Rotmoos
66
Weißhorn
24
MERAN
12
Gemsstock
ST. MORITZ
26
Corvatsch
27
Diavolezza
28
Lagalb
BOZEN
TRIENT
BERGAMO
MAILAND
BRESCIA
VERONA

Von Walter Pause im BLV:

Berg Heil – 100 schöne Bergtouren in den Alpen
Von Hütte zu Hütte – 100 alpine Höhenwege und Übergänge
Klassische Alpengipfel – 100 Touren in Granit und Eis
Im Kalkfels der Alpen – 100 klassische Gipfeltouren in den Kalkalpen
Im leichten Fels – 100 einfache Kletterführen in den Alpen
Im schweren Fels – 100 Genußklettereien in den Alpen
Im extremen Fels – 100 Kletterführen in den Alpen
Ski Heil – Die 100 schönsten Skipisten der Alpen
Abseits der Piste – 100 stille Skitouren in den Alpen
Skiparadies Schweiz – Die großen Skistationen
Münchner Hausberge
Münchner Skiberge

Walter Pause

BLV Verlagsgesellschaft
München Bern Wien

Wandern bergab

100 schöne Abstiegswege
in den Alpen

15., neubearbeitete Auflage

CIP-Kurztitelaufnahme der Deutschen Bibliothek

Pause, Walter
Wandern bergab: 100 schöne Abstiegswege in d. Alpen. – 15., neubearb. Aufl. – München, Bern, Wien: BLV Verlagsgesellschaft, 1977.
ISBN 3-405-11741-0

Erklärung der Abkürzungen siehe Seite 210

Schriftliche und bildliche Darstellungen dieses Werkes erfolgen nach bestem Wissen und Gewissen des Autors. Die Begehung der Touren nach diesen Vorschlägen geschieht auf eigene Gefahr. Eine Haftung kann nicht übernommen werden.

Jllustrationen und Vorsatzskizzen: Hellmut Hoffmann
Titelbild: H. Schmied, München (Abstieg zwischen First und Grindelwald)

Gesamtherstellung: Druckerei Ludwig Auer, Donauwörth

Printed in Germany · 1. Auflage 1960 · ISBN 3-405-11741-0

Die Einsamkeit, verbunden mit dem ruhigen Anschauen der Natur, mit einem klaren, heiteren Bewußtsein seines Glaubens über Schöpfung und Schöpfer, und verbunden mit einigen Widerwärtigkeiten von außen, ist, ich behaupte es, die einzige wahre Schule für einen Geist von edlen Anlagen; und wer nicht seine schönsten Träume in der Einsamkeit träumt, wer nicht so weit gekommen ist, daß er jede menschliche Gesellschaft, alle Zerstreuungen und allen Umgang mit der Welt entbehren kann, wer nicht die erste und beste Unterhaltung in der Tiefe seines eigenen Ichs findet, der schiebe seine Ansprüche auf Geistesgröße bescheidentlich in die Tasche zu den übrigen Brotkrumen und Bettelmünzen, und schleiche sich fort aus dem Angesicht der heiligen Natur, der er doch nicht angehört.

Gottfried Keller

Bergwandern – abwärts

Ich bin ein Feind der Bergbahnen. Denn Bergbahnen erschließen keineswegs die Höhen des Naturgenusses – wie so viele Bergbahnmanager vorgeben! – sondern meist nur Abgründe menschlicher Trägheit. Nichts gegen das eine Promille der Alten, Kranken und Versehrten unter den Bergbahngästen! Sie müssen – also sollen sie aufwärts fahren. Aber alle anderen Bergbahngäste sind eigentlich Betrüger: sie bringen ihre Beine um deren natürliche Funktion! Beine müssen gehen, wenn Leib und Seele gesund bleiben sollen . . . Natürlich ist die Bergbahn nur ein Phänomen unserer Zeit wie die Atombombe auch. Und weder das eine noch das andere läßt sich wieder aus der Welt schaffen. Deshalb sollten wir Bergfreunde versuchen, aus dieser Fatalität das Beste zu machen! Ich empfehle mit diesem Buche allen Bergbahnfahrern, ihre Begabung zur Faulheit nicht auf die Spitze zu treiben, sondern es mit der Vernunft zu halten und wenigstens abwärts nicht mehr zu fahren, sondern zu gehen. Und abwärtsgehend nicht den nächstbesten, sondern den stillsten, schönsten und reizvollsten Weg zu wählen. Hundert solcher Abstiegswege – zu einem Teil Geheimtips! – sammelt dieser Band. Zuweilen habe ich in einen größeren Abstieg einen kleinen Gegenanstieg eingeschmuggelt. Dies tat ich nicht, um den passionierten Absteiger zu ärgern, sondern um ihn in eine gewisse Versuchung zu führen. Denn ich gebe die Hoffnung nicht auf, daß die Natur selbst ihn von der Trägheit zum vernünftigen Gebrauch seiner Glieder bekehren wird. Ich darf ja hoffen, daß er, erst einmal am Arme von Mutter Natur gehend, doch noch jenes bekömmliche Bargeschäft erlernt, bei dem jede Viertelstunde reinen Bergglückes mit ein bis zwei Stunden Aufstiegsmühe zu bezahlen ist. Wobei ich unter reinem Bergglück nichts anderes verstehe als ein erhöhtes Selbstbewußtsein, ein heiteres Einverständnis mit der Welt und ein wunderbares Wohlbehagen an Leib und Seele.

Die Abstiegswege dieses Buches sind fast ausnahmslos leicht, meist ohne Gefahr zu begehen. Bei einigen Touren sollte man schwindelfrei und trittsicher, also alpin etwas erfahren sein. In diesem Falle geht der Anfänger an der Reepschnur des Erfahrenen. Ansonsten ist zu sagen, daß das Hochgebirge als Wanderrevier immer gewisse Gefahren birgt. Man denke nur an die großen Höhen und an einen Wetterumschlag in einem abgelegenen Gebiet! Wer also nach diesem Buche wandert, der muß vorher meine »Ratschläge für bequeme Bergwanderer« auf den letzten Seiten dieses Bandes gelesen haben. Dann besorge er sich gutes Kartenmaterial, – in Österreich und Bayern etwa die überall erhältlichen Freytag-Berndt- oder Kompaßkarten, in der Schweiz die Schweizer Landeskarten usw., – und mache sich an der Bergstation gemütlich an den Abstieg, einem Gipfel an Wanderfreuden zustrebend.

Walter Pause

Inhalt

Frankreich / Montblancgruppe / 4 bzw. 6 Std. / HU: 1104 m

1 Plan de l'Aiguille – Montenvers

Unter den Aiguilles von Chamonix

TALORT Chamonix, 1050 m, im Arvetal

AUFFAHRT 1. Entweder mit der großen Kabinenseilbahn zur Aig. du Midi bis Mittelstation Plan de l'Aiguille, 2234 m, oder 2. mit der alten Zahnradbahn nach Montenvers, 1900 m, am Mer de Glace

RASTORTE 1. Refuge Plan de l'Aiguille, 2234 m, einfach bewirtschaftet, für Bergwanderer sehr empfehlenswert (5 Minuten unterhalb der Mittelstation) – Hotel Montenvers, 1900 m (Bergstation)

BESONDERER HINWEIS Besonders eindrucksvolle, einfache Berg-Wanderung, 3–4 Std. von Station zu Station oder 5 bis 6 Std., falls man den Abstieg nach Chamonix anhängt

BESTE ZEIT UND AUSRÜSTUNG Mitte Juli bis Ende September! – Gute, feste Bergschuhe, leichter Pullover, Anorak im kleinen Rucksack. Kinder ab 12 Jahren!

KARTE SL-Karte, 292 und 282, Courmayeur und Martigny, 1: 50 000

BILD Auf dem Mer de Glace unterhalb Montenvers (rechts oben der Spornsockel der Aiguille des Grands Charmoz). Bei unserem Abstieg queren wir den Schuttsockel rechts am Bildrand, um nach Chamonix abzusteigen.

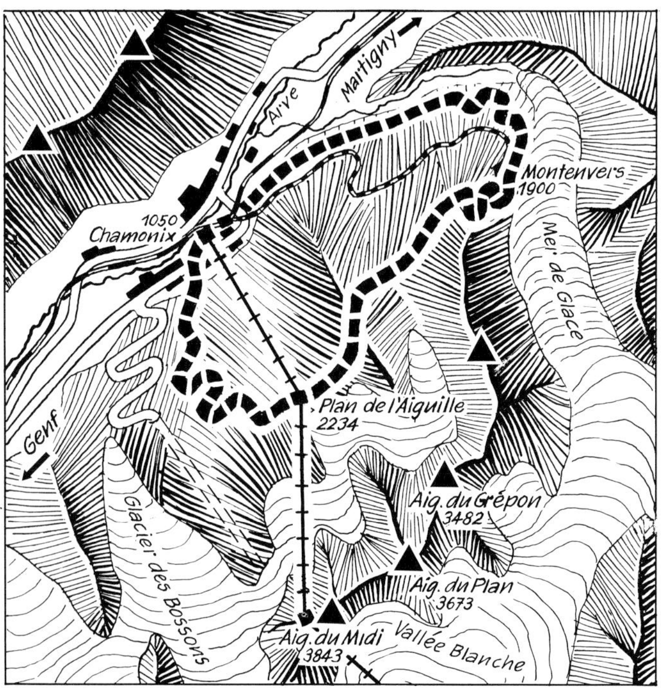

Diese nicht sehr lange Abstiegswanderung von der Mittelstation der Midi-Seilbahn hinüber nach Montenvers am Mer de Glace und hinab nach Chamonix umfaßt wohl die stärksten Eindrücke, die man auf einer relativ einfachen Bergwanderung – von etwa 2240 auf 1050 m absteigend – finden kann. Der erste und vielleicht gar schon stärkste Eindruck ist der, wenn man, in 5 Minuten von der vielfrequentierten Midi-Mittelstation abgestiegen zum angenehm versteckten, kleinen Refuge Plan de l'Aiguille, dort vor der Türe steht und zum erstenmal hinüberschaut auf die ungeheuren Massen des Bossonsgletschers. Die wälzen sich, aus 4800 Meter Höhe kommend, bis in die Waldzone hinab. Darüber stehen Montblanc, Bossesgrat und Dôme du Goûter, im Nacken erhebt sich in schwindelhafter Höhe die spitze Aiguille du Midi. Wir gehen nordostwärts den »Henri-Vallot-Steig« hinüber und haben dabei die beiden steilen Eisbecken des Blaitière- und des Nantillons-Gletschers stets rechts dicht über uns. Diese zerrissenen Eisdecken werden von den berühmten Aiguilles de Chamonix überragt, die wir in folgender Reihenfolge passieren: Aiguille du Midi, Aig. du Plan, Aig. de Blaitière, Aiguille du Grépon, Aiguilles des Grands Charmoz. Nach 2 Std. steigen wir ein Stück am Nordsporn der Grands Charmoz hinauf bis zur Crêtes des Charmoz, 2281 m, und dann drüben in Serpentinen hinab nach Montenvers. Auf der Höhe des Sporns erwartet uns, sehr überraschend, der dritte große Ausblick unserer Wanderung: der Blick auf das Mer de Glace unter uns und die sich darüber erhebenden Granitnadeln der beiden Drus, auf die übereiste Aiguille Verte und die schwarze Riesenmauer der Grandes Jorasses. Der weitere Abstiegsweg nach Chamonix führt großenteils durch schattige Waldzonen, mehrfach die Bahn kreuzend, nach La Frasse. Wer vom Schauen erschöpft ist, nehme die altmodische Zahnradbahn nach Chamonix hinab. – Man kann die Wanderung auch in umgekehrter Richtung machen, in diesem Falle hat man ab Montenvers bis Plan de l'Aiguille etwa 300 Höhenmeter Steigung in Kauf zu nehmen; dafür ist der weitere Abstieg nach Chamonix, stets mit dem Blick auf den Bossonsgletscher, eine Wonne für sich. Der Weg ist markiert und zwischen Alpenrosen nie zu verfehlen.

9

2 Von La Flégère zum Col des Montets

Unter Montblanc und Aiguille Verte

TALORTE Chamonix, 1040 m, bzw. Les Praz, 1059 m

AUFFAHRT Von Les Praz zur Mittelstation La Flégère, 1877 m (Riesige Schutterrasse unter den Aiguilles Rouges)

HÖCHSTER PUNKT UND RASTORT Lac Blanc, 2352 m (Chalet-Restaurant, Nächtigung meist möglich)

HINWEIS Wenn mit Kindern, dann nur, wenn sie trittsicher sind und streng am Steig bleiben. Ab 12 Jahren! – Chamonix (als Stadt) ist von Fremden stark überlaufen, während die Abstiegswege von Montenvers, Plan de l'Aiguille, Lac de Blanc oder Lognan angenehm still sind!

BESTE ZEIT UND AUSRÜSTUNG Juli bis Ende September. Nur in guten Bergschuhen und mit Wetterschutz. Der Weg ist bei klarem Wetter völlig ungefährlich. Wegen der Länge sollten ihn nur tüchtige Bergwanderer begehen! – Sehr ergiebig mit der hervorragenden Schweizer Landeskarte, 1:50 000, Blatt 282 (Martigny)!

ABSTIEG Bei der Ankunft am (viel befahrenen) Col des Montets, 1461 m, empfiehlt es sich, den Bus hinab nach Chamonix zu nehmen!

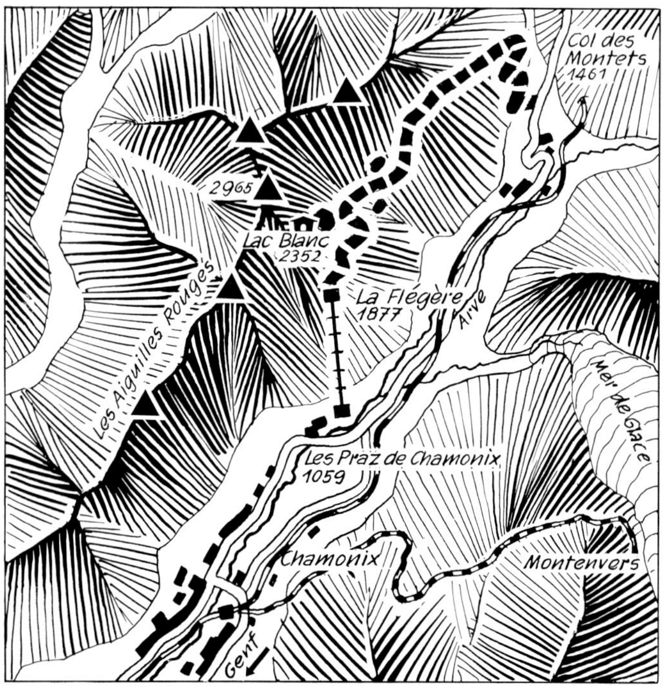

Unweit von Les Praz de Chamonix, 1059 m, steigt man in die Gondelbahn, um auf die mächtige Almterrasse von La Flégère in 1877 m Höhe aufzufahren. Während der Fahrt passieren abenteuerliche Verwandlungen: der weiße Rücken des Montblanc wächst hoch und mächtig gegen uns heran, die spitze Aiguille Verte aber und die Drus, aus dem Taldunst heraus nichts als hoch, eisig und düster, nähern sich in der klaren, scharfen Höhenluft und steigern sich vehement zu dämonischen Riesengebilden, die Zunge des schmutzigweißen Mer de Glace wird zu einem ungeheuren Eisstrom, der bis an die schwarze Mauer der Grandes Jorasses hochspült . . . Wir verlassen die Mittelstation La Flégère, um mit wenigen hundert Schritten in nördlicher Richtung, erst (auf markiertem Weg) in Serpentinen ansteigend, dann am Hang entlang die große Stille zu erreichen. Unser Ziel ist der kleine Lac Blanc, 2352 m hoch gelegen. Die sich daraus ergebenden 450 Höhenmeter Gegensteigung sind in eineinhalb Stunden zu bewältigen. Man braucht aber zwei Stunden und mehr, weil es sich einfach nicht vermeiden läßt, immer wieder stehenzubleiben und zu schauen. Es gibt keine eindrucksvollere Alpenszene als diese hier, gegenüber La Flégère und Lac Blanc. Der Aufblick von Chamonix zum Montblanc und auch der Einblick vom Gipfel der bald 4000 m hohen Aiguille du Midi kann niemals so überwältigend sein wie der Ausblick von unserem Weg. Am Lac Blanc steht ein altes Chalet-Restaurant für die große Rast. Dann geht es nur noch abwärts, immer nördlich, an fünf kleinen, einsamen Bergseen vorüber, dann lange am Hang der riesigen, über schweren Felsbänken liegenden Alpterrassen von Les Chéserys und La Remua dahin, bis man zu den ersten kleinen Lärchen und den ersten alten Zirben kommt, und bis man in steilen Serpentinen hinab zum Col des Montets absteigen kann auf 1461 m Höhe. Bis dahin hat man die Parade dreier großer Gletscherbrüche und -zungen passiert: Mer de Glace, Glacier d'Argentière, Glacier du Tour. Unterm Col des Montets an der Straße nach Chamonix steht ein großes Rasthotel, und hier kann man auch den Bus nach Chamonix nehmen. Die erwähnten kleinen Seen liegen links oberhalb des Steiges. Bei Nebel halte man sich streng an den Weg!

An unserer Endstation Col des Montets nach der Höhenwanderung ab Seilbahnstation La Flégère über den Lac Blanc. Rechts oben unsere Abstiegsroute. Über dem Tal der Arve (im Mittelgrund verborgen) die kühnen Türme der Aiguilles de Chamonix und der Mont Blanc du Tacul, die beständige Kulisse unserer Wanderung am Sockel der Aiguilles Rouges über Chamonix. Die Aiguilles von links: Aiguille des Grands Charmoz, Aiguille de la Blaitière und Aiguille du Plan. An diesem Col des Montets nehmen wir den Bus zurück nach Chamonix.

Frankreich / Montblancgruppe / 3 oder 8 Std. / HU: 1150 m

3 Unter Dru und Aiguille Verte

Vom Croix de Lognan nach Chamonix

TALORT Argentière, 1256 m, bei Chamonix (Bus und Bahn)

AUFFAHRT Luftseilbahn bis Croix de Lognan, 2032 m. Evtl. weiter bis Col des Grands Montets, 3260 m (unmittelbar am Fuße der Aiguille Verte)

RASTORTE Croix de Lognan, 2032 m, bewirtschaftet

BESONDERER HINWEIS Es wird empfohlen, nur ab Croix de Lognan direkt nach Argentière oder um den Sockel der Aiguille à Bochard zum Mer de Glace und nach Montenvers-Chamonix abzusteigen. Trittsicherheit wichtig! Zwischenstation Wirt »Les Chapeaux!«

BESTE ZEIT UND AUSRÜSTUNG Juli bis September. Nur in guten Bergschuhen und mit Wetterschutz (Anorak) im kleinen Wanderrucksack. Der Weg ist bei klarem Wetter ungefährlich. – Wer den langen Abstieg Croix de Lognan–Mer de Glace wählt, muß auch einen Pickel besitzen! – Dazu die ideale Schweizer Landeskarte, 1:50 000, Blatt 282 (Martigny)

Wer mehr haben will als nur einen Vorgeschmack von den Dimensionen der höchsten Alpengruppe, wer ins Zentrum dieser Gruppe und zugleich in ihren großartigsten Gletscherraum vordringen will, der fahre einmal mit der Luftseilbahn von Argentière hinauf zum Croix de Lognan oder weiter zum Col des Grands Montets, 3260 m! Dort steht er unmittelbar am Westsockel der Aiguille Verte mit ihren gefürchteten Couloirs Couturier und Cordier, die aus dem Eiskessel des Glacier d'Argentière bis zum 4121 m hohen Eisgipfel emporsteigen. Gegenüber ragt die Eis- und Urgesteinsfront der Aiguille du Chardonnet, 3662 m, und der Aiguille d'Argentière, 3902 m, empor, und wenn man von der Mittelstation nordwärts zum Ufer des wildzerrissenen Glacier d'Argentière absteigt und zurückblickt, so sieht man, daß sich hinter der Aiguille Verte die größten Eiswände der Alpen aneinanderreihen – sie heißen Les Droites, Les Courtes, Aiguille de Triolet. – Der Abstieg von der hohen Bergstation am Col des Grands Montets ist nicht zu empfehlen, wenigstens nicht Bergwanderern! Nur erfahrene Bergsteiger begehen ihn ohne Gefahr! Der weitaus bequemste Abstieg führt von der Mittelstation zum nahen Hotel de Lognan dicht überm Argentière-Gletscher und dann direkt nach Argentière hinab zur Talstation. – Wer trittsicher ist und mit festen Schuhen ausgerüstet, der sollte vom Croix de Lognan südwärts um den Sockel der Aiguille á Bochard herum und dann am Mer de Glace aufwärts wandern, bis er gegenüber der Bergbahnstation Montenvers in einer Trasse das Mer de Glace queren kann. Die Trasse ist viel begangen! Ab hier Bergbahn oder weiterer Abstieg nach Chamonix (bis Montenvers gute 5 Std., bis Chamonix weitere 2 Std.). Dieser Abstieg schlösse zwei Phänomene ein: den Tiefblick in den Argentiere-Kessel und den Aufblick vom Mer de Glace auf die Aiguilles von Chamonix. Unterwegs löscht man beim Wirt »Le Chapeau« (1576 m) den ersten Durst. Ehe man das Mer de Glace (genau gegenüber der Station Montenvers) überquert, passiert man den »Mauvais Pas« (den »Schlechten Tritt«: Stufen im Granit) – relativ harmlos! – Die Schweizer Landeskarte, Blatt 282, zeigt genau den Verlauf des Abstieges, dazu auch den kürzeren Abstieg von Le Chapeau bis ins Tal von Chamonix.

Ein interessantes Bild der Montblanc-Gruppe mit dem ersten Teil unserer Abstiegsroute vom Croix de Lognan zur Aiguille à Bochard und über das untere Mer de Glace nach Montenvers. Oben, von links: Aiguille des Grands Montets, Aiguille Verte, Petit und Grand Dru (genau senkrecht darunter in Bildmitte die schwarze Aiguille à Bochard über verschneiten Blockfeldern), Flammes des Pierres, Grandes Jorasses. Rechts unter der Aiguille à Bochard die Moränen des Glacier du Mont Blanc, unter dem wir zum Mer de Glace absteigen. Im Vordergrund der Lac Blanc samt Hüttendach, den wir von der Abstiegswanderung ab La Flégère her kennen. Die Bergstation Croix de Lognan, 2032 m, befindet sich in der Mitte des linken Bildrandes (knapp außerhalb des Fotos).

Schweiz / Walliser Alpen / 2–2½ Std. / HU: 560 m

4 Zwischen Rhôneknie und Trientgletscher

Vom Mont de l'Arpille zum Col de La Forclaz

TALORT Col de La Forclaz, 1525 m (an der Straße von Martigny nach Chamonix)

AUFFAHRT Sessellift von 1525 auf 2040 m Höhe

HÖCHSTER PUNKT Mont de l'Arpille, 2085 m

RASTORTE Kein Restaurant, keine Hütte am Berg, nur am Col de La Forclaz. Der Abstieg ist relativ kurz; wer länger am aussichtsreichen Gipfelkamm verweilen und dessen einzigartige Stille genießen will, der nehme sich vom Tal einen Korb voll Obst mit – Rhônetrauben etwa und Pfirsiche!

BESTE ZEIT UND AUSRÜSTUNG Vom Juni bis Oktober. Ungefährlich, auch für trittsichere Kinder. Leichte Bergschuhe sehr angebracht! – Nur mit der Schweizer Landeskarte auffahren, 1:50 000, Blatt 282 zum Studium von 999 Augenweiden!

BILD Ausblick vom Col de la Forclaz unterhalb des Mont de l'Arpille gegen Süden auf Trientgletscher und Pointes des Ecandies (links oben), Aiguille du Pissoir und Aiguille du Tour, 3540 m (rechts oben)

Wer vom tief eingefurchten Rhôneknie bei Martigny aus in langen Schleifen die weiten sonnseitigen Rebenhänge unterm Col de La Forclaz, 1525 m, passiert, um ins französische Chamonix unterm Montblanc hinüberzuwechseln, der sollte oben am Col auf die Bremse treten und mit dem simplen Sessellift rechter Hand 12 Minuten hinauf zum Mont de l'Arpille fahren: er wird es nicht bereuen! Denn ist er von der Holzhütte der »Bergstation« erst seine 25 Minuten gemächlich durch erratisches Blockwerk und rostrot glühende Alpenrosen hinauf zum Gipfel gestiegen – der gar kein Gipfel ist, sondern nur ein gewaltiger Rundbuckel aus Urgestein –, so verschlägt es ihm den Atem vor Überraschung: denn hier steht man auf 2100 m Höhe, schwebt wie auf einem duftenden Kissen volle 1500 Meter überm Rhônetal, das man hinaus zum Genfer See und weit hinauf bis unters Bietschhorn verfolgen kann, und mit einem einzigen Rundblick umfaßt man die schimmernd und glänzend in das Himmelsblau gewölbte Kuppe des Montblanc, die Eistreppe des Grand Combin, die schwarzen Türme der Dents du Midi, dazu unmittelbar gegenüber das stille Gletscherreich um die Aiguilles Dorées (3436 m), die Aiguilles du Tour (3540 m), die Pointes des Ecandies und vieles, vieles mehr. All dies gewahrt man aus großer, schwerer Stille, die auch der dürftige Sesselliftbetrieb nicht zerstören kann. Die Sesselfahrer gehen meist nicht bis zur Gipfelkuppe, und diese Kuppe ist so groß und weit, daß man den ganzen Tag allein sein kann, wenn man es nur will und verträgt . . . Der Abstieg ist ungefährlich und angenehm schattig, wenn man nur erst das kleine Steiglein gefunden hat, das (im Abstiegssinne) etwa hundert Meter unterhalb der Bergstation rechts unter den vermoosten Tannen zu finden ist und das still und doch kurzweilig, weil immer wieder von eindrucksvollen Aussichtskanzeln unterbrochen, zurück zum Col de La Forclaz führt. Wer Richtung Grenze reist, fährt die große Schleife hinab nach Trient und hält, bei Sommersonne, einen Kilometer später auf 1300 m Höhe am (rechts) wild rauschenden Trientbach, um dort rasch einzutauchen und die schauernde Haut gleich danach auf die backofenwarmen Urgesteinsplatten zu spannen, deren es dort eine große Menge gibt . . . niemand schaut einem zu!

Schweiz / Walliser Alpen / 4–5 Std. / HU: 980 m

5 Unter Matterhorn und Dent d'Hérens

Vom Schwarzsee über Zmutt nach Zermatt

TALORT Zermatt, 1620 m

AUFFAHRT Von 1620 m über Umsteigestation Furi, 1886 m, auf 2600 m

HÖCHSTER PUNKT Bergstation Schwarzsee, 2600 m. Evtl. Hörnlihütte, 3260 m, außerordentlich lohnend!

RASTPUNKTE Hotel Stafelalp, 2199 m; Zmutt, 1887 m

HINWEIS Der Anstieg – am festen, markierten Steig – bis zum Einstieg des Hörnligrates oberhalb der neuen Hörnlihütte, 3260 m, kostet nur knappe 2 Std. Zeit. Abstieg bis Schwarzsee 1¼ Std.! Man sollte sich das Phänomen doch einmal aus Atemnähe ansehen!

BESTE ZEIT UND AUSRÜSTUNG Nicht vor Juli, dann bis Herbst. Je später, desto schöner. Feste Bergschuhe mit Profilsohle, Wetter- und Wärmeschutz sehr empfohlen! Ungefährlich, auch für trittsichere Kinder ab 10 Jahren. – Mit Schweizer Landeskarte, 1:50 000, Blatt 284!

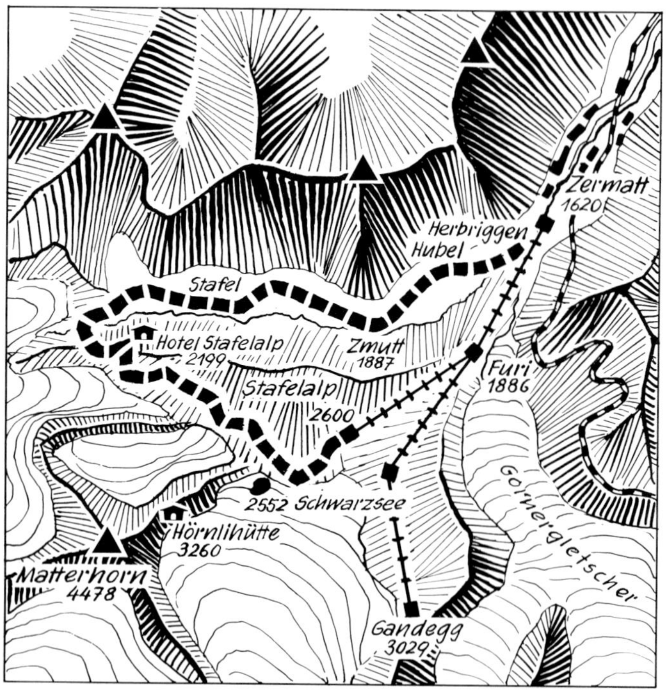

Wer von Zermatt, 1620 m, die 1000 Höhenmeter über Furi zum Schwarzsee hinauffährt, ist dem Matterhorn auf eine beklemmende Weise auf den Felsleib gerückt. Er steht beinahe am Fuße des klassischen Schweizer Hörnligrates – dem Weg des Erstersteigers Whymper und dem Ort der furchtbaren Katastrophe von 1865 – und wenn er auf unserem Wege über Stafelalp zu Tal wandert, dann hat er die schauerlich abweisende Nordwand stets unmittelbar über sich . . . Hat man die siebenundzwanzig Viertausender um Zermatt genügend bewundert, so steigt man von der Bergstation zum kleinen Schwarzsee ab mit der in ihrer Einfachheit ergreifenden Barockkapelle »Maria zum Schnee« und wendet sich hier westwärts, immer über Felsstufen und Matten stromernd und nur vom Schauen oder von den Murmeltieren aufgehalten, der zum Zmuttgletscher abfallenden Stafelalp zu. Alsbald gelangt man in die Nähe eines großen Wasserkraftwerks, das es zu umgehen gilt, um unten vor der Zunge des riesigen Zmuttgletschers den Zmuttbach zu gewinnen, dessen jenseitiges Ufer und den Weg, der von der SAC-Schönbühlhütte herabkommt. Dabei sehen uns Dent Blanche und Obergabelhorn aus nächster Nähe zu. Wir begehen den Weg talwärts bis zum schönen, alten, armen Dorfe Zmutt, doch nicht ohne vorher immer wieder aufgeschaut zu haben zu den eisgepanzerten Nordflanken von Dent d'Hérens, 4171 m, und Matterhorn, 4476 m – mit jedem Schritte mehr, den wir absteigen, gewinnen sie an dämonischer Gewalt. Bald hinter Zmutt, 1887 m, gelangen wir an eine Gruppe hochbeiniger Heustadel, wo wir den geradeaus nach Zermatt führenden Weg nach links verlassen, um (nach 50 m wieder rechts hinauf) über den Hubel, 1953 m, und Herbriggen, 1755 m, nach Zermatt abzusteigen. Es gibt keinen schöneren Abstiegsweg im ganzen Zermatter Tal, und immer wieder muß man stehenbleiben und schauen, um den Gornergletscher, den hohen Liskamm, die Eisburg des Monte Rosa oder geradeaus Dom und Täschhorn aus der Mischabelgruppe zu bewundern – falls unser Blick nicht von der unmittelbaren Nähe bedrängt wird, den Bergblumen, den Schmetterlingen, den nackten oder moosgrün, moosbraun und moosrot von Flechten überwachsenen Urgesteinsblöcken . . .

Das Matterhorn über dem Tal von Zermatt, dessen Sockel wir bei unserer Wanderung am Schwarzsee auf 2600 m Höhe berühren. Beim zusätzlichen, knapp zweistündigen Anstieg zur Hörnlihütte sind wir nur wenige Meter vom Hörnligrat entfernt. Der Hörnligrat ist links der Bildmitte von Sonne und Schatten markiert.

Schweiz / Walliser Alpen / 4–5 Std. / HU: 1510 m

6 Vom Gornergrat nach Zermatt

Unter den Walliser Superlativen

TALORT Zermatt, 1620 m (mit Kfz nur bis St. Niklas)

AUFFAHRT Mit der Gornergrat-Zahnradbahn von 1620 auf 3089 m

HÖCHSTER PUNKT Gornergrat, 3136 m. Weiterfahrt mit Kabine bis Stockhorn, 3407 m, möglich. Abstieg aber nur ab Gornergrat, 3089 m!

RASTPUNKTE Hotel Gornergrat, 3100 m; Hotel Riffelalp, 2230 m

BESTE ZEIT UND AUSRÜSTUNG Juli bis Ende September. Feste Bergschuhe, Wetter- und Kälteschutz sind wichtig. Ungefährlich für leidlich trittsichere Wanderer, auch für Kinder ab 12 Jahren. – Mit Schweizer Landeskarte, 1:50 000, Blatt 284 + 283!

BILD Beim großen Abstieg vom Gornergrat nach Zermatt stehen wir bald nach unserem Start dem komplexen Monte-Rosa-Stock gegenüber. Hier baut er sich in mächtigen Eisterrassen über dem Grenzgletscher auf, zu dem (links unten) noch der Gornergletscher stößt. Oben die beiden Hauptgipfel Nordend, 4609 m, und Dufourspitze, 4634 m – dazwischen der weiße Silbersattel. Die Monte Rosa-(Dufour-)Hütte steht rechts unten auf der schwarzen Moräne.

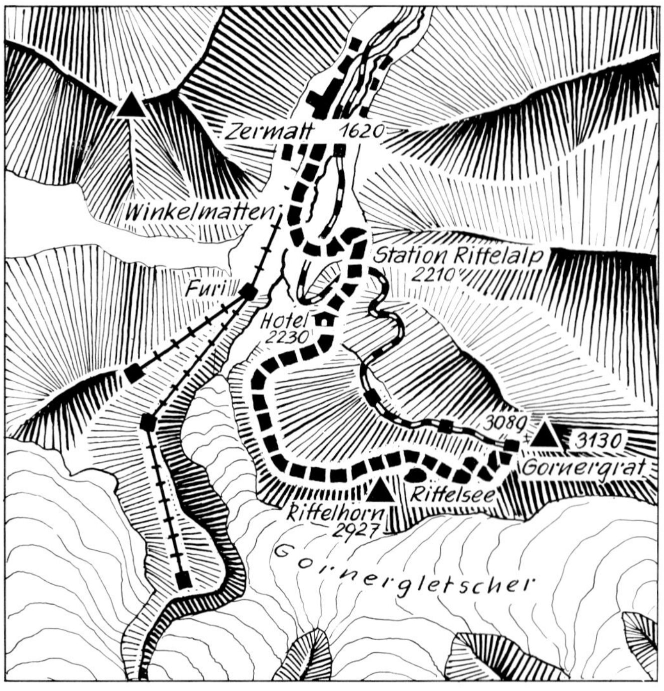

Wer blind geworden ist im falschen Glanz des Städtetreibens und taub in seinem Lärm, der muß einmal nach Zermatt fahren und vom Gornergrat ganz langsam hinabschlendern: von 3136 m auf 1620 m Meereshöhe, aus kristallklarer Höhe in eine schattige Tiefe, aus der wilden Eis- und Felsregion in üppig grünendes Tal ... Die Augenkur beginnt mit dem ersten Blick von der Bergstation, wo siebenundzwanzig Viertausender wie märchenhafte Urweltkulissen um uns aufragen und wo das Matterhorn »wie gemalt«, aber nun doch auf unfaßbare Weise wirklich vor uns steht: der ideale Bergriese schlechthin. Kaum weniger faszinierend ist der ungeheure Eiskessel der Gorner-, Grenz-, Theodul- und Furgg-Gletscher ringsum und unter uns und über uns: eine schimmernde, im näheren Hinschauen aber abstoßende und durch Spalten und Brüche zerrissene Eiswelt unter dem gefährlichen Hauch einer ungehemmt niederströmenden Sonnenglut. Die Menschen sind außer sich und nennen es herrlich und wunderbar ... Man erträgt alles leichter, wenn man nicht mit der Gornergratbahn zurückfährt, sondern zu Fuß absteigt und sich den Erscheinungen der nächsten Nähe hingibt. Gleich unter der Bergstation bleibt man links der Bahn, beim Wegweiser hält man sich wieder links und steuert den Riffelsee an. Wer mit Vorsicht zu gehen weiß, verlasse getrost den frommen Steig und steige noch weiter links ab, umgehe den und jenen Abbruch, bis er, unmittelbar vor dem schwarz und dunkel aufragenden Riffelhorn, linker Hand zum Gornergletscher hinabsieht. Hier kann er Gemsen und Murmeltieren, aber auch Steinböcken begegnen, die einen unter ihrem mächtigen Gehörn unbewegt mustern. Diese Strecke zum Riffelhornfuß hin und am Riffelsee entlang und dann zwischen rasigen Gründen und schwarzen Urgesteinsrippen mählich hinab (nach dem Riffelsee immer rechts halten und am Steig bleiben) bis zur Station Riffelalp, 2210 m, immerzu das Matterhorn unmittelbar vor sich, einmal wie von fernen Scheinwerfern beleuchtet, einmal in Nebeldämpfen, einmal in schauriger dunkler Bläue –, diese Strecke dient Leib und Seele zur Genesung. Ab Riffelalp steigen wir auf bezeichnetem Weg über Winkelmatten nach Zermatt ab – etwa 4–5 Std. im Ganzen – bei zunehmendem Durst und Hunger.

Schweiz / Walliser Alpen / 2¼ od. 4½ Std. / HU: 1090 od. 340 m

7 Grüne Sonnenwege im Wallis

Am Steig von Gspon nach Saas-Grund

TALORT Stalden, 810 m, 40 Min. von Visp im Rhônetal. (Wer übernachtet, besser in Staldenried, 1062 m hoch, Lift, keine Autos!)

AUFFAHRT Kleinkabinenbahn von 810 auf 1900 m Seehöhe

HÖCHSTE PUNKTE Bei direktem Abstieg Gspon, 1900 m. Bei der Wanderung nach Saas-Grund Alp Mattwald, 2210 m

RASTORTE Bei der Höhenwanderung erst in Saas-Grund!

BESTE ZEIT UND AUSRÜSTUNG Da Sonnenhang, von Juni bis Ende September. Direkter Abstieg einfach, leichte Bergschuhe empfehlenswert. Saas-Wanderung mit Wetter- und Wärmeschutz. – Zum Höhenweg unbedingt mitführen Schweizer Landeskarte, 1:50 000, Blatt 284! Und feste Bergschuhe, keine Leichtbergschuhe!

BILD Das berühmte Walliser Bergdorf Saas-Fee, auf das wir hier – zur Mischabelhütte ansteigend – zurückschauen, liegt bereits 1800 m hoch und ist der ideale Stützpunkt für schöne, ja großartige Bergtouren und Wanderungen. Links oben im Hintergrund der Portjengrat, rechts oben das Allmagelhorn, rechts im Mittelgrund die Plattjen-Schulter des Egginer (3366 m), den wir bei unserem langen Abstieg vom Felskinn (Egginerjoch, 2989 m) umwandern. Siehe nächste Tour 8!

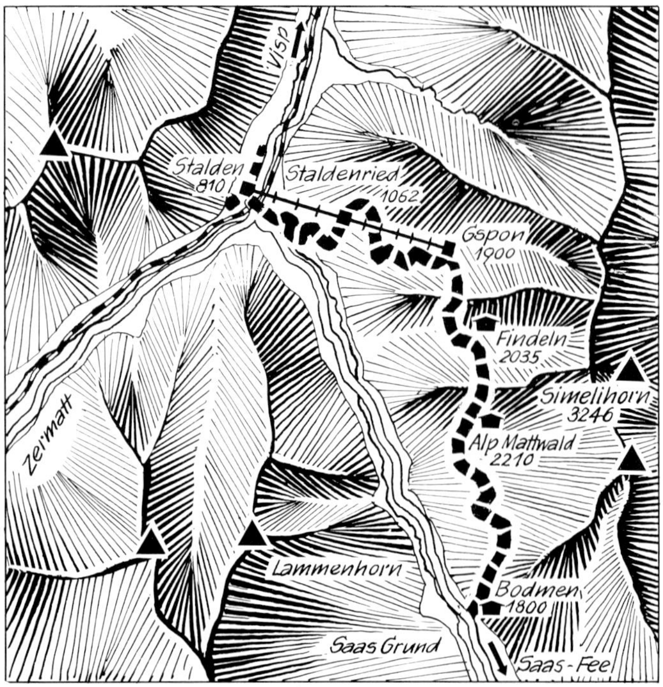

Alle fahren sie hastig vorbei, um Matterhorn und Alphubel zu sehen. Sie fahren von Visp im Rhônetal nach Zermatt oder Saas-Fee, die Straßengabel Stalden gilt als lästiger Vorort. In Stalden aber sollte der kluge Bergwanderfreund gelegentlich mal ausscheren und mit der Liliputgondel von 810 m Seehöhe hoch hinauf über Staldenried nach Gspon, 1900 m, fahren: er würde es niemals bereuen! Gspon ist eine kleine, lärchengesäumte Sonnenterrasse mit zwei Gasthöfen, einigen neuen Gastchalets, einer in sicheren, reinen Formen bestehenden frühbarocken Kapelle (1694) und, dicht darunter, einem Bergnest aus dreißig dicht zusammengedrängten Holzhäusern und hochbeinigen Walliser Stadeln mit bescheidenen Bergmenschen, die von der Umweltstille sicher behütet sind . . . Der Abstieg von der Bergstation, erst bis an das Bergnest hinab, dann auf gutem Weg scharf rechts, später in größeren Kehren, führt aus der Freiheit der großen Höhe – mit der eisblinkenden Mischabelgruppe als großartige Augenweide (Bild)! – in einen Lärchenurwald hinab, durch dessen lichtgrüne Schleier immer wieder blau und dunkel die jenseitigen Bergflanken leuchten. Unter den Lärchen besetzen riesige Alpenrosenfelder den Boden, so geht es bald eineinhalb Stunden hinab, dann flüstern erste Wasserrinnen am Südhang, und ein ganzes System rührend gepflegter, uralter »Heiliger Wasser« durchquerend gelangen wir nach Staldenried, 1062 m. Hier benützen wir die Mittelstation der Kabinenbahn, um über die Schlucht nach Stalden hinabzugelangen. Wer noch nicht müde ist, steigt weiter südlich über den Alten Kirchberg in die Schlucht der Visp hinab und drüben wieder hinauf. – Ein größeres Unternehmen, ebenso ungefährlich, doch entschieden länger, ist der Höhenweg von Gspon, 1900 m, am Südhang hin verschiedene einsame Weiler streifend, nach Saas-Grund, 1559 m. Dieser Weg ist eine Augen- und Herzenskur ohnegleichen, kostet freilich 4–5 Std. Zeit. Rot-weiße Markierung über Findeln, 2035 m, Alp Mattwald, 2210 m, Siwiboden, 2077 m, Tälwäldji, 1817 m, Bodmen, 1800 m, nach Saas-Grund. (Vorher »Schweizer Wanderbuch«, Vispertäler, Route 32, ganz genau lesen – die Schweizer Landeskarte, Blatt 284, daneben! Das öffnet alle Sinne und verdoppelt die Freude.)

Schweiz / Walliser Alpen / 3–4 Std. / HU: 1200 m

8 Rund um den Egginer

Paradeabstieg am Feegletscher

TALORT Saas-Fee, 1790 m. Zufahrt Rhônetal–Stalden–Saas Grund, hier rechts bis Parkplatz VOR Saas-Fee. – Gute Unterkunft auch in Saas-Almagell, 1673 m, bzw. Saas-Grund, 1559 m.

AUFFAHRT Großkabine von 1790 auf 2990 m zum »Felskinn«. Für einfache Ansprüche auch von 1790 auf 2570 m nach Plattjen; ab hier direkter Abstieg 2 Std., oder Traverse in der Egginer-Ostflanke zum Egginerjoch (Britanniahütte), Felskinn und anschließendem Abstieg.

HÖCHSTE PUNKTE Egginerjoch, 2989 m, bei dessen Überschreitung zur Hütte.

BESTE KARTE Sehr lohnend die Schweizer Landeskarte 284 (1: 50 000)

RASTORTE Felskinn-Bergrestaurant, 2990 m. – Britanniahütte SAC, 3030 m (60 Min. ab Felskinn über Egginerjoch). – Bergstation Plattjen, 2570 m (wenn Abstieg Egginer – Ostflanke – Saas)

Saas-Fee oder Zermatt – klassische Bergsteigerdörfer, vom Ski- und Bauboom leicht degeneriert: aber Matterhorn und Allalinhorn sind noch unberührt vom Bergbahnwahn . . . Saas-Fee hat 300 m VOR dem Gletscherdorf seinen Riesenparkplatz. Welch ein Gewinn! . . . Die Riesengondel bringt uns von Saas tolle 1200 Meter höher zur Station Felskinn, ganz nah dem Egginerjoch, 2989 m. Dort entscheidet der Absteiger: 1. entweder direkt, fast unter den Bahnseilen, immer nahe dem großartigsten Alpengletscher, nach Saas-Fee hinab (2–3 Std. gemütlich) oder großzügiger, 2. vom Felskinn übers Joch zur Britanniahütte SAC, 3030 m (nur 1 knappe Std.!) – dann kurz über Firn, dann am markierten Steig »rund um den Egginer« bis Plattjen, 2570 m (an der Bergstation des Plattjenliftes stolz vorbei) und auf feinen Serpentinen hinab nach Saas-Fee (4–5 Std.). – Man muß in den Alpen suchen nach Ausblicken wie denen vom Felskinn auf den unabsehbaren, im Licht verglühenden Fee-Gletscher, über dem 6 Walliser Viertausender wanken, – von der Britanniahütte über das bis zur Hütte anschwellende Eis des Allalingletschers hin auf Strahlhorn und Rimpfischhorn (4190 und 4198 m). – Die Firnfelder vor und hinter dem Egginerjoch sind kurz, man findet stets eine Trasse. Trittsicherheit ist bei beiden Abstiegen nötig, ebenso sicheres Wetter! Diesbezüglich ist Vorsicht geboten in diesen großen Höhen, auch was die Mitnahme von Kindern (nur ab 12–14 J.!) betrifft. – Eine Mahnung: wer vom Felskinn – den berühmten Feegletscher zur Linken – direkt nach Saas absteigt, bleibe an Spuren, bis der ausgetretene Weg beginnt, bleibe in etwa unter der Seilbahn – nähere sich NICHT der Gletscherzunge links, so verlockend sie wirkt. Wer die oben links lustig abfließenden Eisbäche quert, um dem schönsten Alpengletscher näher zu sein, kann sie unten NICHT mehr queren. – Also: an den Wegspuren bleiben. Zwischen Saas und Felskinn entdeckt man auffahrend eine Riesensäule (mit Lift, weil Mittelstation); diese Säule zielt man beim Direktabstieg an, dann kommt man nicht in Bachnähe und findet weiter unten die Wegspur ins Tal. Komplette Ausrüstung: nie ohne gute Bergschuhe, nie ohne Regen- und Kälteschutz! Landeskarte nicht vergessen: man weiß sofort alle Namen der Berggipfel!

Ausblick von der Britanniahütte (nach Überschreitung des Egginerjoches, 1 Std. ab Bergstation Felskinn) auf den Allalingletscher und auf die Walliser Eisriesen Rimpfischhorn, 4198 m (rechts) und Allalinhorn, 4027 m. Das von uns überschrittene Egginerjoch liegt links außerhalb des rechten Bildrandes, über Firn in 30 Minuten zu erreichen.

Schweiz / Berner Alpen / 3–4 Std. / HU: 707 m

9 Im Almenrevier über Gstaad

Eggli – Muttenhubel – Meielsgrundtäli

TALORTE Gstaad, 1050 m; Saanen, 1020 m (Westschweiz)

AUFFAHRT Lift von 1050 m auf 1560 m Höhe

HÖCHSTE PUNKTE Vorder-Eggli, 1671 m; Muttenhubel, 1757 m

RASTORTE Eggli-Bergstation, 1560 m

HINWEIS Rings um das nur im Skiwinter überfüllte Gstaad findet man ein Halbdutzend Bahnen und Lifte, von denen man – die Landeskarte in der Tasche – mindestens ein Dutzend stiller Abstiege abwandern kann. So von Videmanette, Windspillen, Wasserngrat, Hornfluh usw.!

BESTE ZEIT UND AUSRÜSTUNG Juli bis Anfang Oktober. Leichtbergschuhe, Wetter- und Wärmeschutz! Ungefährlich, markiert. Auch für Kinder ab 10 Jahren. – Unbedingt mit Schweizer Landeskarte, 1:50 000, Blatt 263 (und 262)!

HINWEIS Gstaad, leider an einer Durchgangsstraße gelegen, ist trotzdem ein feiner Ferienort. Nicht nur wegen der Ia-Cafés und Torten. Man kann sich in den vielen umliegenden Wiesenbergen herrlich verlaufen und einsam bleiben.

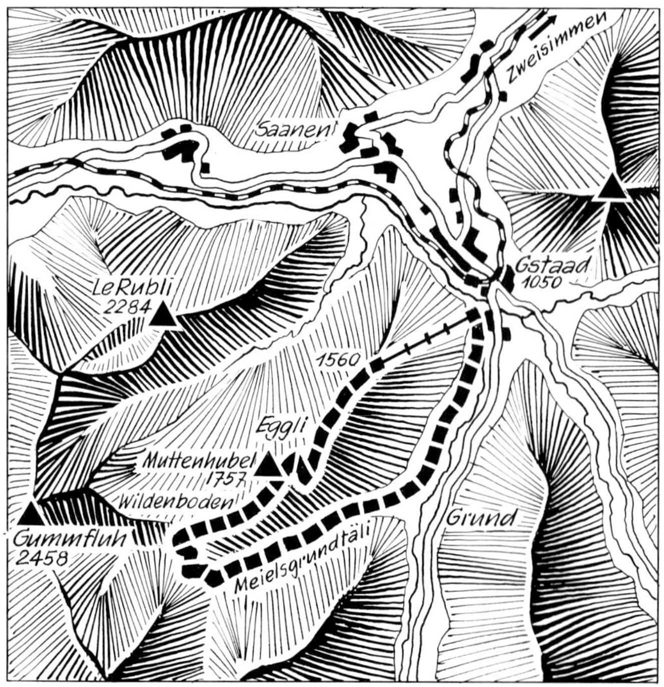

Gstaad an der deutsch-welschen Sprachgrenze im westlichen Berner Oberland – im Winter bevorzugter Schweizer Skizirkus – liegt in einer riesigen, grünen Talmulde von über 1050 m Höhe und mit tausend Heustadeln ringsum. Über diesem Grund stehen südwärts die dunklen Felsmassen der Diablerets, 3213 m. Wer von Martigny im Rhônetal, etwa von Chamonix kommend, gegen Interlaken und Deutschland reist, passiert nach dem einsamen Col du Pillon die weite Gstaader Mulde und sollte hier, dicht vor den prächtigen Hotels, einmal anhalten und zum Eggli hinauffahren auf 1560 m Höhe am Haldisbergli. Von dort zieht ein köstlich stiller Kammweg über den langen Wald- und Weiderücken des Eggli-Zuges zum Muttenhubel, 1757 m, und ab hier, nun kurz weglos am schmäleren Kamm, zur Alp Wildenboden. Von diesem Kamm weg schaut man entzückt auf die südwärts benachbarten Flühe und Felstürme, wo es Edelweiß und Gemsen zuhauf gibt, und darüber hinweg auf das firnblinkende Wildhorn, 3250 m, auf Spitzhorn, 2806 m, Staldenflühe, 2262 m, Dent de Ruth, 2236 m, vor allem aber westwärts, wo ganz nah der gewaltige Felsbau der 2457 m hohen Gummfluh aufsteigt – eine dramatische Kulisse von stärkstem Reiz. Kommt man später, nach dem abseitig einsamen Abstieg südwärts und steil ins heimelig enge Meielsgrundtäli und macht man den Schlendergang am murmelnden Falbbach entlang hinaus in das breite Saanetal, dann sieht man die Nähe blitzblank, aufgeräumt, eingezäunt, wie ein Musterländle – das die Schweiz in dieser Hinsicht ja wohl auch ist. Man erreicht das offene Saanetal etwa beim Bäuert Grund und geht von hier aus am linken Ufer des Flusses nach Gstaad zurück. Damit beendet man eine Berg-, Wald- und Wiesenwanderung voller versteckter Reize und geheimer Stille; zudem hat man in den drei Stunden, die man seinen Gliedern für ihre natürliche Funktion gegönnt hat, soviel Hunger und Durst gesammelt, daß es zur Ehrensache wird, diesen Hunger und Durst nicht blindlings, sondern wohlüberlegt zu stillen. Wobei der Fendant von der nahen Rhône seine gewichtige Rolle zu spielen hätte. In Gstaad, Ziel reicher Leute, kann man gut schlechtes Französisch sprechen und so an seinem feinen Deutsch sparen.

Blick ins Saanetal bei Gstaad an der deutsch-welschen Sprachgrenze. Das weite Almenrevier um Gstaad wird von mehreren Seilbahnen erschlossen, von deren Bergstationen aus genußvolle Wanderabstiege ins Tal führen. Ganz links oben der Arpelistock, 3039 m, von der Wildhorngruppe, ganz rechts oben Les Diablerets, 3213 m, mit dem dunklen Oldenhorn, 3122 m. Die Straße in dem hier sichtbaren Tal führt zum Col du Pillon und ins Rhônetal – dem Mont Blanc entgegen!

Schweiz / Berner Alpen / 3–3½ Std. / HU: 708 m

10 Zwischen Wildhorn und Simmental

Rinderberg – Saanenmöser – Zweisimmen

TALORT Zweisimmen (im Simmental hinterm Thunersee), 940 m. Viele gute alte Wirte, aber durch die Nachbarschaft des Luxusortes Gstaad etwas hohe Preise! Große, gute Portionen, aber noch größere Preise (Feststellung 1977)

AUFFAHRT Kleinkabinenbahn von 950 m auf 1980 m

HÖCHSTER PUNKT Rinderberg, 2081 m

RASTORTE Bergstation, 1980 m; Barwengen, 1833 m (Almwirtschaft); Hornkessel, 1928 m (Almwirtschaft); Saanenmöser, 1272 m

BESTE ZEIT UND AUSRÜSTUNG Juni bis Ende Oktober. Gute Leichtbergschuhe und Wetter- und Wärmeschutz! Völlig ungefährlich, idealer Familien- und Verlobungsweg. – Ergiebiger mit Schweizer Landeskarte, 1:50 000, Blatt 253 + 263!

HINWEIS Hier wird eine Überschreitung bis Saanenmöser empfohlen. Man kann aber auch – sehr reizvoll, weil immer am spitzen grünen Kamm – den Nordsporn absteigen, den auch die Kabinenbahn benützt! 2¼ Std. für knapp 800 Höhenmeter!

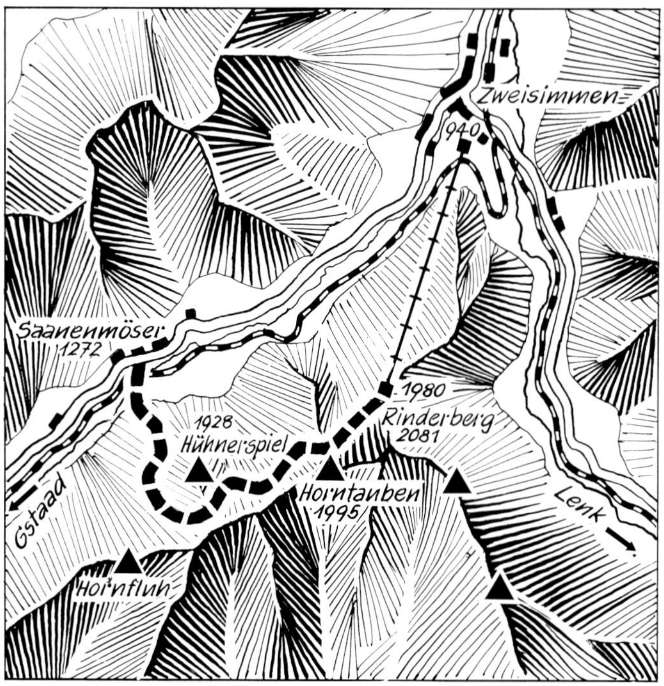

Wenn man vom Thunersee oder von Interlaken zur Rhône will, muß man durch das Simmental fahren. Im Simmental wird die Schweiz »oberbayerisch«, da wechseln Fichtenbreiten mit Almböden in jener sehr bekömmlichen Höhenlage zwischen 1000 und 2000 Meter, da locken die Eisberge von Wildhorn und Diablerets im Süden und ein sanftes Vorland im Norden, da stehen an munteren Bächen alte, reiche Bauernhöfe wie ländliche Residenzen, und da ist man von der Autostraße überall in fünfzehn Minuten in tiefer Stille ... Von Zweisimmen, 940 m, dem schönsten Ort im Simmental, führt eine lustige Kleinkabinenbahn bis hinauf unter den Rinderberg in 2000 m Höhe, wo man ostwärts das große Berner Eis, südwärts Spillgerten, Wildstrubel und Wildhorn, west- und nordwärts aber das Vorgebirge vom Saanenland bis zum Thunersee vor und unter sich hat. Die Gebirge sind noch nicht überall mit Bergbahnen und Hotels und Postkartenständen überwuchert, die Schweiz kann es sich auch leisten, da und dort große Urlandschaft zu erhalten ... So ist es ein besonderes Vergnügen, vom Rinderberg, 2081 m, durch Alpenrosenfelder südwestwärts zum Horntauben, 1995 m, und Hühnerspiel, 1928 m, zu wandern, immer hoch oben am grünen Almenkamm wie auf einem Steg durch blaue Weiten. In der Mitte, bei Barwengen, 1833 m, lasse man sich nicht verleiten, nach rechts durchs Kaltenbrunnental abzusteigen, sondern man gehe den Kamm aus bis zum Hornkessel, wo es den Skiläufer im Sommerwanderer gefährlich in den Beinen juckt: denn hier ist Idealskigelände für jedermann wie an der bayerischen Rotwand, an Wallberg und Brauneck, und deshalb bekommen wir auch bald den »Funi« zu sehen, das ist der Lift, der von Saanenmöser heraufkommt. Links unten entdecken wir den weltberühmten Skizirkus von Gstaad, jetzt freilich sommerlich verlassen. Nur wenige Kilometer weiter nordwestlich heißt es schon Rougemont statt Rotberg – wir sind an der Sprachgrenze und schon dicht bei Château d'Oex und Montreux. Natürlich steigen wir die Matten zu Fuß hinab nach Saanenmöser, von wo aus uns eine nette, kleine Schmalspurbahn hinunter nach Zweisimmen befördert. Dort setzen wir uns in den Wagen und »rasen« mit dem besten Gewissen bis Paris.

Ausblick vom grünen Hochgrat des Rinderberg gegen Süden auf Wildstrubel- (links) und Wildhorngruppe (rechts oben). Im Vordergrund und im ganzen rechten Bildteil unser Abstiegsgelände Richtung Gstaad und Richtung Hühnerspiel, Hornkessel und Saanenmöser. Dieses grüne, runde Vorgebirge vor den ersten Eisdecken der westlichen Berner Alpen hat sich den vollen Zauber einer Wanderlandschaft erhalten, die das Herbe und Strenge raffiniert mit sanften, ja heiteren Tönen mischt.

Schweiz / Berner Alpen / 2–2½ Std. / HU: 580 m

11 Vom Tschenten nach Adelboden

Am Staffelweg unter dem Wildstrubel

TALORT Adelboden-Dorf, 1354 m

AUFFAHRT Sesselbahn von 1360 m auf 1934 m

HÖCHSTE PUNKTE Bergstation Tschenten, 1934 m, und Schwandfeldspitze, 2025 m

RASTPUNKTE Schwandfeldspitze-Restaurant, 2025 m; Tschenten-Bergstation, 1934 m; Hörnli, 1520 m

BESTE ZEIT UND AUSRÜSTUNG Ende Mai bis Ende Oktober. Leichtbergschuhe und Wetterschutz! Völlig ungefährlich, auch für Kinder ab 8 Jahren. – Der großartige Ausblick wird viel interessanter mit der Schweizer Landeskarte, 1:50 000, Blatt 263, in der Tasche! Also nicht vergessen!

BILD Das Wildstrubelmassiv in den westlichen Berner Alpen, gesehen beim Tschenten-Abstieg nach Adelboden

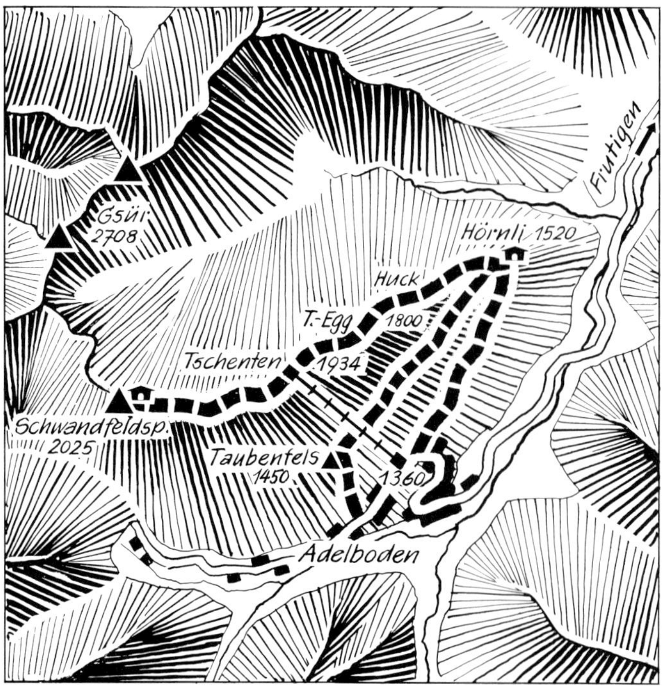

Von Adelboden im Engstligental, wo viele angenehme Hotels zwischen Hunderten uralter Heustadel liegen, fährt von der Ortsmitte eine Sesselbahn von 1360 m auf 1934 m hinauf zum Tschenten. Von hier geht man 20 Minuten zur Schwandfeldspitze, 2025 m, dem höchsten Punkt eines ostwärts jäh abbrechenden, felsdurchsetzten Alpplateaus mit Bergrestaurant und einer berükkenden Aussicht. Diese Aussicht ist kostenlos . . . Unmittelbar südwärts ragt das Wildstrubelmassiv auf, eine weißblinkende breite Firnburg, mit Felsmauern von Granit darunter, durch deren Mitte die Wasser von der Engstligenalp rauschen und donnern. Schon beim Auffahren im Sessellift sah der, der sich ostwärts wandte, über Bonderkrinde und Allmengrat wie eine Fata Morgana die rundgeballten Firnwolken von Blümlisalp und Doldenhorn aufsteigen. Dazu gesellen sich an der Schwandfeldspitze Wildhorn, Gspaltenhorn und, alles überragend, die Gipfel der Jungfraugruppe. Man ist im schönsten Zentrum der Schweiz und beginnt, ihre hohen Preise niedrig zu finden. Dergestalt macht man sich in der besten Laune an den Abstieg, der reizend ist, fast mühelos, und dazu nicht einmal zwei Stunden in Anspruch nimmt. Er führt nordwärts den grünen Staffelkamm hinab zur Bergstation zurück, weiter zum Schnarihubel und zum Tschentenegg, 1800 m. Hier, am Wegweiser, bleibt man am Kamm, berührt Huck, taucht am steileren Weg in lichten Bergwald ein und erreicht das (alkoholfreie) Restaurant Hörnli, 1520 m. Von hier ab kann man zwei Abstiegswege wählen: der eine, der vielgerühmte obere Hörnliweg, führt erst schwach ansteigend, dann wieder sachte abwärts durch Weideland und kleine Bergwaldbreiten bis zum Taubenfels, 1450 m, um hier – bei entzückenden Tiefblicken ins wasserdurchrauschte, grüne Tal – auf die Straße im Biswäldi zu zielen. Der andere Weg, unterer Hörnliweg genannt, passiert Außernschwand-Schlegeli, wird zum prächtigen Promenadenweg mit unzähligen Ruhebänken und unvermindert schönen Ausblicken und leitet direkt in den Dorfteil von Adelboden (Talstation) hinab. – Das Verkehrsbüro in Adelboden gibt Tips für weitere, auch größere Abstiegswege! Zum Beispiel: Engstligenalp – Birg, Schwandfeldspitze – Stiegelschwand, Hahnenmoos – Jilbach usw.

Schweiz / Urner Alpen West / 3 Std. / HU: 1520 m

12 Vom Gemsstock nach Andermatt

Riesenabstieg über Furka- und Grimselpaß

TALORT Andermatt, 1447 m, an der Gotthardstraße, im Zentrum der Pässe Furka, Grimsel, Oberalp. Furka-Oberalpbahn!

AUFFAHRT Von 1436 auf 2956 m Höhe, Gipfel 2961 m. Kabinenbahn mit Mittelstation Gurschenalp, 2212 m.

BESTE KARTE Schweizer Landeskarte 255 und evtl. 265, 1:50 000

RAST UND EINKEHR Bergstation, 2956 m, und Mittelstation, 2212 m.

BESONDERHEITEN Im Startbereich an der Bergstation beidseits des die Nordflanke teilenden Gurschengrates meist Firn, der aber gut zu begehen ist. Meist Spuren, unterhalb des Firns keine Kletterei, aber Trittsicherheit vonnöten. Ein Eispickel erleichtert den Abstieg ungemein!

BILD Blick von Norden (aus dem Flugzeug) auf das interessante Massiv des Gemsstockes mit seinem die Nordflanke drastisch teilenden Gurschengrat, oben Gemsgrat genannt. Links der (steilere) Gurschenfirn, rechts der harmlosere St.-Annafirn. Im rechten unteren Bildeck liegt Andermatt an der Gotthardstraße, links davon die Serpentinen zum Furkapaß.

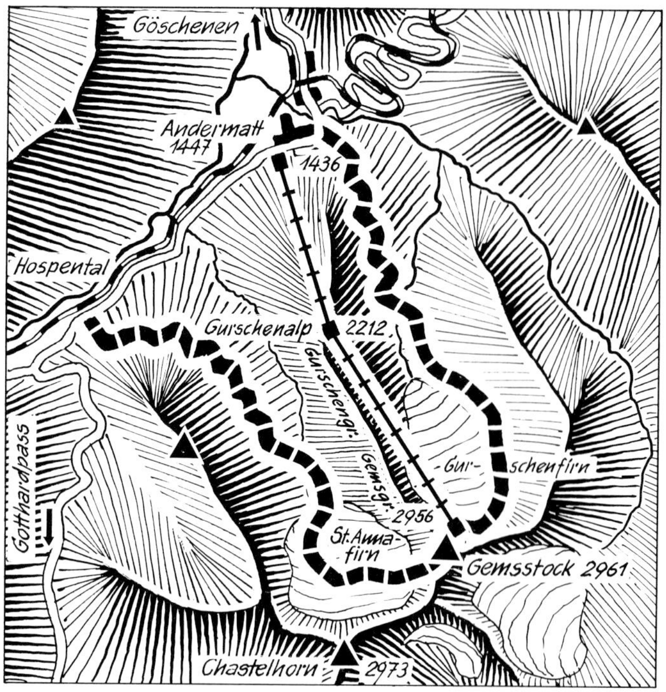

In der genauen Mitte der Schweiz, wo Rhein, Rhône, Reuß und Tessin entspringen und die drei Hauptpässe Grimsel, Gotthard und Oberalp den Schweizer Fremdenkreisel dirigieren – liegt der kleine alte enge Paßort Andermatt. Ausgeschunden vom Durchgangsverkehr, endlich mit einer Umgehungsstraße beglückt . . . Wir fahren in der großen Skifahrerkabine auf den 2961 m hohen Gemsstock hinauf, eine Art Vorgipfel vom berühmteren Pizzo Centrale, 3001 m, und genießen keine Fränkische und keine Sächsische, sondern eine Ia-Original-Schweiz. Bravo, stöhnt unser Herz, mehr Gipfel gibt's einfach nicht mehr . . . Achtung! Von der Mittelstation führt ein schneefreier, aussichtsreicher Serpentinensteig über den Gurschenhang in 1.30 Std. direkt nach Andermatt hinab! – Die Nordflanke dieses feinsten Schweizer Skiberges ist in der Mitte vom scharfen Gurschengrat in zwei Becken gespalten, die oben noch Firnreste (Altschnee) tragen. Wir können im linken, westlichen St.-Anna-Tal nach Hospental absteigen – oder rechts im Gurschental nach Andermatt. In beiden Fällen haben wir ganz oben an der Bergstation jeweils ein Firnfeld zu queren, aber dort sind immer Spuren, also vielbegangene Trassen. – Schönster direkter Abstieg rechts, also östlich: Von der Station rechts, ostwärts im Geröllfeld hinüber, bis man am Firnwall 100 m queren kann, um nun den Vorgipfel zu passieren. Es folgt der leichte Klettergrat zu den zwei Luter-Seelenen, 2283 m, dann links im Gurschenboden die Mittelstation (Restaurant). Ab hier sind wir bald in den Serpentinen des riesigen Nordsockels und in Andermatt: 3 oder 4 Std., gebummelt, sollte das non plus ultra bedeuten! – Zweitschönster Abstieg: Von der Bergstation links, westlich am St.-Annafirn bis ganz hinüber queren, dann auf den »Firnstock« zuhalten, eine Felsrampe unterm Firn, unter dem sich das immer tiefer einbrechende »Felsental« entwickelt: an ihm bleiben wir unbedingt links, also westlich; nur so treffen wir auf die Spuren zum St.-Anna-Berg und zur Gigerstafel. Schon ehe wir links hinab nach Hospental stolpern, hören wir die berühmte scheußliche »Gotthard-Symphonie« von unten . . . wo ganz Europa auf Autopolstern nach Italien drängt! Wir beneiden niemand, wenn wir dann hundemüde die ebene Talstraße erreichen.

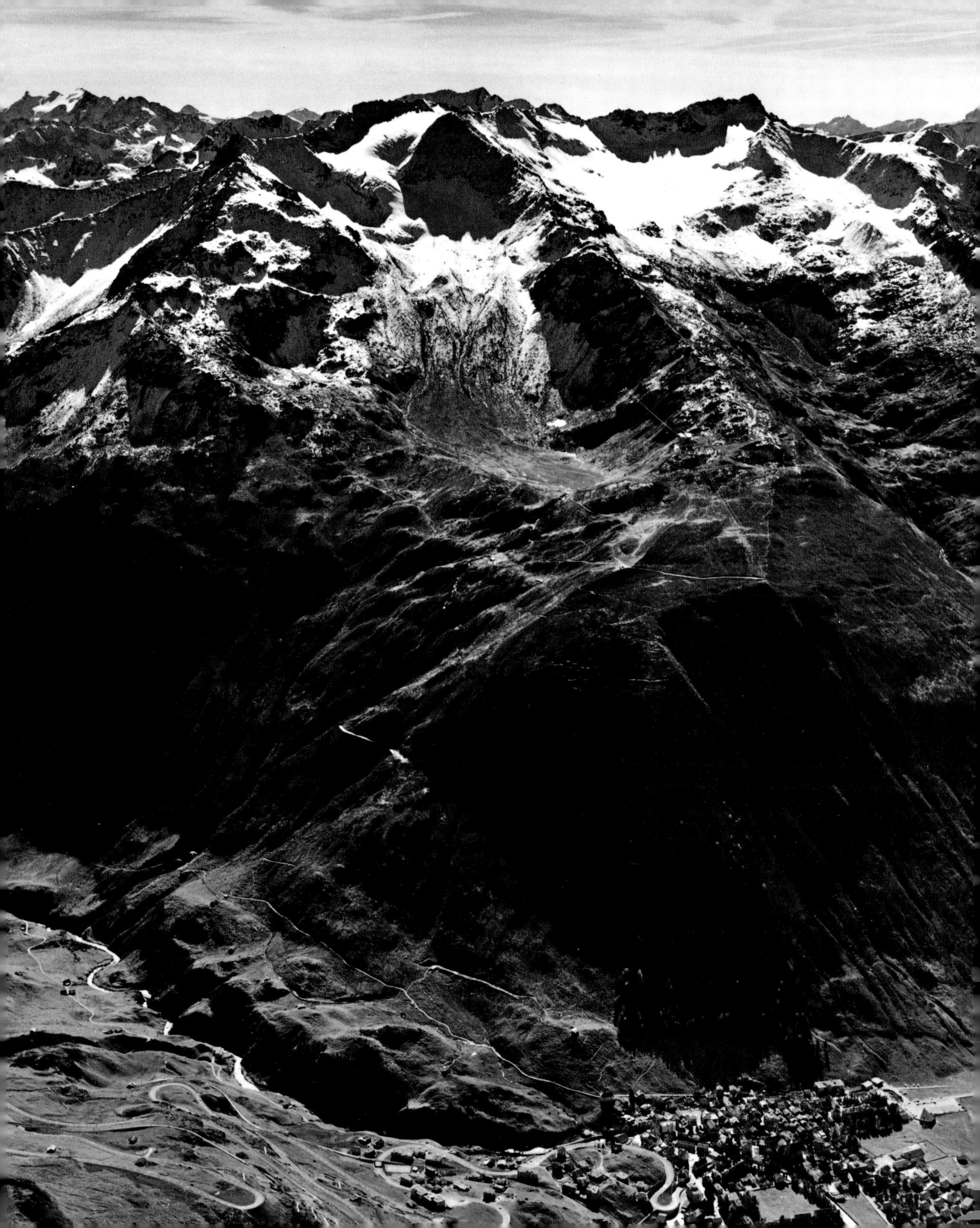

Schweiz / Berner Alpen / 4 oder 6 Std. / HU: 1200 m

13 Vom Aletschgletscher ins Rhônetal

Bettmeralp – Aletschwald – Rhônetal

TALORT Betten (Eisenbahnstation), etwa 1000 m (Seilbahnstation dicht südlich über der Rhônetalstraße). – Es verlohnt sich auch, ab Fiesch, 1050 m, zum Eggishorn, 2927 m, aufzufahren (der berühmtesten Aussichtsloge über Rhônetal und Aletschgletscher), um von dort zur Bettmeralp abzusteigen

AUFFAHRT Mit Luftseilbahn von 1000 m auf 1950 m Seehöhe. (Beim Abstieg ab Mittelstation Kabine benützen.) – Evtl. 1050–2927 m ab Fiesch

HÖCHSTE PUNKTE Moosfluh überm Aletschgletscher, etwa 2200 m. Evtl. Bettmerhorn, 2867 m; evtl. Riederhorn, 2230 m; evtl. Eggishorn, 2927 m

RASTORTE Bettmeralp, 1950 m (Gasthof, Pension Alpina, mehrere Chalets und Hotels). Riederalp, 1920 m

BESTE ZEIT UND AUSRÜSTUNG Da Südterrasse, ab Juni bis Oktober. Festes Schuhwerk sehr empfehlenswert. Ungefährlich, auch für Kinder, aber steil! – Mit Schweizer Landeskarte, 1: 50 000, Blatt 264 und 274!

BILD Blick auf den Aletschgletscher dicht unter Eggishorn und Bettmerhorn. Im Vordergrund sieht man den märchenhaft anmutenden Märjelensee, ein natürlich gestautes Seebecken im ungeheuren Eismassiv. Der Märjelensee ist zeitweilig infolge unterirdischer Abflußchancen leer.

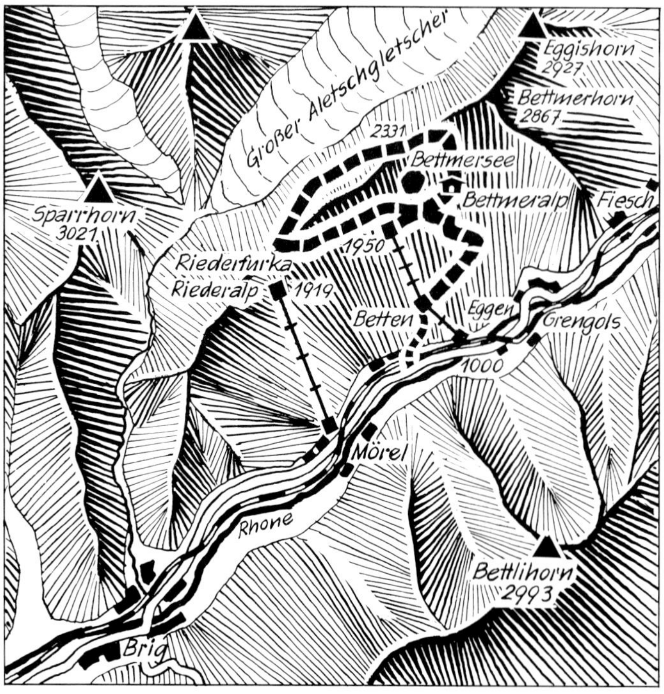

Wer im großen Strom von der Furka oder der Grimsel herab ins obere Rhônetal kommt, muß einige Kilometer nach Fiesch (und etwa 10 km vor Brig) auf ein unscheinbares Schild neben der Straße achten: »Luftseilbahn Bettmeralp«. Mit einer kleinen Kabine schwebt man hier von 1000 m Talhöhe über die Mittelgebirgsstufe bei Betten, 1212 m, zur Bettmeralp auf 1950 m Seehöhe hinauf und landet in einem wahren Paradies: auf einem grünen Riesenbalkon über der blauen Tiefe, über der die Walliser Eisriesen wie schimmernde Altäre stehen. Kein Auto, keine Straße, nur ein einfacher Weg, ein Hotel, aber viele kleine, versteckte Chalets und drei oder vier Gasthöfe: ein Ferienrevier von Rang! Das Schönste kommt erst! Man steigt von den Häusern der Bettmeralp nordwärts 50 Minuten über den Bettmersee und durch Blaubeerenfelder zwischen schwarzen Urgesteinsrücken zu jenem dunklen Kamm hinauf, von dem man längst ahnt, daß er eine andere Welt verbirgt. Doch keiner ahnt zuviel, jeder ist nach den letzten drei Schritten stumm und von heftigen Glücksempfindungen durchrauscht: denn da steht er plötzlich wie auf schwarzer Urgesteinskanzel und sieht unter und vor sich den Rieseneisstrom des Aletschgletschers. Die dritte Überraschung: am Kamme hin und dann unterm Kamm nordwärts steigend, gelangt man in einen Zirben-Urwald zwischen verbrannten Blockfeldern und wieder unabsehbaren Beerengärten mit Murmeltieren da und Gemsrudeln dort. Man sieht nichts mehr von der Welt als diese Urwelt vom Fiescherhorn zum Märjelensee und Eggishorn, darunter der moränenbedeckte, zuweilen tief aufgerissene, in der Sonne glühende Eisfluß. Wie im Traum stromert man weiter und macht die Runde um den Kamm (man steige vor der Riederfurka links hinauf und steige am Südrücken weglos zur Bettmeralp ab!). Der reizende Abstieg von Bettmeralp beginnt an der Käserei, wo man südwärts einem sprudelnden Bergbach folgt bis zu den Berghöfen von Ried, 1780 m (30 Min.). Hier gerade hinab oder leicht links haltend nach Doma, 1700 m, und von da an scharf rechts über Bodmen und Kehren nach Betten (Mittelstation) ... Hier steigt man in die Kabine zur jungen Rhône hinab und übt sich in Superlativen oder geht auch die letzte Strecke zu Fuß bis ins Tal.

Schweiz / Berner Alpen / 4–5 Std. / HU: 1177 m

14 Unter Eiger und Jungfrau

Kleine Scheidegg – Männlichen – Grindelwald

TALORTE Grindelwald, 1050 m; Wengen, 1274 m

AUFFAHRT Mit der Wengernalpbahn von 1050 m auf 2061 m zur Kleinen Scheidegg, oder mit Gondelbahn ab Wengen von 1274 auf 2227 m

HÖCHSTER PUNKT Männlichen-Plateau, 2227 m, oder Männlichen, 2342 m

RASTORTE Kleine Scheidegg, 2061 m; Restaurant Rotstöckli, dicht darüber; Berghaus Grindelwald-Rigi (Männlichen-Plateau), 2227 m; Alpe Eggboden; Restaurant Alpiglen, 1615 m

BESTE ZEIT UND AUSRÜSTUNG Ende Juni bis Ende Oktober. Gute Bergschuhe, Wetter- und Wärmeschutz! Ungefährlich, auch für Kinder ab 12 J. – Mit Schweizer Landeskarte, 1:50 000, Blatt 254, Interlaken – die man klugerweise immer mit sich führt und möglichst schon v o r der Tour studiert!

HINWEIS Im Vordergrund kommt von rechts die Kabine von Wengen an den Männlichengrat. Der schwarze Tschuggen darf beim »Bummeln« unter keinen Umständen bestiegen werden! Die Besteigung ist heikel und gefährlich! Vor allem mit Kindern! Der Gipfelstock wird links (östlich) umgangen – siehe Wegspur im Bild!

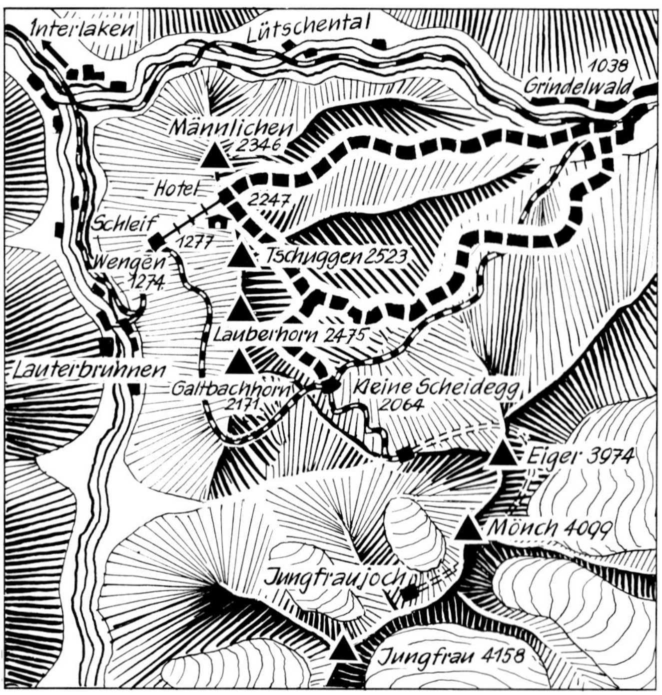

Auf der Kleinen Scheidegg, 2061 m, wohin man von Grindelwald her mit der Wengernalpbahn auf die bequemste Weise auffährt, befindet man sich in einer ungewöhnlichen Situation: die reine, strenge Bergluft ist von Superlativen erfüllt, die von staunend erregten Lippen fortgesetzt ausgestoßen werden ... Auch der vielerfahrene Bergfreund – Wanderer, Kletterer oder Eisgeher – verliert hier seine Gleichgültigkeit: dergestalt wirkt das erhabene Dreigestirn Eiger, Mönch und Jungfrau auf ihn ein, in unfaßliche Höhen steigend, Fels, Eis und Himmel mischend im scharfen Brand der großen Alpensonne oder im grauen Toben der Unwetter ... Wir gehen zu Fuß gemütlich nordwestwärts davon, am gut markierten Steig unter Lauberhorn und Tschuggen, distanzieren uns vom Bahnengetriebe und erreichen das Männlichen-Plateau im Zustande überlegener Genießer: ringsum grüne Matten mit Felskulissen dazwischen, tausend Heustadel über und unter der Waldgrenze, ein Rückblick auf Interlaken hinab, fortgesetzte Aufblicke zu den beiden Silberhörnern ... Man kann denselben Weg zurück wählen, um am Sattelegg den linken Weg zu nehmen, absteigend die Region der Wengernalpbahn unter dem Eigersockel zu gewinnen und hier nach Grindelwald zu trachten – man kann aber auch direkt vom Männlichen nach Grindelwald-Bahnhof steuern, nämlich nach unserer Skizze (über die Trasse der Skiabfahrt) gerade hinab über Läger und den Itramenberg. Und man kann mit der schnellen Gondelbahn zum Essen ins autofreie Wengen hinabfahren, zurückkehren und dann erst absteigen ... oder, gefüllt vom guten Wein des Bergglückes, auch mit der Wengernalpbahn über die Kleine Scheidegg bis Grindelwald heimfahren. Reine Charaktersache – der Epikureer wird jeder Mahlzeit eine freie Bergwanderung voransetzen und stets in der Überzeugung wandern, daß jede Viertelstunde, die man »länger« braucht, Durst, Hunger und Schlafwünsche nur vermehrt. Noch einmal die Genießertour: Auffahrt Grindelwald – Scheidegg – Marsch zum Männlichen ($2^1/_2$ Std.) – Kabinentalfahrt Wengen zum behaglichen Lunch – Kabinenauffahrt zum Männlichen – gemächliches Bergabbummeln über den Itramenberg nach Grindelwald (2–3 Std., Gesamtgehzeit 5, 6 oder 7 Std.).

Ausblick vom Männlichen-Plateau, 2227 m, gegen den schwarzen Tschuggen und das Lauberhorn (dicht rechts darunter), hinter letzterem verbirgt sich die Kleine Scheidegg. Im Hintergrund das feinste Kolossalgemälde der Schweiz: Mönch und Jungfrau (letztere mit den beiden ihr vorgelagerten Silberhörnern und dem Guggigletscher). Im Vordergrund sehen wir das Männlichen-Restaurant und die Seilbahnstation der Kabine nach und von Wengen. Das Sonntagsvolk im Vordergrund sammelt stehend, gehend und rastend das große Glück der Bergwanderschaft.

Schweiz / Berner Alpen / 3–6 Std. / HU: 1150 oder 1630 m

15 Vom First nach Grindelwald

First – Waldspitz – Nothalden – Grindelwald

TALORT Grindelwald, 1050 m. Eine Autostunde ab Interlaken, 572 m.

AUFFAHRT Von 1050 m in vier Sektionen zum First, 2200 m

HÖCHSTE PUNKTE First, 2200 m. Evtl. Bachalpsee, 2265 m. Evtl. Faulhorngipfel (mit Hotel), 2680 m

RASTPUNKTE First, 2200 m; Egg, 1872 m; Bachläger, 1980 m; Bort 1570 m. Überall gute Bergrestaurants!

BESTE ZEIT UND AUSRÜSTUNG Von Ende Mai bis Ende Oktober. Leichtbergschuhe angenehm, Wetterschutz empfehlenswert. Ungefährlich, auch für Ungeübte und gehtüchtige Kinder ab 10 Jahren. – Nur mit Schweizer Landeskarte, 1:50 000, Blatt 254 und 264!

HINWEIS für Familien (mit Kindern) Der Anstieg zu Fuß ab oberster Liftstation First Gipfelhotel am Faulhorn ist einfach, kostet aber fast 1½ Std. Zeit! – Der ganze Abstieg Faulhorn (2680 m) – Grindelwald (1050 m) kostet gute 2½ Std. und, weil immer steiler, doch viel Kraft. Man lasse sich Zeit, mache viele Rasten, die Bergwirte am Abstiegsweg regen ohnehin dazu an!

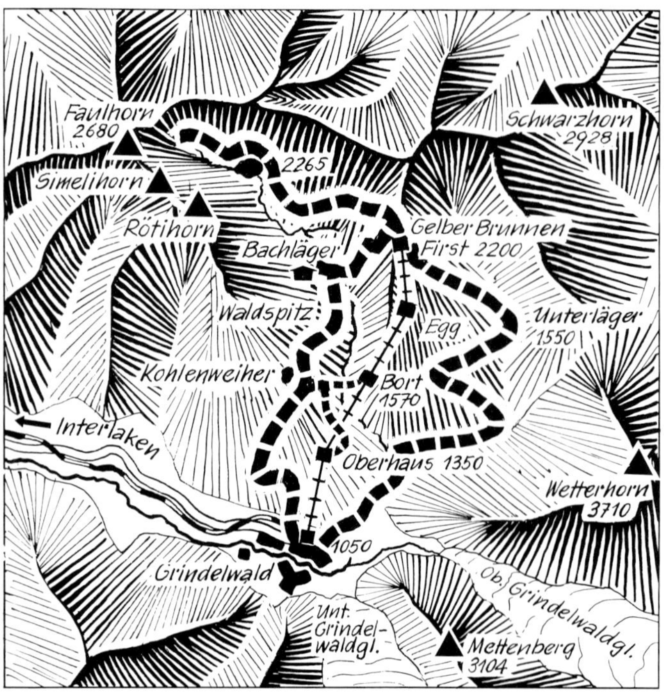

Wetterhorn, Eiger, Mönch und Jungfrau stellen ihre mit Granit, Eiskaskaden und Todeshauch drohenden Nordwände so dicht über die blanken, grünen Matten von Grindelwald, daß die Faszination jeden Besucher überfällt – und komme er zum zehnten Male in dieses alte, noble Hoteldorf . . . Wer nicht passionierter Bergsteiger ist, kann auf seine Weise an jener Faszination teilhaben. Er braucht nur auf die gegenüberliegenden Vorberge zu fahren oder aufzusteigen, auf Lauberhorn, Männlichen, Faulhorn oder First, und hat so, gehend, absteigend, rastend, zur großen alpinen Bühnenszene auch noch die Muße der Stille, der glücklichen Augen . . . Der Lift entführt uns ab Grindelwald über Oberhaus, Bort und Egg bis First, 2200 m: Ab hier steige der Vernünftige in zwei gemütlichen Stunden zum Faulhorn auf, speise dort angenehmst vor der Hotelwand, und steige dann über den Bachalpsee zum First zurück . . . Oder gehe weiter, steige über Bachläger, Waldspitz und Nothalden ab, durch Wald- und Alpzonen, oder wende sich ab First ostwärts, um in einem Bogen über Unter Läger nach Grindelwald abzusteigen, oder er stromere, wenn er früh dran ist und feste Wadeln besitzt, hinüber gegen die Große Scheidegg (größte Variante, sehr lang, großartig: 3 Std. Querung, + 1¾ Std. Abstieg) – und bummle dann im Kranz des Tüchtigen unter der ungeheuren Felskulisse der Wetterhorn-Nordwand in den Hoteltrichter zurück . . . Grindelwald leidet am großen Weltleiden, auch in seiner Hauptader strömt noch dickes Autogas: aber dieses Übel kann auch Antrieb sein für unsere Abstiege, sie werden zu herrlichen Fluchtwegen. – Guter Ratschlag: Wer noch Lehrling ist im Bergwandern oder unschuldigerweise gealtert, der fahre nicht gleich bis First hinauf, nein, es genügt die Station Oberhaus oder Bort. Von Bort findet man (wie von Oberhaus) rechts die Waldsteige nach Grindelwald zurück und links die freien Alphänge, die von Steigen und Wegen erschlossen sind und in angenehmen Bögen und bei immer wieder neuen berückenden Perspektiven gegen das Dreigestirn Eiger–Mönch–Jungfrau mählich zu den ersten Chalets von Grindelwald hinabführen. Unter uns: auch der erfahrene Bergsteiger kann auf solchen Wegen eine tiefe Befriedigung finden. Es kommt immer nur auf die Augen an.

Vom First über Waldspitz nach Grindelwald absteigend, gelangen wir auf diese grüne Wiesenschulter. Gegenüber sehen wir rechts den Sockel des Mittelegigrates zum Eiger, links im Hintergrund die Fiescherhörner, am linken Bildrand, von dem Baum fast verdeckt, den Sockel des Massivs Mättenberg-Schreckhorn.

Schweiz / Urner Alpen / 4–5 Std. / HU: 1134 m

16 Vom Jochpaß zum Melchsee

Engelberg – Jochpaß – Engstlensee – Frutt

TALORT Engelberg, 1000 m. Oder Melchtal-Stöckalp, 1075 m. Beide mit Bus über Stansstad

AUFFAHRT Ab Engelberg, 1000 m, über Trübsee, 1766 m, zum Jochpaß, 2209 m. Oder ab Stöckalp, 1075 m, mit Kabinenbahn nach Frutt/Melchsee, 1920 m

HÖCHSTER PUNKT Jochpaß, 2209 m

RASTORTE Jochpaß, 2209 m; Engstlensee/Engstlen, 1852 m; Frutt am Melchsee, 1920 m

BESTE ZEIT UND AUSRÜSTUNG Anfang Juli bis Ende Oktober. Nur in guten Bergschuhen und mit Wetter- und Wärmeschutz. Ungefährlich, wenig anstrengend, auch für Kinder ab 10 Jahren. – Unbedingt mit Schweizer Landeskarte, Blatt 245!

BILD Blick von Norden auf das Massiv des Titlis über Engelberg. Rechts unten der Trübsee, von dem aus wir nach rechts oben (außerhalb des Bildrandes) zum Jochpaß auffahren. Links dicht überm Trübsee die Zwischenstation der bis unter den Titlisgipfel ziehenden Kabinenbahn. Diagonal durch das ganze Luftbild zieht die riesige Felsrampe von Gerschniberg und Laubersgrat bis zum Gipfelfirn.

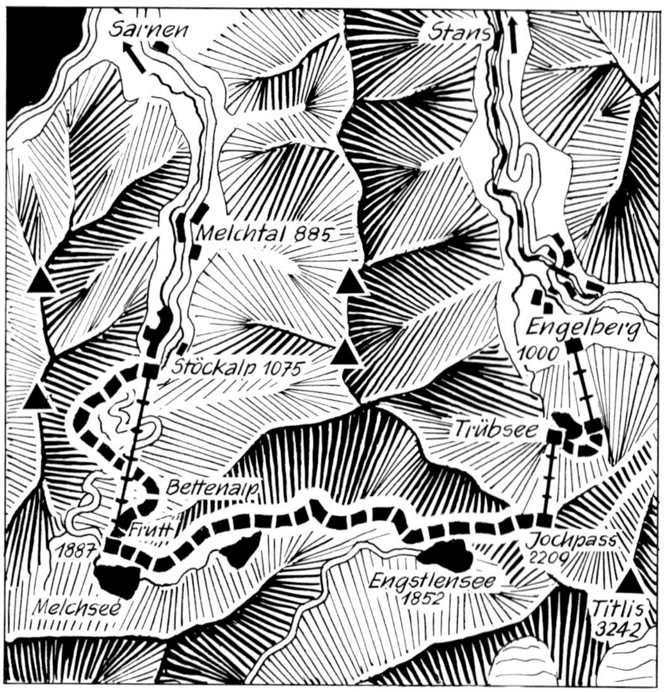

Südwärts von Luzern und abseits der großen Durchfahrtsstraßen ins Berner Oberland und zur oberen Rhône gibt es mehrere relativ stille Winkel mit noch stilleren Pässen und Almlandschaften darüber, die aufzusuchen köstlichen Gewinn bringt. Da fährt man etwa von Luzern eine Stunde nach Engelberg am Fuße des Titlis, nimmt Kabinenbahn und Sessellift zum Jochpaß hinauf und beginnt hier, auf 2209 m Höhe, eine Hochland- und Abstiegswanderung von einzigartiger Schönheit. Man steigt südwärts zum einsamen Engstlensee, 1852 m, hinab und quert dann westwärts auf einsamen, aber bequemen und gut markierten Steigen zur Tannalp, 1982 m, und weiter in die Frutt am Melchsee, 1887 m: eine Wanderung auf und ab, doch mehr abwärts, von gut zweieinhalb Stunden Dauer, die man kaum vergißt. Denn das mächtige Ödlandbecken um den Melchsee, eines der schönsten Naturschutzgebiete der Schweiz, wird von einem Dutzend entlegener, grotesk wilder Urgesteinsgipfel umstanden, unter denen Fauna und Flora – weil geschützt und unversehrt von alters her – noch den ganzen Reichtum seltener Arten bewahren. Man trifft kaum auf Menschen, wird aber immer wieder eingeladen, auf haushohen Walkürenfelsen zu lagern und in die mächtige Stille zu lauschen, die jenes Hochgebirgsbecken füllt. Kommt man endlich in die Frutt am Melchsee und unter Menschen, so kann man doch allenthalben ausweichen, kann etwa den anfangs markierten, dann eine kurze Strecke unterbrochenen Abstiegsweg zur Stöckalp und nach Melchtal begehen, wobei man wieder völlig einsam wie auf einem anderen Stern wandelt, über grobkannelierte Felsbänke, durch einen Urwald von Alpenrosensträuchern. An der entlegenen Bettenalp nur heißt es aufpassen und scharf links hinab in den Waldgraben zielen. Man sieht die Markierung erst, wenn man die Wendung bereits vollzogen hat. Dann quert man zweimal die Bergstraße, und Stöckalp ist nicht mehr zu verfehlen. Wem die Wanderung Jochpaß–Frutt genügt, der steigt in Frutt-Melchsee in die Kabine und fährt zur Stöckalp hinab. Die ganze Wanderung ist auch umgekehrt, mit dem Endziel Engelberg, so schön, daß kennerische Schweizer sie laut als eine der schönsten Wanderungen der Alpen überhaupt bezeichnen.

Schweiz / Zentralschweiz. Voralpen / 3–4½ Std. / HU: 1683 m

17 Kriesiloch und Pilatus-Esel

Hohe Stille über Luzern

TALORTE Luzern, 439 m; Hergiswil bzw. Alpnachstad, 439 m

AUFFAHRT Zahnradbahn ab Alpnachstad von 440 m auf 2060 m, bzw. Gondelbahn ab Luzern-Kriens von 500 m auf 2119 m

HÖCHSTER PUNKT Pilatus-Esel, 2122 m; Tomlishorn, 2132 m

RASTPUNKTE Pilatus-Kulm, 2067 m; Hotel Klimsenhorn, 1869 m; Alpe Gschwänd, 1216 m; Hotel Brunni, 825 m

BESTE ZEIT UND AUSRÜSTUNG Ab Ende Juni bis Mitte Oktober. Nur in guten Bergschuhen und mit Wetter- und Wärmeschutz. Ungefährlich für trittsichere Wanderer. – Interessanter mit der Schweizer Landeskarte, 1:50 000, Blatt 235, im Rucksack!

HINWEIS In der Gipfelregion des Pilatus warten auf jeden Absteiger – auch auf Kinder! – sehr viele enge Serpentinen, die der Weg im steilen Hang machen muß! Also Vorsicht mit Kindern, wenn sie nicht bereits sehr trittsicher sind!

Wer im rauschenden Verkehrsstrom vor der eleganten Luzerner Strandpromenade steht und zum Pilatus aufschaut, der sieht nichts als einen pyramidenförmigen, blauen Umriß, gewebt aus Dunst und Qualm – keiner ahnt, daß sich dort oben eine wildromantische Felsenwelt auftut und daß man dort in einer lautlosen Stille wandert. Wandert und Ausblick hält! Denn der Pilatus ist ein klassischer Aussichtsberg der Schweiz: da ist vielverschlungen in Buchten, Ecken und Windungen der große Vierwaldstättersee, aus dem die Berge oft in glatten Felswänden aufsteigen, da sind die lieblichen Wiesenufer, da sind mitten im See heroische Felsburgen wie der Bürgenstock, um den herum kleine Spielzeugdampfer mit blauen Rauchfahnen ihre Bögen ziehen, da ist die stumme Großstadt Luzern am nördlichen Ufer mit dem hellen Vorland, und da sind, in Ketten hintereinander gelagert, die berühmten Berge der Zentralschweiz und der Urner Alpen, unabsehbar in ihrer Fülle, unbegreifbar in ihrer wunderbaren Einsamkeit. Man umfaßt mit einem einzigen Blick tausend köstliche Rastplätze, wo man fern der lauten Welt »von allem Elend dieser Welt genesen« könnte ... Die Auffahrt kann ab Luzern-Kriens mit Luftseilbahn (30 Minuten), aber auch ab Alpnachstad mit Zahnradbahn (1 Std.) erfolgen. Der Abstieg ist auf unerwartete Weise effektvoll, denn lange bevor man die Almen- und Waldregionen erreicht, wird man von Felstürmen, Felsgraten und Schluchten auf romantische Weise unterhalten. Man steigt vom höchsten Punkt Pilatus-Esel, 2122 m, zum Hotel Pilatus-Kulm, 2067 m, ab und benützt von hier weg den sehr gut markierten und ausgebauten, zuweilen drahtseilgesicherten Steig durchs »Kriesiloch« hinab – zuweilen in vielen, engen Serpentinen – zum Hotel Klimsenhorn, 1869 m. Bis hierher sind wir nordwärts abgestiegen, jetzt wenden wir uns scharf ostwärts in die mächtige Felsmulde, an deren unterem Ende die Alpe Gschwänd, 1216 m, steht. Unterhalb dieser schönen Raststation gelangen wir in die Waldregion, verlassen sie aber schon vor dem Hotel Brunni wieder, 825 m, um von hier aus über den grünen Schattenberg nach Hergiswil zur Brünigbahn zu gelangen. Ein aussichtsreicher Südabstieg führt längs der Standbahn nach Alpnachstad.

Ausblick vom Gipfel des Pilatus nach Osten auf den Vierwaldstättersee mit dem Bürgenstock als zentrale Halbinsel. Hinter dem linken unteren Bildeck liegt in der Tiefe die schöne Stadt Luzern am See. In Bildmitte links die Kontur des Rigi-Zuges. Rechts an Bildrand und See der Seelisberg. Über dem See-Ende baut sich die Gruppe des Glärnisch auf. Sonne, Wolkenmeer und Seespiegel zwischen den schwarzen Bergkonturen wirken wie eine großartige Theaterbühne.

Schweiz / Vierwaldstättersee / 4–5 Std. / HU: 1349 m

18 Von Rigi-Kulm nach Vitznau

Augenweiden über dem Vierwaldstättersee

TALORTE Arth, Goldau, 546 m. Oder Vitznau, 446 m. (Luzern, 446 m, Schiff nach Vitznau)

AUFFAHRT Arth-Rigi-Bahn ab Goldau, oder Vitznau-Rigi-Bahn, beide bis Rigi-Kulm, 1797 m

HÖCHSTE PUNKTE Rigi-Kulm, 1797 m. Rotstock, 1659 m. Dossen, 1685 m

RASTPUNKTE Kaltbad, 1439 m. First, 1462 m. Hinterbergen, 995 m.

BESTE ZEIT Ende Mai bis Oktober. Gutes Schuhwerk erforderlich. Ungefährlich, auch für Kinder ab 10 Jahren! – Am besten mit Schweizer Landeskarte, 1:50 000, Blatt 235 (und 245 wegen der Aussicht!)

ACHTUNG Es gibt für den, der in oder um Luzern Urlaub macht, einen vorzüglichen Wanderführer Nr. 10 »Zugerland-Rigi« (Verlag Kümmerly & Frey, Bern)!

HINWEIS Die Abstiege vom Rigi sind (nicht ganz kurze!) klassische Familientouren für trittsichere Eltern und Kinder. Man studiert staunend das schönste »Plakat« des kleinsten Alpenlandes!

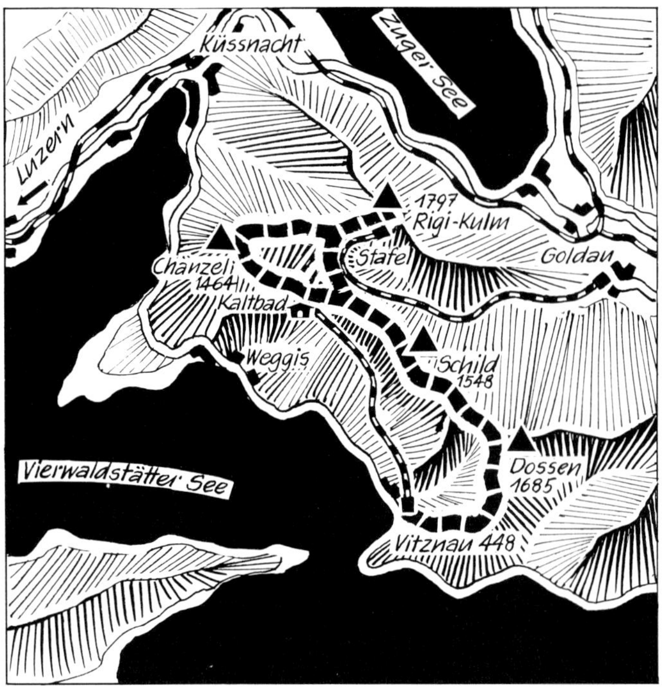

Der Rigi, 1797 Meter hoch und auch er als schönster Aussichtsberg der Schweiz unbestritten, ist von drei Seen und drei brettebenen Talböden umgeben, er steht dergestalt völlig isoliert: ein mächtiger Aussichtsbalkon zwischen Hochgebirge und Vorland. Auffahrt und Abstieg vom Rigi, der Abstieg nach Vitznau zumal, bieten eine Augenweide nach der anderen; der ständige Tiefblick auf den wunderlich verzweigten See mit der vom sattesten Mattengrün bis zu blendendweißen Firngraten reichenden Palette der Bergwelt betört die Sinne. Besonders schön ist dieser Abstieg bei Wolkengang (Bild), wo man ständig wie von einem Feldherrnhügel den Kampf zwischen Sonne, Wind und Wolkenheeren beobachtet . . . Man fährt von zwei Seiten auf zur Bergstation Rigi-Kulm und geht von dort den gut ausgebauten Gratweg zu den Hotelsiedlungen von Rigi-Stafel, 1607 m. Hier kann man wählen: 1. den Weg am südlichen Hang des Rotstock, 1659 m, entlang nach First, oder 2. den Weg der Bahnlinie entlang über Stafelhöhe zum Chänzeli, 1464 m. Das Chänzeli gilt als besonders exponierte Loge über dem nördlichen Teil des Sees, man kann von hier aus ziemlich eben über Rigi-Kaltbad, 1439 m, gleichfalls nach First, 1462 m, gelangen (Umweg $^{1}/_{2}$ Std. mehr). Vom First an benützt man am besten den Felsenweg am westlichen Felsabbruch des Schild, dann ein gutes Sträßchen zur Brücke nach Unterstetten. Dicht nach der Brücke (Wegweiser) geht es an den Steilhang des Dossen, 1685 m, bis zum ersten Felsabsatz, dann betritt man durch einen Durchlaß im Weidehang den Seeweg – ein breites, teils bewaldetes Grasband über dem senkrechten Absturz der Dossenwand (herrliche Frühlingsflora!). Beim nächsten Wegweiser zweigen wir talwärts ab durch ein kurzes Waldstück zu den Vitznauer Alpen, den wuchtigen Kalkturm des Vitznauerstockes vor Augen, es folgen die ersten ganzjährig bewohnten Höfe der Hinterberge, dann sind wir an dem Berglift, der steil von Vitznau heraufkommt. Hier kann der Müde resignieren. Der andere steigt gemächlich weiter ab, erst durch Wald, an den gewaltigen Felsbrocken eines Abbruches vorüber, dann in gleichmäßigem Gefälle hinunter ins Dorf Vitznau am Vierwaldstättersee: ab hier Busmöglichkeit nach Arth-Goldau – und Schiff – zu Bad oder Bier.

Ausblick während des Abstieges vom Rigi auf den Vierwaldstättersee mit der kräftigen Kulisse des Bürgenstockes im Zentrum. Links im Hintergrund das Stanserhorn. Knapp rechts über der Bildmitte erkennt man im Hintergrund auch den Pilatus. Der kurios verzweigte Seespiegel setzt sich am rechten hellen Bildrand nordwärts bis Küßnacht fort; links unten aber beginnt erst der Hauptsee mit dem großen südlichen Ast um den Rütlifelsen bis fast nach Altdorf. Vielfältiger geht's nicht mehr . . .

Schweiz / Alpstein / 5–6½ Std. / HU: 1632 m

19 Vom Lysengrat zum Seealpsee

Säntisgipfel – Meglisalp – Wasserauen

TALORT Schwägalp, 1356 m

AUFFAHRT Kabinenbahn zum Säntisgipfel auf 2490 m

RASTPUNKTE Restaurant unterm Säntisgipfel; Restaurant am Rotsteinpaß, 2124 m; Berghaus Meglisalp, 1521 m; 2 Restaurants am Seealpsee

BESTE ZEIT UND AUSRÜSTUNG Ende Juli bis Oktober. Leichtbergschuhe mit Profilsohlen; Wetter- und Wärmeschutz; Reepschnur für Begleiterin oder Kinder (ab 10 Jahren). Schweizer Landeskarte 1:50 000, Blatt 227 oder »Säntisführer«!

BILD Wir schauen auf den vollständigen Alpstein mit Säntis (rechts oben), Lysengrat, Doppelgipfel Altmann und Kette Freiheit-Hundstein. Unser Abstieg von der Bergstation am Säntisgipfel bis Weißbad (im Vordergrund) ist vollständig einzusehen. Links vom Säntis der Lysengrat, dann der Rotsteinpaß (mit Hütte) vor dem Altmann, von wo ab wir in der vertikalen Bildmitte absteigen – erst in den Grünkessel der Meglisalp (über der Felsrampe beleuchtet), dann in der verschatteten Rampe genau in der Fallinie des Altmann – herab zum verdeckten Seealpsee ... Rechts die kräftige Felsdiagonale der ersten Säntiskette über Ebenalp, Schäfler und Öhrli – alles gut erkennbar.

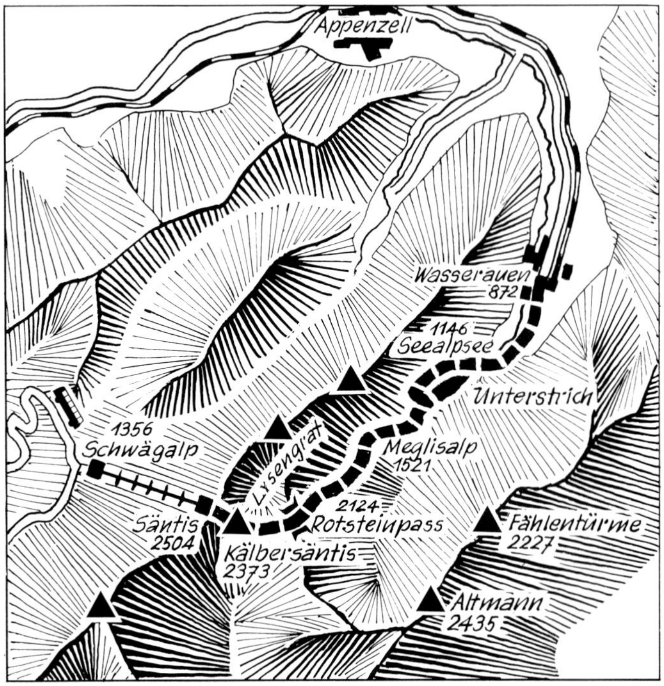

Der Alpstein mit dem Säntis, dieses berühmte Kalkgebirge über Bodensee und Rhein, ist zugleich das merkwürdige Musterstück eines Faltengebirges mit seinen einmal horizontal gelagerten, daneben wieder lotrecht aufgestellten Schichtplatten. Dieser phänomenale Bergstock hat für den besinnlichen Bergwanderer viele eindrucksvolle Wege bereit. Einer der schönsten führt als Abstieg vom Säntisgipfel über den verwegenen Lysengrat zur Meglisalp und weiter zur romantischen Idylle des Seealpsees. Der Weg ist lang und stückweise exponiert, dort aber mit Drahtseilsicherung versehen; dennoch habe ich ihn mit der Frau und einer fünfjährigen Martina begangen, die ich mir am Lysengrat an eine kurze Reepschnur band. Wer wirklich nicht schwindelfrei ist (viele bilden es sich nur ein), sollte freilich alle Alpsteinwege meiden! – Von Schwägalp, 1356 m, zieht uns die Kabine zum Säntisgipfel auf 2504 m Seehöhe. Hier macht man sich schnell aus dem Staube, um erst auf dem rasigen und nur 15 Minuten entfernten Kälbersäntis, 2373 m, das aus sanfter Stille zu bewundern, was am Hauptgipfel in lauten Chören bestaunt wird: Appenzeller Musterland, Bodenseeweite und Rheintaltiefe einerseits, und der ganze Mittelrücken der Alpen andererseits – tausend grüne, blaue und weiße Gipfel. Es folgt der Lysengrat mit seinen Drahtseilen, raffiniert in den Fels gesprengt und geflochten oder mit verwegenen Riesentreppen auf schlanke, dünne Türme führend. Jenseits, nach dem spannenden Abenteuer, setzt man sich erleichtert vor das gastliche Haus am Rotsteinpaß, 2124 m (2 Std.), um dann in die grünen Kessel zur Meglisalp, 1521 m, hinabzusteigen, während Altmann und Fählentürme zur Rechten in unabsehbare Himmelshöhen fliehen. Es könnte grün und almensanft weitergehen – doch keine Rede davon: kaum hat man tief unter sich den reizenden Seealpsee entdeckt, schlüpft der Steig in die senkrechten Wände des »Unterstrich«, und was unmöglich erscheint, gelingt mittels Drahtseilen und Treppen. Plötzlich steht man tief erleichtert am grünen Seeufer und läßt alle gehabten Ängste ausrauchen. Nach Wasserauen zum Bahnhof führt ein Weg, dann fährt man mit Bahn und Bus zur Schwägalp zurück – und freut sich, den berühmten Säntis endlich persönlich zu kennen.

Schweiz / Alpstein / Säntisgruppe / 3–6 Std. / HU: 875 m

20 Vom Hohen Kasten zum Fälensee

Stauberenkanzel – Saxerlücke – Brülisau

TALORT Brülisau, 920 m, über Appenzell–Weißbad. – Ab hier Kabinenbahn auf den Hohen Kasten, 1795 m

UNTERKÜNFTE UND RASTORTE Restaurant Hoher Kasten, 1795 m – Gasthaus Stauberenkanzel, 1860 m

CHARAKTER UND GEFAHREN Die direkten Abstiege vom Hohen Kasten nach Brülisau, je zwischen 2½ und 4 Std. Zeit erfordernd, führen auf gut bezeichneten Wegen (siehe Karte!) ohne besondere Schwierigkeiten (für trittsichere Geher) ins Tal.

AUSRÜSTUNG Landeskarte 1:50 000, Blatt 227, Appenzell: Anorak, Wärmeschutz, Proviant! Feste Bergschuhe! Kinder nur ab 10 Jahren, wenn diszipliniert! Keinen Steig abkürzen! Nie bei Nässe oder Nebel!

BILD Von Nordost gesehen: vorne in Bildmitte der Hohe Kasten mit Bergstation (von Brülisau). Links anschließend Stauberenfirst und Kreuzberge, daneben der flache hohe Mutschen. Rechts oben der doppelgipfelige Altmann mit nicht mehr ganz sichtbarem Rotsteinpaß. Links oben am Bildrand schauen die Churfirsten heraus.

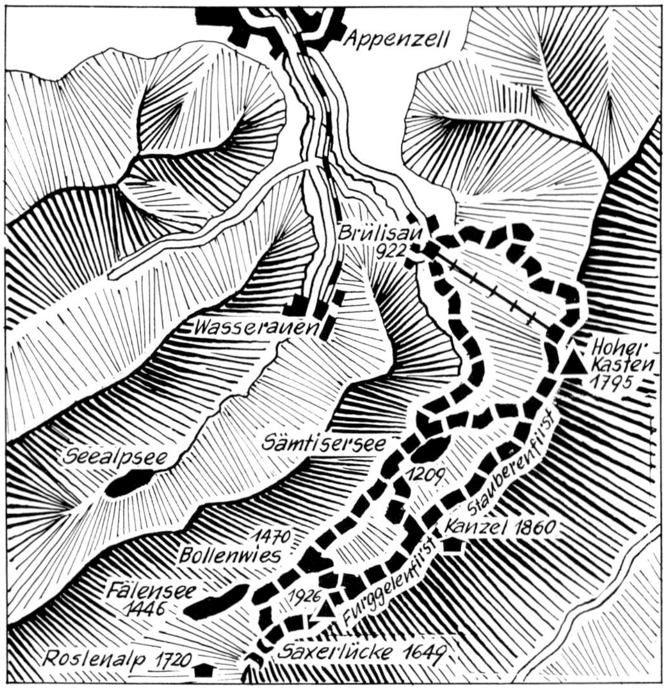

Der Alpstein mit Säntis und Altmann als beherrschenden Gipfeln liegt hoch über dem Rheintal bei Feldkirch und beeindruckt durch seinen Charakter als grandioses Faltengebirge. In drei Haupt- und ebensoviel Nebenketten, die alle diagonal und streng parallel von Südwest nach Nordost ziehen, kann man den Faltungsvorgang der Kalkalpenstruktur bis ins Detail verfolgen. Die Kalkplatten sind einmal senkrecht nebeneinander gestellt wie an den Kreuzbergen, einmal in ganzen Bündeln verbogen – und nirgends sieht man dies besser als bei unserem Übergang vom Hohen Kasten zur Saxerlücke mit dem folgenden Abstieg über Bollenwies am Fälensee und den romantischen Brültobel hinter dem Sämtisersee nach Brülisau. Die Steige zur Saxerlücke führen auf und ab, kaum auf den Hochgraten von Stauberen und Furgglen, mehr in deren nördlichen Flanken: das bedeutet, daß sie meist ausgesetzt sind und daß man an den steilen, zuweilen etwas grasigen Hängen nicht ausrutschen darf! Weniger alpin geschulte Bergwanderer am Hohen Kasten steigen deshalb besser am Normalweg über den Ruhsitz ab, oder vom tiefsten Punkt zwischen Hohem Kasten und Stauberenkanzel, 1590 m, über Hüttenböhl und Rußberg. – Wer dagegen erfahren, trittsicher und vernünftig ist, der steige – nie zu früh im Jahr und nie bei Nebel oder Nässe! – vom Hohen Kasten den Grat hinab und drüben wieder hinauf über Wänneli und Nadlen gegen die Stauberenkanzel; er wird das (im Bild sichtbare) Restaurant passieren und nach diesem ersten prachtvollen und verblüffend aussichtsreichen Gange am Stauberenkamm vielleicht eine kleine Rast einlegen. Dann geht es um die hohe Kanzel des Stauberen rechts herum, man bleibt kurz in dieser steilen Nordflanke, quert bald auch unter dem hohen Furgglenfirst am Hange durch und steigt dann erst über den Bollenwieser Schafberg zur 1649 Meter hohen Saxerlücke ab – die Sieben Kreuzberge dicht vor sich. Der weitere Abstieg nach Bollenwies am Fälensee stellt uns die eleganten Südwände von Freiheit, Hundstein und Widderalpstöcken vor, und dann marschieren wir über das Geißerhüttli zum Sämtisersee in seiner wildromantischen Karstmulde. Dahinter folgt der romantische Steig durch den Brültobel hinunter nach Brülisau.

Schweiz / Alpstein / 3–4 Std. / HU: 1352 m

21 Zwei Churfirsten über dem Walensee

Chäserrugg – Iltios – Toggenburg

TALORTE Unterwasser, 906 m. – Alt St. Johann, 890 m. Schnelle Zufahrt von Zürich bzw. aus dem nahen Rheintal (ab Buchs und Gams).

AUFFAHRT Neue Kabinenbahn von 910 auf 2262 m. Ab hier direkter Abstieg auf dem breiten Kamm (Bild) des Chäserruggs, dann über Iltios durch die stark gelichtete Waldzone ins Tal.

BESTE KARTE Schweizer Landeskarte, Blatt 5051, 1: 50 000. Sehr anregend für Abstiegsvarianten!

RASTORTE Gipfelrestaurant, neu, 2262 m. – Mittelstation Iltios, 1340 m.

ABSTIEG Relativ lang bei vollen 1352 m Höhenunterschied! Ungefährlich am Kamm und auch in der folgenden Waldzone.

BILD Ein tolles Luftbild zeigt uns das mächtige Hufeisen der ersten zwei Churfirsten – Chäserrugg (links) und Hinterrugg. Am linken breiten Rükken des Chäserrugg unsere Abstiegsroute. Rechts unten im Bildeck Iltios. Links am Bildrand das einsame Revier um die Alpen Plisen und Hinterrisi (für mögliche Varianten). Auch der Nordrücken des Hinterrugg kann im Abstieg begangen werden. Rechts oben am Horizont der 3614 m hohe Tödi mit seiner markanten Firnhaube.

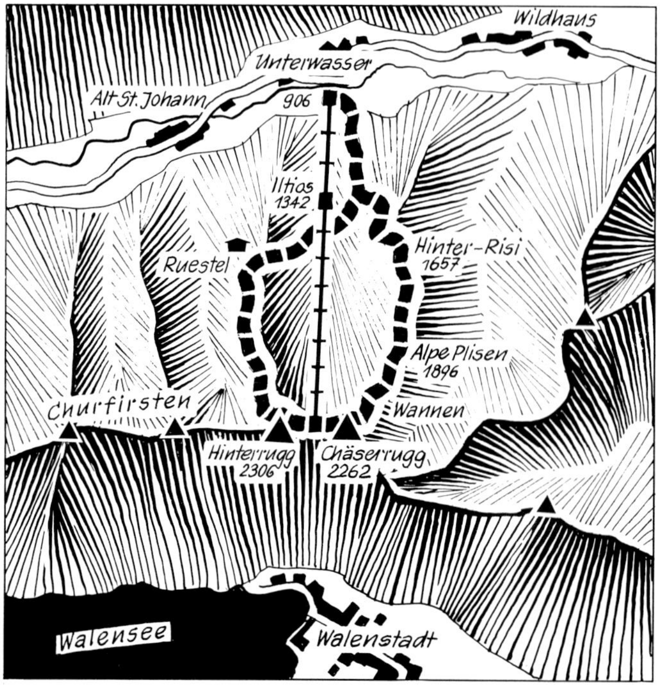

Stramm aufgereiht stehen die Sieben Churfirsten hinter der Säntisgruppe, weich fallen ihre sieben Nordflanken wie Pultdächer ins Obertoggenburg herab. Jeder Churfirst hat seinen eigenen Charakter, nur die ersten zwei lehnen träge aneinander, Chäserrugg und Hinterrugg. Natürlich sind alle sieben nur uralte, im ewigen Weltdrang aufgestülpte Meeresböden. Aber wer denkt schon an die platzende Erdrinde, wenn ihn die Kabine aus dem mit tausend Heustädeln dekorierten Obertoggenburg hinauf auf 2262 m Höhe bringt! Um dort auf andere Weise kräftig zu erschrecken: denn wirklich liegt da 1800 Meter tiefer ein glatter Walensee, zieht dort eine flotte Autobahn hinaus zum jungen Rhein, stehen gegenüber die eisbedeckten Glarner Alpen, darunter der 3614 m hohe Tödi mit seiner kühnen Firnkappe. Da übersieht man glatt Bregenzerwald und Verwall und Silvretta ... Das Ganze nennt man »Gipfelglück«, obwohl man es nicht mit vier Stunden Anstieg verdient hat ... Daß wir wenigstens absteigen – statt faul aus der Kabine zu blinzeln – macht unseren Besuch bei den Churfirsten doch noch rentabel, für den Charakter ... Wir schauen dabei scharf auf den Boden und nicht mehr ins Blaue, damit wir gesund hinunter kommen. Dabei verfolgen wir den ersten der sieben Pultdeckel, bleiben auf der Wegspur des breiten Daches und gelangen so bei viel neugierigen Seitenblicken rasch an den unteren Rand des von Chäserrugg und Hinterrugg gebildeten Hufeisens. Dort erwartet uns die Waldzone, die freilich weitgehend durchlöchert ist und beim Abstieg viele reizende, oft betörend schöne Ausblicke erlaubt. Beim Restaurant Iltios, 1342 m, haben wir schon die ersten grünen Musterweiden hinter uns, Quelle für Millionen Ia Schweizer Kondensmilchdosen ... Bis dorthin haben unsere Wadeln gut durchgehalten, aber in den nun immer steiler abziehenden Bergwiesen werden wir leicht sauer und loben ebene Wege. Die kommen aber erst mit den Heustadeln und nach drei grünen Querrampen mit schattigen Fichtenkulissen ... Der stillste Abstieg führt vom Chäserruggipfel, südostwärts bis zum Rosenboden, dann nordwärts felsig, aber harmlos in die »Wannen« und endlich rechts in die Gamserruggflanke oder gerade am Chäserruggrücken hinab über die Alpe Plisen ins Tal.

Schweiz / Glarner Alpen / 4 bzw. 7 Std. / HU: 1760 m

22 Vom Pizol zum jungen Rhein

Große Abstiege über Bad Ragaz

TALORTE Wangs, 500 m, oder Bad Ragaz, 516 m

AUFFAHRT Kabinenbahn bzw. Lifte zur Pizolhütte, 2227 m, ab Wangs und ab Bad Ragaz

HÖCHSTE PUNKTE Wildseelücke, 2493 m (60 Minuten ab Hütte); Pizoljoch, 2700 m. Evtl. Pizolgipfel, 2844 m (2½ Std. ab Pizolhütte)

RASTORTE Pizolhütte, 2227 m, gut bewirtschaftet. Mehrere Wirte am langen Abstiegssporn.

BESTE ZEIT UND AUSRÜSTUNG Abstieg 3 nicht vor Juli, dann bis Ende September. Nur in guten Bergschuhen, mit Wetter- und Wärmeschutz. Gipfel nur für hochalpin Erfahrene. Nichts für Kinder! Den kleinen Pizolgletscher links umgehen (Trittspuren). – Abstiege 1 und 2 einfach für trittsichere Geher! Nur mit Schweizer Landeskarte, 1:50 000, Blatt 237 (und 247)! Abstieg 3 für gute, trittsichere Bergsteiger mit Erfahrung!

BILD Der riesige Abstieg von den Grauen Hörnern in den Rheintalboden hinab zieht sich als riesige Diagonale durch dieses Luftbild. Links oben Pizolgipfel und Gletscher, dicht darunter die verdeckte Wildseelücke und, am linken oberen Bildrand, das Almenplateau um die Pizolhütte, von dem der große grüne Sporn bis in die rechte untere Bildecke zieht. Das ist unser Abstiegsweg, an dem mehrere Bergwirte warten. Die Liftkette, erst 1976 erneuert, zieht jetzt schneller als bisher bis dicht unter das obere Plateau.

Wer von Lindau nach Chur fährt, entdeckt bei Sargans hoch über dem Rheintal die Grauen Hörner – und in deren Mitte den Pizol. Ihm nördlich vorgelagert ist die ungeheure Rampe eines grünen Almenberges (Bild), der von der Pizolschulter unter der Wildseelücke von 2227 m Höhe (an der Pizolhütte) bis herab zum Rhein-Ufer bei Bad Ragaz und bei Wangs auf 500 m Talhöhe zieht. Der Pizol ist mit Bahnen ab Wangs bzw. Bad Ragaz bis knapp zur Pizolhütte bequem zu erreichen. Dann folgt der Aufstieg über die Wildseelücke und über den kleinen Pizolgletscher zum Gipfel auf 2844 m Höhe (2½ Std.). Man rastet am Sattel unterm Gipfelstock. Dann gibt es dreierlei großartige Abstiege, und zwar (der Schwierigkeit nach): 1. leicht, aber doch anstrengend durch den riesigen Höhenunterschied, von ca. 2700 m ab Gipfelstock über Wildseelücke zurück zur Pizolhütte, bzw. 1700 m ab Pizolhütte am schönen freien Alpsporn der Liftekette (Bild) bis Wangs, 500 m. Das sind 5 bzw. 3 Std., ohne Wald . . . 2. In der Höhe und Länge gleich, im Charakter verschieden ist dieser Abstieg, der von der Pizolhütte aus direkt nach Bad Ragaz, 516 m, herabzieht, und zwar im unteren Teil vielfach durch schönen Bergwald (links oben, dann links außerhalb des Bildes) . . . 3. Schwierig durch die Länge, anspruchsvoll, weil Orientierungssinn gefordert wird, unermeßlich schön durch seine Entlegenheit ist dieser dritte Abstieg für alpin erfahrene Bergwanderer: er führt von der Lücke am Pizolgipfel ganz kurz südwestlich zu einer Schuttlükke, von der aus man ungefährlich, aber doch etwas steil und zunächst weglos, streng südwärts in den gewaltigen Schutt- und Alpenkessel von Tersol hinabsteigt . . . ein endloser, ein unerhört großartiger Abstieg! Ab 2000 m Höhe führt uns die Wegspur den Bergwassern entlang bis tief hinab nach Gigerwald, 1228 m, von wo aus wir noch eine gute Stunde hinaus nach Vättis, 943 m, zum Bus nach Bad Ragaz, laufen können. – Ich empfehle meinen Lesern ausdrücklich Abstieg 1, also am Sporn, an der grünen Diagonale mit drei Wirten und Dauerblick auf den jungen Rhein! Nur bombensichere Alpentiger und froh verliebte, aber sehr trittsichere Menschenpaare sollten sich dem wildeinsamen Südkessel der Tersolalpe mit ihren Badeschluchten anvertrauen!

Schweiz / Graubünden / Urner Alpen / 4–5 Std. / HU: 1578 m

23 Felsenweg vom Flimserstein

Vom Cassonsgrat nach Flims

TALORT Flims-Waldhaus (Graubünden), 1100 m (45 Autominuten von Chur)

AUFFAHRT Kabinenbahn von 1102 m über die Stationen Foppa, 1450 m, und Alp Naraus, 1850 m, auf 2678 m Höhe zum Cassonsgrat

HÖCHSTER PUNKT Mutta Bella, 2694 m (höchster Punkt des Flimsersteins) am Abstiegswege

RASTPUNKTE Wirtshaus Bargis, 1553 m. Wirtshaus in Fidaz, 1189 m

WICHTIGER HINWEIS Es gibt noch einen besonders schönen Abstieg von Crap Sogn Gion, 2251 m, wohin uns ab Straße Flims–Laax eine Kolossalkabine befördert. Der Abstieg über den freien Südsporn nach Fellers oder Laax (2–3 Std.) mit seinen zweihundert Heustadeln ist hinreißend schön!

AUSRÜSTUNG Gute Leichtbergschuhe mit Profilgummisohle, Wetter- und Wärmeschutz. Auch für gehtüchtige und trittsichere Kinder! Niemals »Abkürzer« versuchen! Ungefährlich bei guten Sichtverhältnissen. – Nur mit Schweizer Landeskarte, 1:50 000, Blatt 247!

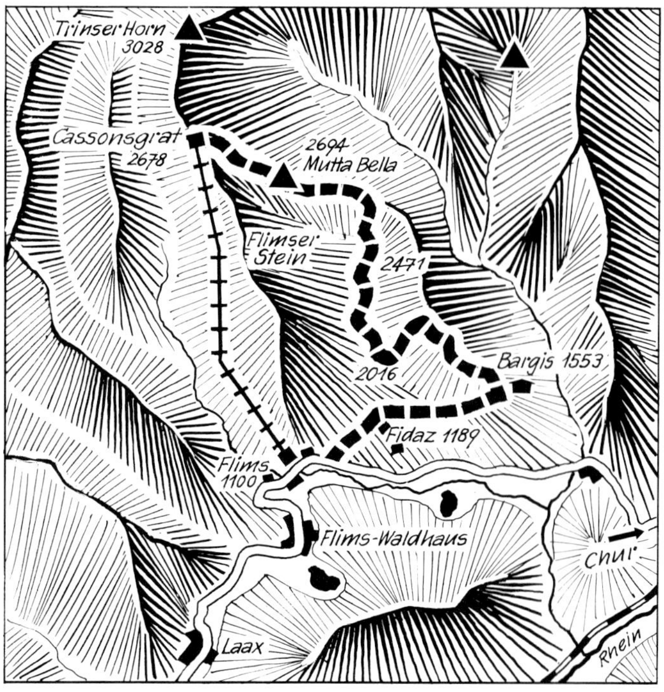

Bevor der junge Vorderrhein bei Chur die energische Wendung nach Norden zum Bodensee macht, begleitet er linker Hand die mächtigen Urgesteinszüge der Urner Alpen: Oberalpstock, Tödi, Vorab, alles höchst imposante Dreitausender. Dicht südöstlich unter dem Vorab und nur zweihundert Meter über dem Tal des Vorderrhein liegt der Kurort Flims-Waldhaus. Dort hat man von 1100 m Talhöhe zum Cassonsgrat auf 2678 m Seehöhe eine Seilbahn gebaut. Der Normalabstieg von deren Bergstation über die Segneshütte nach Flims (3 Std.) ist schön und eindrucksvoll; doch reizvoller noch ist der wenig begangene Abstieg über Grat und Rücken des gewaltigen Flimsersteins (Bild) und weiter über den in die Felsen geschlagenen Steig volle 1000 Meter hinab in die grüne Aue von Bargis, von wo der durchaus romantische »Geißweg« nach Fidaz, 1189 m, und zurück nach Flims, 1100 m, führt . . . Der Ausblick von Mutta Bella, 2694 m, dem über einen ungefährlichen Grat in 45 Minuten erreichbaren höchsten Punkt des Flimsersteins, ist ungewöhnlich und reicht von der Bernina bis zum Säntis und vom Ortler bis zu den Berner Alpen – das Schönste daran ist der Blick in die Nähe, in den Almkessel von Bargis (Bild), wohin unser Weiterweg führt. Zuerst machen wir eine scharfe Wendung vom Grat weg und steigen in südöstlicher Richtung über felsdurchsetzte Weideflächen hinab zu den Almen am Flimserstein, 2146 und 2016 m. Dabei queren wir merkwürdige Karrenformen, vom Wasser in Jahrtausenden bis zu Metertiefe ausgefräste Kalkfelsen, und der Blumenfreund hat ein weites und reiches Feld für seine Passion. An den Almen bekommt man Milch ($1\frac{1}{2}$ Std. ab Mutta Bella). Jetzt heißt es scharf nordwärts abbiegen (Wegweiser), um den leicht auffindbaren Einstieg in den Felsenweg zu erreichen. Dieser Weg ist nicht sehr steil und ungefährlich, aber doch etwas exponiert, so daß der Tiefblick leichte Schauer weckt und daß mancher unten im herrlichen Talboden erleichtert aufatmet. Gute 1100 Höhenmeter sind wir von Mutta Bella bis hierher abgestiegen. Wir merken es am Muskelkater, und wir merken es an dem mächtigen Appetit an der Wirtstafel in Bargis. Der weitere Heimweg über den »Geißweg« ist nur noch beschaulicher Auslauf – oder lodernde Vorfreude auf Flüssiges!

Blick von der Alp Mora in den Talboden von Bargis bei Flims in Graubünden, darüber der mächtige Flimserstein mit dem gut sichtbaren Felsensteig (links im Bild), unserem Abstiegsweg. Rechts oben der höchste Punkt der Abstiegswanderung, Mutta Bella, 2694 m. Leicht westlich, hier verdeckt, starten wir vom Cassonsgrat aus 2678 m Berghöhe – wir überschreiten also das ganze mächtige Plateau des »Flimsersteins«, eine Granitmasse, die nur ein feiner grüner Hauch von Gras überschwillt.

Schweiz / Graubünden / 1¾–2¼ Std. / HU: 833 m

24 Vom Weißhorn nach Arosa

Parfümwolken um die Sattelhütte

TALORT Arosa, 1820–1920 m

AUFFAHRT Große Kabinenbahn von Arosa über Mittelstation Arlenwald auf den Weißhorngipfel, 2653 m. Höhendifferenz 791 m

HÖCHSTER PUNKT Weißhorn, 2653 m

RASTPUNKTE Bergstation/Hotel, 2653 m – Maran, 1862 m (Hotels)

HINWEIS Der Geübte kann vom Weißhorn auf vielerlei Weise nach Arosa gelangen; unser hier vorgeschlagener Abstieg erspart ihm aber bewußt den im Sommer trostlosen Anblick der Bahnen- und Skiliftmasten

BESTE ZEIT UND AUSRÜSTUNG Ab Mitte Juni bis Ende Oktober. Leichtbergschuhe und evtl. Wetterschutz (Anorak mit Kapuze). Auch für Kinder ab 8 Jahren. – Am besten mit Schweizer Landeskarte, Blatt 248, 1:50 000!

BILD Ausblick vom Parpaner Rothorn über den Älplisee hinweg auf die Aroser Alp, typisch für alle Abstiege in den Sonnenkessel von Arosa. Auch vom Weißhorn steuern wir diesen oben schuttgelben, unten grasgrünen Kessel unter seinem Kranz brüchiger Felskämme an.

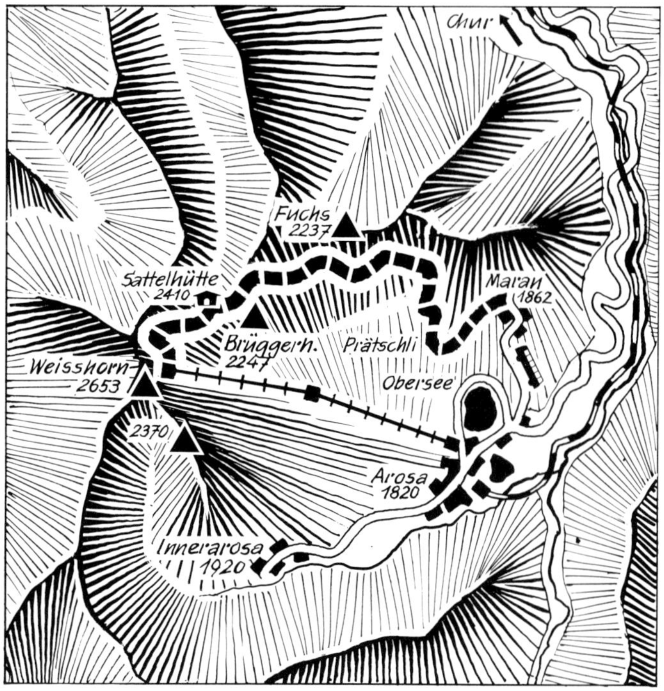

Diese leichte Wanderung ohne jede Gegensteigung und von nur 2–3 Stunden Dauer ist alles andere als einförmig. Immerzu hat man auf diesem Abstieg offene, weite Ausblicke über das Bündner Oberland, da man – wie schon aus der ausgezeichneten Schweizer Landeskarte, Blatt 248, hervorgeht – zwei Drittel des Weges am großen Nordostsporn des Weißhorn zurücklegt, der wie ein hoher Steg über dem tief eingeschnittenen Schanfigg steht: Weißhorn – Sattelhütte – Brüggerhorn heißen die Stationen auf diesem Rücken, den man ab Brüggerhorn in seiner östlichen Flanke durch die sogenannten »Churer Alpen« verfolgt. Niemand versäume, am Weißhorngipfel den Panoramazeiger anzusehen und sich die westlichen Gipfel einzuprägen. Dann biege man in den Nordhang des Weißhorns ein, verfolge zuerst den gute drei Meter breiten Weg der Skiabfahrt und nehme dann durch einige grüne Mulden, die nach links herrliche Tiefblicke ins Urdental erlauben, den Weg zur Sattelhütte und zum »Fuchs«, 2237 m. Dabei passieren wir auch einige Vorkommen des für die Aroser Berge typischen steinkohlendunklen Serpentin ... Vom »Fuchs« zieht der Weg knapp am Absturz ins Schanfigg dahin, man kann aber auch weglos über den freien Almrücken absteigen. Dicht vor der Sattelhütte gibt es noch einmal einen umfassenden Rundblick über das äußere Schanfigg bis nach Chur hinab, auf die Hochwangkette und die dahinter aufragenden Grenzgebirge zwischen Prättigau und Vorarlberg. Die im Sommer unbewirtschaftete Sattelhütte des Skiklub Arosa bietet zwei Abstiegsvarianten an. 1. den steileren Direktabstieg über die Mittleren Hütten nach Inner-Arosa, oder 2. den hier ausdrücklich empfohlenen, sehr reizvollen Weg über die sogenannte »leichte Maranabfahrt«. Wir halten uns an die Nordflanke des Brüggerhorns bis zu einer Einsattelung. Ab hier geht es über steileres Almgelände auf die markante Kuppe des Hauptikopfes zu, den Hang des Fuchs entlang zu der dem Hauptikopf vorgelagerten Rundkuppe und dann am Rande dichter Legföhrenbestände zu den Sandböden ... Der Weiterweg durch die Waldzone ist von Farbtupfen und feinen Pariser Parfümwölkchen markiert, die das erstklassige Aroser Gästevolk hinterläßt. Dann folgt nur noch Wiesengrün.

Schweiz / Graubünden / gute 3 Std. / HU: 1363 m

25 Vom Parpaner Rothorn nach Lenzerheide

Totälpli – Gredigsfürkli – Scharmoinalpe

TALORT Lenzerheide-Valbella, 1476 m, an der Julierroute Chur–St. Moritz

AUFFAHRT Kabinenbahn ab Valbella-Curtschin, 1495 m, über Mittelstation Scharmoin-Alpe, 1900 m, zum Gipfel Parpaner Rothorn, 2893 m

BESTE KARTE (wegen großartiger Aussicht unbedingt empfohlen!) Schweizer Landeskarte 1:50 000, Blatt 258 Bergün

RASTORTE Gipfelrestaurant Bergstation, 2893 m. – Mittelstation Scharmoin-Restaurant, 1900 m

AUSRÜSTUNG Gute feste Bergschuhe mit Profilsohle, da langer Abstieg! Mit gehtüchtigen Kindern ab 10–12 Jahren!

BILD Blick aus dem von Norden anfliegenden Flugzeug auf das Talbekken von Parpan-Lenzerheide. Unten rechts Churwalden, über der Talstufe mit See Lenzerheide. Links oben Parpaner Rothorn, linke Bildmitte unser Abstiegsweg über die riesige Scharmoinalpe nach Lenzerheide. Ganz links noch das Lenzerhorn, dahinter das Tinzenhorn. In Bildmitte oben Piz Curver über dem Oberhalbstein.

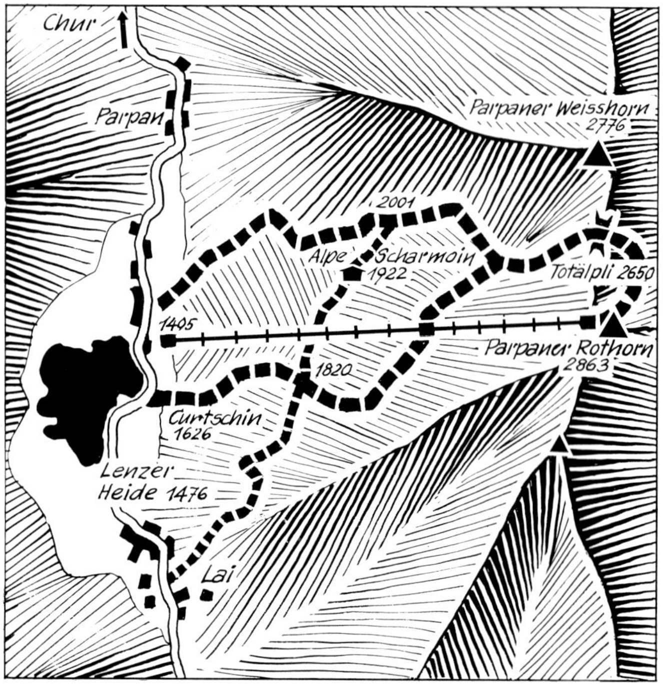

Zwischen Chur und Tiefencastel überragt das Parpaner Rothorn – 2863 m hoch – die energische Talstufe um Churwalden und Lenzerheide. Zwischen Gipfel und Tal – das bezeugt unser Luftbild – fließen die grünen Wellen der Scharmoinalpe sanft gegen die große Paßstraße ab, von schwarzen Waldkissen nur spärlich aufgehalten. Im Hintergrund das Oberhalbstein hinüber zum Engadin: Augenweide ohne Ende! – Wir steigen von der Gipfelstation nördlich ab in die erste Mulde zum ersten Seelein, dann in die zweite Mulde zum zweiten Seelein – Totälpli oben, Gredigsfürkli unten: wir stoßen durch den Tunnel in die Westflanke, schauen entzückt auf die Scharmoinalpe, eine mächtige grüne Flutwelle bis ins Tal ... Unendliche Weiten vor uns, hundert Gipfel, in blauen Schatten verzahnt. – Wir haben im Bild die ganze Scharmoinalpe vor uns, die wir von oben links bis in die genaue Bildmitte durchstreifen: bis ins Streu- und Sonnendorf Lenzerheide. Es geht alles um diese Scharmoinalpe, ihre sanften Rampen und Wogen, ihre tausend gefälligen Rastplätze. Man rastet in der großen Stille, und man muß auch rasten, zumal mit Kindern, denn 1363 m Höhenunterschied gehen in die Beine! ... Der große Abstieg reinigt zuverlässig Hirn und Gemüt und mit oder ohne große Scharmoinrast (gutes Restaurant) kommen wir hochgemut ins Tal. Vor den Waldzonen unter der Scharmoinalpe kann man links Lenzerheide oder rechts Churwalden ansteuern. Hier wie dort eine unverhoffte europäische Weite und Stille – aus der uns erst die bekannte Melodie der Julierautostraße vertreibt ... Wir haben diesen Abstieg mehrfach mit Kindern gemacht und mit diversen Raststationen, und wir freuten uns vor den Fichteninseln immer sehr auf Bier und Limonade. Natürlich blieb der Austritt aus dem Tunnel, ganz oben vom Gredigsfürkli her, der Knalleffekt des Tages! Dazu kam der stetige Anblick der »Lenzerheide« als der eines lieblichen Spielplatzes für Geist und Gemüt. Die duftenden Strukturen der Waldzonen begleiteten uns zur Engadinstraße und zum trinkbaren Lohn für 1363 Meter Abstiegsfleiß. Wer die Scharmoinalpe schlau umgeht, hat unten im Tal nicht den zweifachen, sondern den fünffachen Durst: wer's nicht glaubt, der ersäufe seine Zweifel sofort in gutem Bier!

Schweiz / Graubünden / Oberengadin / 4½ Std. / HU: 1200 m

26 Vom Corvatsch ins Engadin

Fuorcla Surlej – Hahnensee – Boval-Eis

TALORTE St. Moritz, 1840 m (Bus zur Talstation); Dorf Silvaplana, 1815 m; Dorf Surlej, 1811 m (an der Talstation)

AUFFAHRT Kabinenbahn von Surlej, 1820 m (bei Silvaplana), zum Vorgipfel Piz Murtel auf 3300 m; besser nur bis Mittelstation auffahren! Ab hier quert man – ungeschoren vom Corvatsch-Publikum – in 30 stillen Minuten zur Fuorcla Surlej!

RASTPUNKTE Restaurant Fuorcla Surlej, 2755 m; Restaurant am Hahnensee, 2153 m. Restaurant »Roseg«, 1999 m, im Rosegtal

BESTE ZEIT UND AUSRÜSTUNG Nicht vor Juli, bis Ende Oktober. Mit festen Bergschuhen und Wetterschutz. Abstieg ab Piz Murtel nur für richtig ausgerüstete Bergwanderer, Querung ab Mittelstation einfach!

BILD Dicht über der Mitte des rechten Bildrandes (hier knapp außerhalb) liegt die Fuorcla Surlej, die wir ab Mittelstation Murtel in gut 30 Minuten erreichen. Beim Abstieg ins Val Roseg steigen wir erst zur Zunge des Roseggletschers ab und verfolgen dann den gut sichtbaren Trampelweg, von eisigfrischen Rosegwassern begleitet. Im Hintergrund Piz Palü, Bellavista und Piz Bernina.

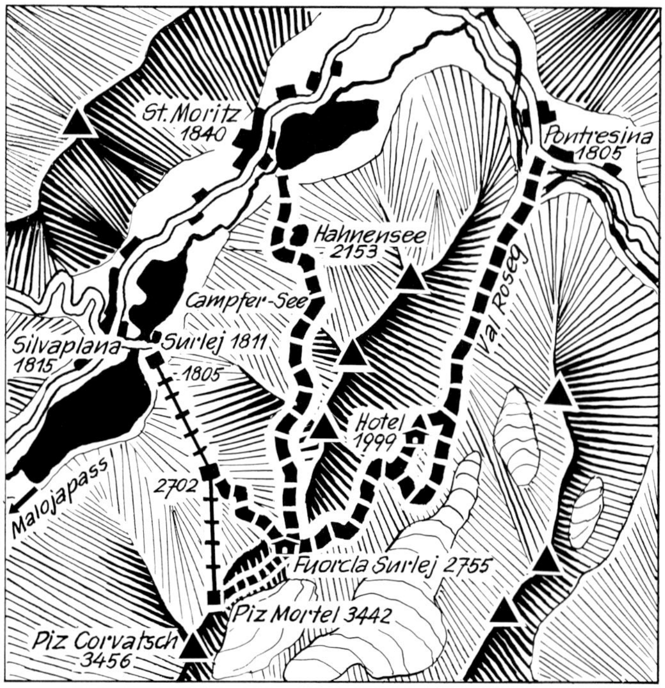

Der Superlativ des »schönsten Abstieges« muß verteidigt werden! Wer die Alpen zwischen Bernina und Dachstein, zwischen Dolomiten und nördlichem Vorgebirge kennt, muß bestätigen, daß eine Rast auf der Fuorcla Surlej, 100 Minuten unterm Gipfel des Piz Murtel, stärkste Eindrücke beschert. Hier sind alle alpinen Reize dicht versammelt: das Eis der Viertausender an der Bernina gegenüber, das schwarze Urgestein des höchsten Alpenrückens, die Perlenkette der Oberengadiner Seen in der grünen Talsenke, die Stille und Klarheit der großen Höhe, ihr arkadischer Glanz. Noch schöner wird diese Welt beim Abstieg selbst, wenn man immer wieder stehenbleiben muß und wenn zum Glück des Schauens noch das Behagen an der eigenen Wanderleistung kommt. Die Seilbahn von Surlej bei Silvaplana führt von 1820 auf 3300 m Meereshöhe, dann steht man am Vorgipfel des Piz Murtel, und der Piz Corvatsch, 3451 m, ist – nur für erfahrene Bergsteiger mit Eispickel und festen Schuhen – in unmittelbarer Reichweite. In einer Stunde steht man drüben! . . . Der Abstieg von der Bergstation über die Fuorcla Surlej zurück zur Talstation, oder, schöner noch, über den Hahnensee nach St. Moritz, ist von unbeschreiblichem Reiz, da man immerzu die Seenkette des Oberengadins unter sich, den Piz Julier aber und den Piz Lagrev gegenüber hat. Erst am Hahnensee trifft man auf die ersten Arven. Nicht wirklich trittsichere und richtig ausgerüstete Bergfreunde steigen besser von der Mittelstation ab, denn der erste Teil des Abstieges von der Gipfelstation führt teilweise über Eis bzw. Firn, ist also, etwa im Spätsommer und trotz Trasse, nicht immer angenehm hinter sich zu bringen. Die Querung von der Mittelstation, 2702 m, zum Restaurant Fuorcla Surlej, 2755 m, ist ideal, bequem und führt sofort in die Stille! Ab Surlej zieht der markierte Steig über den Hahnensee nach St. Moritz. Von der Fuorcla Surlej aus kann man aber auch südwärts ins Rosegtal absteigen (Bild), wobei man unbedingt am markierten Weg bleiben soll. Ab Gletscherzunge gehen wir auf wohltätig ebenem Fußpfad durch das ganze Rosegtal hinaus nach Pontresina (Bus nach St. Moritz und Surlej) – immer wieder rastend, um das großartige Eisgemälde der westlichen Berninagruppe zu bestaunen.

Schweiz / Oberengadin / Berninagruppe / 3–4 Std. / HU: 900 m

27 Von der Diavolezza zum Berninapaß

Aug in Aug mit Palü und Bernina

TALORT Bernina Suot-Curtinatsch, 2080 m. Zufahrt von St. Moritz über Pontresina, oder von Tirano über Sondrio

AUFFAHRT Mit großer Kabinenbahn zur Diavolezza, 2973 m, am Granitgrat zwischen Mont Pers und Piz Trovat

HÖCHSTE PUNKTE Diavolezza, 2973 m. Für trittsichere, berggewandte Geher auch der stille abseitige Aussichtsfelsen Sass Queder, 3066 m, oder der Piz Trovat, 3146 m, 20 bzw. 40 Min. ab Bergstation!

KEINE EINKEHR AM ABSTIEGSWEG bis zum Restaurant der Talstation. Aber Restaurant an der Bergstation!

CHARAKTER Der 2- bis 3stündige Abstieg ist eine stille, herbe Urgesteinswanderung aus der Eis- in die Almzone. Für trittsichere Geher ein stilles, feines Vergnügen, auch für trittsichere Kinder geeignet. Der kleine Firnhang am Start kann umgangen werden! Rasten sind einkalkuliert!

BILD Der Granitsattel der Diavolezza, dicht über der Bildmitte mit Restaurant und vorgelagertem kleinen Firnbrett. Dahinter baut sich das Firngemälde von Piz Cambrena, Piz Palü und Bellavista über dem Persgletscher auf. Vorne im Granitschutt unser Abstiegsweg: erst kurz Firntrasse, dann Blockwerk und Schutt, dann de Laj da Diavolezza als armer eisiger Moränensee.

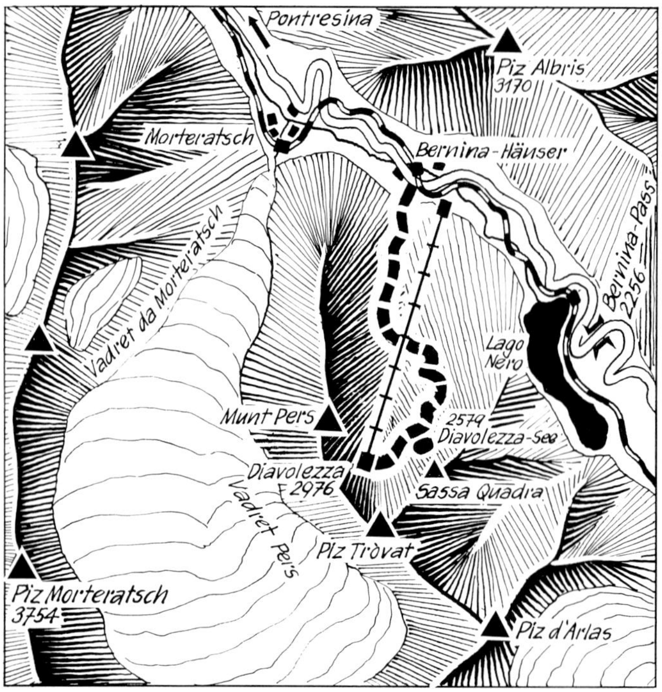

Es ist ein großer Augenblick, wenn man zum ersten Male auf die natürliche Aussichtsterrasse der Diavolezza tritt, knapp 3000 m hoch, einem der stärksten alpinen Landschaftsbilder gegenüberstehend: ungeheure Formen, ein aufs äußerste geschärfter Kontrast zwischen den Eis- und Felsmassen vor uns und der sanften, milden Tallandschaft hinter uns. Ein zu starker Glanz für das menschliche Auge, dünne Luft, zuweilen Eiseskälte auch bei blendender Sonne –, man braucht eine Spanne Zeit, um einer Übermacht Herr zu werden. Oder um zu begreifen, daß der ausgebildete Bergsteiger dort drüben über die Eisgrate des Piz Palü und der Bellavista sicher wie auf festem Boden wandert, oder daß Seilschaft um Seilschaft den scharf geschnittenen Biancograt begeht . . . Das »Unfaßbare« zwingt den beherzten Mann zur Begeisterung – andere Bergbahngäste sehen die Speisekarte des vollen Restaurants, den lockeren Müll, die Beine der Nachbarin. Wem das zuviel wird, der bewahre seine Empfindungen in einer herrlichen Stille, abgesondert vom seichten Lärm der Masse. Hat er etwas alpine Erfahrung, so steigt er von der Diavolezza südwärts davon, passiert vorsichtig gehend den oberen Rand des kleinen Gletschers ostwärts, steigt aber nicht ab, sondern erreicht gemütlich den Felskopf des Sass Queder, 3066 m, südöstlich: 20 Minuten genügen, um hinter jenem Felskopf in einer absoluten Einsamkeit zu liegen! In 40 Minuten steigt man auch – falls keine hartgefrorenen Firnplatten den Aufstieg verbieten! – auf den 3146 m hohen Piz Trovat, dicht südlich des Sass Queder. Dort oben sitzt man zwischen schwarzen Granitblöcken wie in einer Himmelsloge, hoch, hoch über dem Eismeer des Persgletschers, und sieht das Große als göttliche Architektur . . . – Der Abstieg ins Tal wird dann an jenem kleinen Gletscher angetreten, indem man ihn oben umgeht oder vorsichtig quert: ungefährlich! Drüben findet man den Steig, den auch unser Luftbild schon sehen läßt, und bald ist man der Eisregion entronnen. Man durchwandert eine zerschlagene Urwelt, durchsteigt wilde Trümmerkessel, passiert Grate und die ersten begrünten Mulden. Die ersten Latschen, die ersten Lärchen, das ganze duftende Dickicht der Vegetationsgrenze hat uns wieder . . .

Schweiz / Oberengadin / 2–3 Std. / HU: 800 m

28 Blumengarten am Piz Lagalb

Königsloge vor der Bernina-Szene

TALORT Pontresina, 1805 m, Oberengadin, bei St. Moritz, 20 Autominuten zur Lagalb-Talstation (dicht hinter der Talstation der Diavolezza-Kabine)

AUFFAHRT Ab Station Curtinatsch, 800 m südlich der Diavolezza-Talstation etwa Höhe 2115 m. Große schnelle Kabine bis 2898 m Höhe (Gipfel ist 2959 m hoch = 8–10 Minuten Aufstieg zur klassischen Aussicht auf die Berninagruppe und ins Puschlav)

GUTE KARTE Ganz besonders wichtig, weil sie die große Aussicht unvergleichlich informativ macht. Also Schweizer Landeskarte Blatt 269, Berninapaß, 1:50 000 unbedingt zur Hand haben!

RASTORT Natürlich das allen bemittelten Skifahrern wohlbekannte Super-Panorama-Restaurant an der Bergstation der Lagalb-Bahn. Vielleicht im Sommer nicht immer geöffnet!

BILD Blick aus dem Flugzeug auf den runden Gipfelkamm des Lagalb über dem Berninapaß mit Lago Bianco. Im Hintergrund die Granit- und Eisarchitektur der Berninagruppe mit dem Piz Palü (rechts oben) 3905 m.

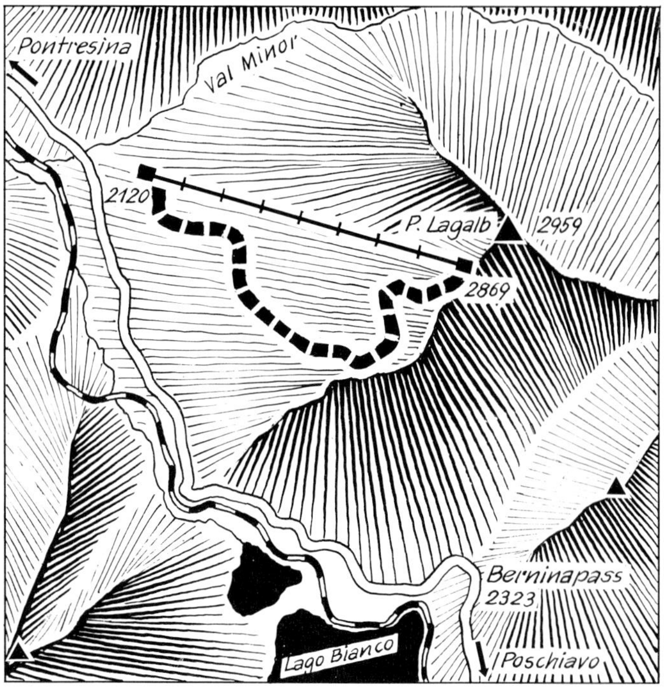

Eine ebenmäßig abfallende Granitpyramide dicht über dem Berninapaß – der Berninagruppe genau gegenüber: das ist dieser Piz Lagalb, der so isoliert über dem kalten Paß steht, daß ihn das paradiesisch schöne Blumental des »Val Minor« fast rundum einschließen kann. Der im Winter berühmte Pistenberg ist sommers weniger besucht, trotzdem er in der Gipfelzone, 2959 m, ein »Alpinarium« aufzuweisen hat, also einen gehegten hochalpinen Blumengarten. – Die Kabine landet vor einem berühmten Panorama-Restaurant, dessen Speisekarte der Geldadel von St. Moritz auswendig zitieren kann ... Von der Station zum Gipfel noch 61 m Höhenunterschied, dann aber ein unfaßlich schöner Umblick auf Puschlavtiefe, Berninagruppe, auf Errgruppe, Piz Albris, auf Ortler und Königsspitze ... Es gibt zwei feine Abstiege: 1. von der Bergstation durch den Blumengarten der Gipfelzone, dann am »Blumenweg« des Südwestkammes hinab bis zum Wegekreuz und hier von der großen Terrasse rechts ab unter die Seilbahntrasse; hier schlängelt sich der Steig durch die mit Zwergstauden gefüllte riesige Westmulde bis zum Parkplatz der Talstation hinab. – Der längere Abstieg, dafür ein Bergmärchenweg, führt vom Gipfel auch zuerst den Blumenweg hinab, biegt beim Wegekreuz aber links ab in die von vielen Felsrippen und Rampen durchzogene, steilere Südflanke – den Lago Bianco der Paßzone unter sich – und wendet sich dann ostwärts, um durch die grüne Lücke am Südosthang in das Val Minor zu gelangen. Dieses großartige, hochalpin strenge Val Minor präsentiert einen kleinen Bergsee nach dem anderen, und zieht in einem kühnen Rundlauf um drei Viertel des Lagalbberges herum. Man studiere die Schweizer Landeskarte! ... Dieses Val Minor ist wie das nördliche Val dal Fain einsam, still, von kühler Strenge. Sah man am Gipfel gehegte Steinböcke, Gemsen, Schneehasen und Murmeltiere, so sieht man im Val Minor nichts davon. Auch keine Bäume. Die einstigen Lärchenwälder hat der Bischof von Chur als Besitzer der Silberbergwerke im 14. und 15. Jahrhundert einschlagen lassen ... So oder so, beide Abstiege vermitteln eindringliche Erlebnisse. Noch weit unterm Gipfel verfolgen uns Dinner-Düfte und Wolken von »Lanvin Scandale« und »Lagalb Diable«.

Schweiz / Graubünden / 2¼–4 Std. / HU: 729 oder 1050 m

29 Vom Jakobshorn nach Davos

Über Sertig Dörfli oder Teufi

TALORT Davos, 1536 m

AUFFAHRT Großkabinenbahn von 1540 m auf das Jakobshorn, 2590 m, über Ischalp, 1931 m

HÖCHSTER PUNKT Jakobshorn, 2590 m

RASTPUNKTE Restaurant Ischalp, 1931 m. – Restaurant Jakobshorn, 2590 m. – Restaurant Brämabüel, 2477 m. – Sertig Dörfli, 1861 m. – Evtl. Teufi, 1693 m

HINWEIS Wer in Davos wohnt, findet als trittsicherer Geher noch viele einsame Abstiege: etwa ab Pischagrat, ab Weißfluh oder ab Gotschnagrat – trotz Weltruhm bietet Davos Stille, die freilich allein der Fußwanderer erreicht!

BESTE ZEIT UND AUSRÜSTUNG Juni bis Ende Oktober. – Leichtbergschuhe und, bei unsicherem Wetter, ein Regenschutz (Anorak aus Nylon mit Kapuze) ausreichend! Für trittsichere Kinder ab 8 Jahren möglich! – Mit Schweizer Landeskarte, 1:50 000, Blatt 248!

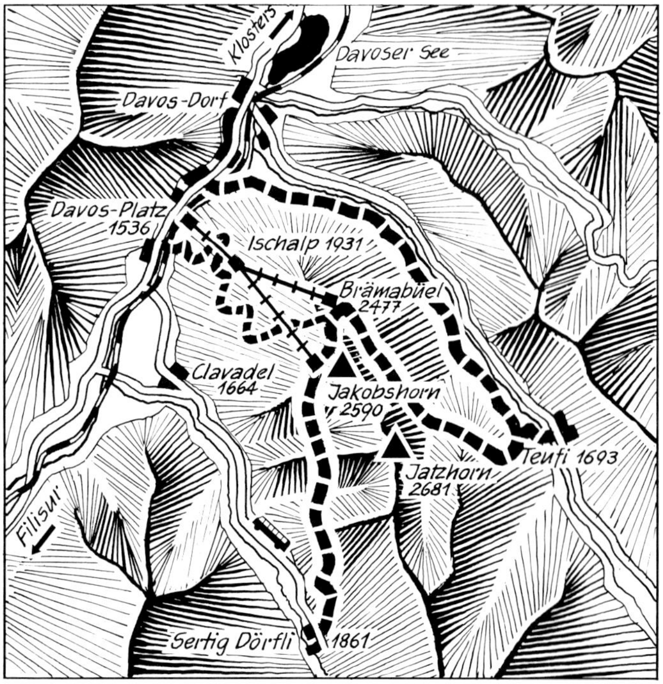

Das Jakobshorn, zwischen Dischmatal und Sertigtal wie ein Schiffsbug über dem weltberühmten Schweizer Kurort Davos stehend, überhöht diesen Talort um genau 1000 Meter. Oben am Gipfel schaut man weit über Graubünden hin und die näheren Bergüner Stöcke. Aber Piz Ela, Tinzenhorn und Piz Michel sind neben dem Piz Kesch nicht die einzigen schönen Berge, die man sieht. Alle Abstiegswege vom Jakobshorn oder von Brämabüel sind einfach, markiert, leicht zu finden und – was wichtig ist! – wenig begangen. Besonders beim Abstieg nach Teufi ins Dischmatal (Bildmitte links) oder in der Jatzhornflanke ins Sertig Dörfli wird man fast immer allein sein: tausend entzückende Rastkuppen und weite Alpenrosenfelder laden hier wie dort zum Verweilen ein. – Der einfachste Abstieg vom Jakobshorn (das durch einen einfach begehbaren Gratweg mit der Liftstation Brämabüel verbunden ist) nach Davos führt erst nach Süden 500 Meter weit in Richtung Jatzhorn und schwenkt dann um 180° herum, zieht durch endloses, welliges Weideland, an Murmeltierbauten vorbei, in die Alpenrosenfelder über den Clavadeler Alpen. Von hier kann man zur Mittelstation Ischalp hinüberqueren (schattiger, sehr schöner Weg!) oder direkt den sanften, schattigen Skiweg hinunter nach Davos gehen – oder nach Clavadel, wo neben dem Bus nach Davos eine gute Wirtin keine schlechte »Fondue Bourguignonne« parat hat. – Der schönste Abstiegsweg führt vom Jakobshorn wiederum in der Jatzhornflanke streng südwärts hinab nach Sertig Dörfli, wobei – wer Lust hat – das 2681 m hohe Jatzhorn mitnehmen kann, das aber nur von Süden her zu besteigen ist. Auch in Sertig Dörfli wartet ein Bus und ein guter Schweizer Wirt. – Wohl der einsamste Abstieg führt vom Jakobshorn über Brämabüel hinab nach Teufi im Dischmatal: erst (siehe Bild) durch Kare und Almgründe, dann durch Alpenrosenregionen, dann durch Latschen und eine dünne, duftende Bergwaldzone. Kein Blumenfreund wird von diesem Abstiegsweg enttäuscht sein. – In allen Fällen findet, wer sucht, nach der Hälfte des Weges Quellen, also frisches Wasser – auf die Mühlen unserer hochalpinen Passion! Nach diesem Steilabstieg nehmen wir vor dem Wirt in Teufi den Bus – oder gehen zu Fuß »heim«.

Das Jakobshorn über Davos zeigt sich hier im Sommer als böse ramponierter Pistengipfel: so kann man die Hoheit der Alpen zerstören. Unser Glück, daß wir diesen Startplatz für unseren Abstieg sofort verlassen und nach Teufi ins Dischmatal wandernd die alte unversehrte Urlandschaft genießen. Rechts oben der gewaltige Piz Linard, links oben einige Silvrettagipfel um die Plattenhörner. Unser Abstieg zielt anfangs ins linke untere Bildeck, wo wir bei Station Brämabüel in einer scharfen Kehre wieder ostwärts hinab wandern – bis zu den ersten mageren Bergfichten.

Österreich / Rätikon / 2½–4 Std. / HU: 800 m

30 Vom Niggenkopf nach Brand

Brandner Golm – Palüdalpe – Brand

TALORT Brand im Brandner Tal, 1000–1047 m. Bus von Bludenz.

AUFFAHRT Es gibt zwei Möglichkeiten: 1. Brand–Niggenkopf/Sessellift, 1000–1600 m. – 2. Brand–Melkboden, Doppelsessel, 1000–1650 m (Achtung, Winterbetrieb, nur manchmal Sommerbetrieb!). Man halte sich an den Niggenkopflift, trotz Umsteigen!

HÖCHSTER PUNKT 1650 an Bergstation, oder Niggenkopf, 1859 m, bzw. Alpe Palüd, 1800 m

RASTORTE Berggasthäuser am Niggenkopf, 1600 m. – Berghaus Melkboden, 1650 m. – Hubertushütte, 1700 m. – Evtl. Palüdalpe, 1800 m

BESTE ZEIT UND AUSRÜSTUNG Juli bis Anfang Oktober. – Solide Leichtbergschuhe! Mit Wetterschutz (Anorak, Kopfbedeckung) im kleinen Rucksack. Einfache Abstiege, wenn trittsichere Bergwanderer!

BESTE KARTE Freytag-Berndt, Blatt 371 Feldkirch/Schruns, 1:50 000!

BILD Unten die Niggenkopf-Bergstation. Ganz links oben schaut die Schesaplana über den dunklen Mottakopf. Rechts daneben der spitze Gipfel des Brandner Wildberges, an dessen rechtem Grat die Straßburger Hütte steht. Die hohe Schulter rechts, leicht verschneit, ist der Panüelerkopf, durch dessen hier sichtbaren Nordabbruch der berühmte »Leiberweg« zieht. Die Oberzalim-Hütte befindet sich senkrecht unter dem Gipfel des Panüelerkopfes auf der großen Bergwiese.

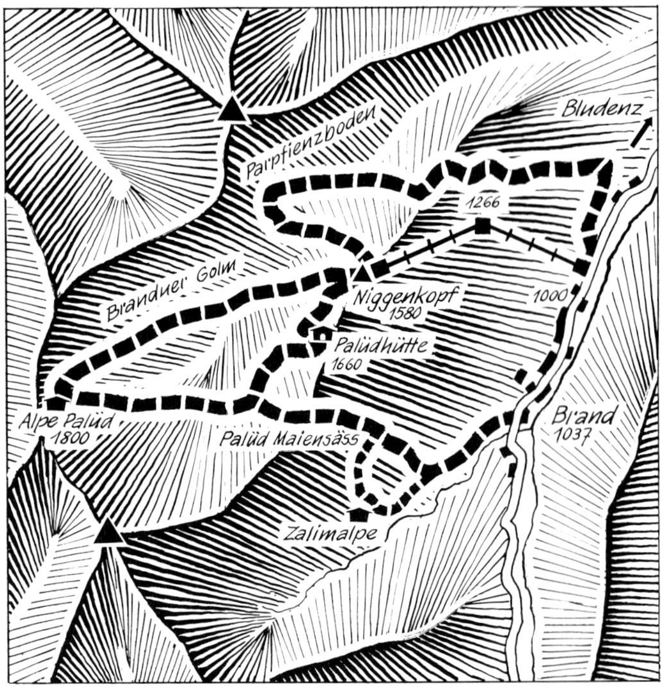

Vier Nebentäler ziehen von der Verkehrs-Achse Feldkirch–Bludenz südwärts auf den mächtigen Rätikonkamm zu: Gamperdonatal, Brandner Tal, Rellstal und Gauertal. Unser Brandner Tal zielt genau auf die Mitte dieser höchsten Kalkmauer vor dem Gneis und Eis der Silvretta: es zielt auf die 2965 m hohe Schesaplana und ihren weithin schimmernden Brandner Ferner ... Dieses Bild begleitet uns bei unserer Auffahrt aus dem Brandner Talende. Wir fahren mit dem Lift hinauf zum Niggenkopf (Bild: Bergstation) und entziehen uns dort oben sofort der Liftkundschaft, um gemütlich auf den nahen Aussichtsbalkon des Brandner Golm, 1850 m, zu steigen, höchstens 30 Minuten. Im Luftbild sehen wir den auslaufenden Ostkamm dieses Brandner Golms in der Bildmitte. Unsere Augen schauen – recht einseitig – nur nach Süden, denn Schesaplana und ihr Gletscher, und das wilde Gefolge von Panüeler- und Salaruelkopf, Oberzalimkopf und Wildberg strahlen im Gegenlicht hohe Faszination aus. Wir tragen unsere Begeisterung gemütlich über den Brandner Golm, dann entscheiden wir uns, welchen Abstieg wir machen: 1. den kürzesten Abstieg zur Talstation – erst südwestwärts zur Palüdalpe, dann ostwärts zum Melkboden (immer an aussichtsreichen Südhängen) und endlich auf Nordost drehend über Palüd Maisensäß nach Brand (2–3 Std. gemütlich) – 2. vom Brandner Golm westwärts bis an die Felsen des Glattjochs, dann scharf rechts ab und das herrliche Lorenzitäli hinab in die grüne Wiege der Parpfienzalpe, und von hier am waldfreien Südosthang steiler abwärts nach Stauden und zur Talstation (2½–3 Std.) – 3. eine längere, aber dankbare Wanderung im »Abstiegsstile« – vom Restaurant Niggenkopf direkt nördlich zur inneren Parpfienzalpe, dann auf rotweißgelber Markierung nordwärts hinaus zur Äußeren Parpfienzalpe, 1620 m, und hier scharf ostwärts zum Hochrand des Schesatobels, den wir beim Bludenzerhaus, 1431 m (TVN) betreten. Unten halten wir uns an die zahlreichen Berggasthäuser und finden so den sichersten Weg zur Talstraße. Ab Berghaus Tschengla, 1170 m, und Gasthof Alpila, 1194 m, hat man bereits Bus-Möglichkeiten ins längst sichtbare Bludenz hinab. – Der gute Flaig-Führer im Rucksack spart manche Umwege.

Österreich / Vorarlberg / Montafon / 5 Std. / HU: 1226 m

31 Unter den Drei Türmen

Golm – Lindauer Hütte – Gauertal

TALORT Latschau, 995 m, oberhalb von Tschagguns im Montafon (Bus von Tschagguns)

AUFFAHRT Schrägaufzug von 995 m am Speichersee Latschau zum Golm, 1890 m

HÖCHSTER PUNKT Bergstation Golm, 1890 m

RASTORT Lindauer Hütte, DAV, 1746 m, auf der Spora-Alpe

BESTE ZEIT UND AUSRÜSTUNG Ende Juni bis Ende Oktober. Nur in guten Leichtbergschuhen mit Profilgummisohle und mit Wetterschutz im kleinen Rucksack. Durchgehend Abstiegswanderung auf markierten Steigen. Auch für Kinder ab 10 Jahren! – Karte: Freytag-Berndt-Wanderkarte, Blatt 37!

BILD Rechts oben am Bildrand der Almsockel des Golm, an dem wir bis zur Golmer Hütte auffahren. Beim Abstieg zielen wir in das Gauertal mit der Lindauer Hütte und stehen dort dicht unter den Drei Türmen (im Bild oben). In umgekehrter Richtung wie die beiden im Bild sichtbaren Wanderer laufen wir dann das ganze Gauertal heraus ins Montafon bei Tschagguns. Mit uns viele andere, die auch nur bis zur Lindauer Hütte (und nicht zu dem Gipfel) gelaufen sind und so nicht ahnen, daß diese »Drei Türme« der Drusenfluh jenseits – auf senkrechten Mauern in den Almböden stehen.

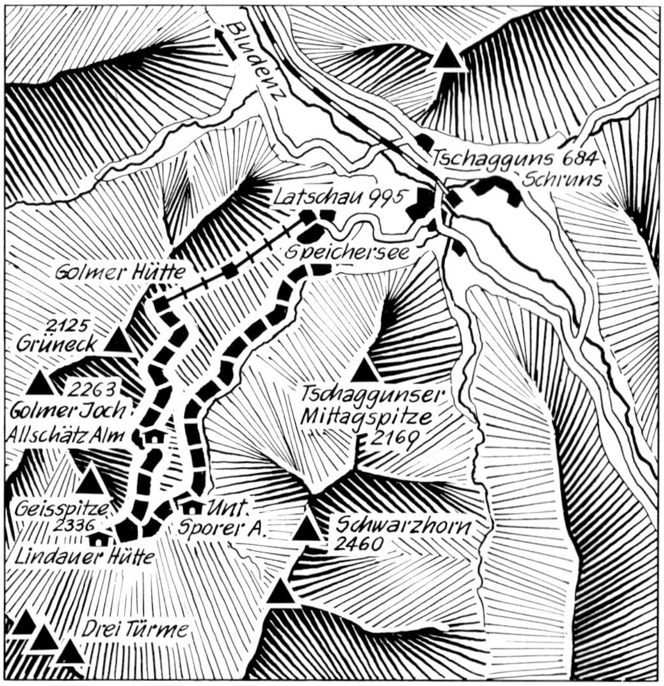

Der Schrägaufzug von Latschau führt in zwei Sektionen hinauf zur grünen Kanzel des Golm. Schon hier, auf 1890 m Höhe, hat man einen umfassenden Ausblick auf Klostertaler Alpen, Verwall und östliches Rätikon. Den Steig zur Lindauer Hütte einschlagend, sind wir schon nach zehn Minuten in der Stille und wandern hoch überm waldgrünen Gauertal dahin, mit stetem Blick auf die wuchtige Sulzfluh gegenüber (2824 m). Nach der Alpe Altschätz geht es einige Zeit durch lichten Fichtenwald, und plötzlich bleiben wir wie angewurzelt stehen: über uns ragen unvermittelt die Drei Türme des Rätikon auf, einzigartig geformte Riesenkeile, ein markanter Abschluß des Gauertales. Die bald danach erreichte Lindauer Hütte des Alpenvereins, 1746 m hoch gelegen (1½–2 Std. ab Golm), bietet uns ein freundliches, gut bewirtschaftetes Bergsteigerheim und einen idealen Rastort. Man versäume nicht die Besichtigung des wirklich sehenswerten Alpenpflanzgartens neben der Hütte (Hauptblütezeit Juni bis Mitte Juli): wir finden hier Hochgebirgspflanzen aus Alpen, Zentralasien, Himalaja, Rocky Mountains, vom Balkan, aus den Karpaten und aus der Arktis. – Den weiteren Abstieg, nunmehr talaus in nordöstlicher Richtung, nehmen wir über die Untere Sporer Alpe und durch den Porsalänger Wald. Jeder Rückblick wird uns fesseln! Am linken Ufer des Rasafeibaches (alle diese merkwürdigen Namen sind rätoromanischen Ursprungs) geht es nun – in ungefähr 2½ Stunden – hinaus und hinunter ins Montafon, nach Tschagguns, wo der Wagen bzw. der Bus steht. – Diese Wanderung führt in die Einsamkeit und in einen der schönsten Talschlüsse Vorarlbergs! Man kann getrost Kinder ab 8 oder 10 Jahren mitnehmen, wenn sie leidlich gehtüchtig sind und am Hang niemals vom Weg abweichen oder »Abkürzer« versuchen. – Im Bild oben von links: Kleiner Turm, 2754 m, Mittlerer Turm, 2815 m, Großer Turm, 2828 m. Darunter der Sporatobel, den alpin sehr erfahrene Bergwanderer von rechts unten nach links oben ersteigen können. Zeit 2½ Stunden nur für Anstieg! Weil nur Gehspuren, auch nur mit dem Flaig-Führer »Rätikon«, Tour 526! Der Mittlere Turm wird dabei in seiner abgeflachten Südflanke umgangen und leicht erstiegen: nur der Tiefblick in die Südwand ist »gefährlich«.

32 Unter der Zimba

Lünersee – Rellshüsli – Vandans

TALORT Brand im Brandnertal, 1047 m (Bus von Bludenz). – Bzw. Vandans im Montafon, unterhalb Tschagguns, 660 m (Haltestelle/Bahn). – Man lasse also den Wagen in Bludenz und benütze bis Brand bzw. ab Vandans den Bus!

AUFFAHRT Mit Bus von Brand bis Talstation. 1565 m, weiter mit Seilbahn von 1565 auf 1979 m Höhe, Lünersee: Douglas-Hütte AV

HÖCHSTER PUNKT Lünerkrinne, 2166 m

RASTORTE Evtl. Douglas-Hütte AV, 1980 m. – Rellshüsli, 1460 m, im Rellstal. – Evtl. Heinrich-Hueter-Hütte AV, 1766 m, unter der Zimba!

BESTE ZEIT UND AUSRÜSTUNG Juni bis Ende Oktober. Nur in Leichtbergschuhen und mit Wetterschutz (Anorak, Pullover) im kleinen Rucksack. – Einfache, besonders schöne Wanderung, auch für Kinder ab 8 Jahren! – Karte: Freytag-Berndt-Wanderkarte, Blatt 37

HINWEIS Wer die Variante Zimbajoch oder gar den Zimbagipfel machen will, den erwartet ab Heinrich-Hueter-Hütte ein sehr steiler, 600 m hoher, aber (oben am Zimbajoch) rasend interessanter Aufstieg. Der natürlich prompt mit verdoppeltem Selbstbewußtsein beim Abstieg vergolten wird! Alle Anstiege zum Zimbagipfel (dies nur wegen der »Varianten«) sind zu klettern – also nur für erfahrene Kletterer »leicht«! Also: Vorsicht bei »Varianten«!

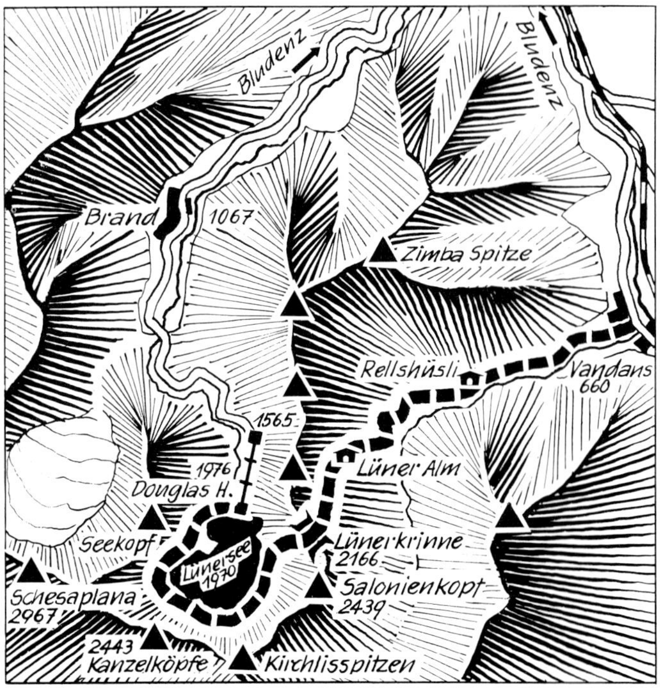

Von Brand bzw. Bludenz ist man mit Bus und Seilbahn in sehr kurzer Zeit oben am Ufer des Lünersees mit seiner eindrucksvollen Staumauer. Wir beginnen unseren Abstiegsweg mit einer Umwanderung des Sees, in dem sich allerlei respektable Berggestalten spiegeln wie die Kirchlispitzen, die steilen Schrofen des Schafgafall, vor allem aber der stolze Gipfel der Schesaplana, die genauso wie die Zugspitze 2967 m hoch und mit einem kleinen Gletscher bestückt ist. Dann steigen wir ein kurzes Stück auf zur Lünerkrinne, 2166 m, schauen uns hier die geologisch hochinteressanten »Gipstrichter« am zerklüfteten Joch an und wenden uns dann – nun endgültig bergab wandernd – den blumenreichen Matten der Alpe Lün zu. Schon von der Lünerkrinne aus besticht der kühne Felskamm der Zimba, die nun mindestens zwei Stunden in unserem Blickfeld bleibt. Über die Alpe Lün gelangen wir tiefer ins Rellstal hinab und zum Rastort »Rellshüsli«, das genau unter der Mitte der mächtigen Vandanser Steinwand liegt, deren höchste Bekrönung die Zimba bildet. Wir können nördlich der Lünerkrinne auch nach links gehen und den interessanten Umweg über die Heinrich-Hueter-Hütte, 1766 m, – direkt am Sockel der Zimba – machen. Weiterwandernd gegen das Montafontal zu, gelangen wir in dem zu einer Schlucht verengten Tal – in dem der Rellsbach tolle Kapriolen veranstaltet – hinaus zum Steilabfall gegen das Haupttal, den das Sträßchen in einigen Serpentinen überwindet. – Diese nicht ganz kurze Abstiegswanderung findet durchgängig auf guten, markierten Bergwegen statt, jeder trittsichere Wanderer kann sie durchführen, auch mit Kindern, ja gerade mit Kindern ab 10 Jahren wird sie einen nachhaltigen Eindruck hinterlassen – wenn die Kinder trittsicher, also etwas bergerfahren sind. Der Weg wird recht wenig begangen, zumal im Herbst, man kann sich also von den Schäden der Motorwelt aufs angenehmste erholen. – Wer gute 5 Std. Zeit hat und seriösen Ehrgeiz, der trenne sich vor der Alpe Lün von den »faulen« Absteigern und steige an der Heinrich-Hueter-Hütte vorbei ins Zimbajoch hinauf, 2387 m! Abstecher zum Zimbagipfel (leicht, 2 Std.) möglich. Dann jenseits durch das Sarotlatal hinaus nach Bürs-Bludenz (5 Std. ab Lünersee! Mit Gipfel gut 7 Std.!)

Das klassische Felshorn der Zimba, 2645 m, von Süden (aus dem Flugzeug) gesehen. Links am Bildrand die Heinrich-Hueter-Hütte (die wir in einer Variante berühren können); im Mittelgrund nach rechts zieht das Rellstal in das Montafon hinab. Rechts an der Zimba der scharfgezackte Ostgrat mit der anschließenden Vandanser Steinwand, links vom Gipfel der leichtere Westgrat, unter diesem das hohe Zimba-Joch. Das »Rellshüsli« liegt etwa in Fallinie der Zimba, aber verdeckt.

Österreich / Vorarlberg / 4–6 Std. / HU: 1160 oder 1650 m

33 Am Herzsee über dem Montafon

Kapellalpe – Kreuzjoch – Schruns

TALORT Schruns im Montafon, 700 m

AUFFAHRT Kabinenbahn von 700 m auf 1860 m zur Kapellalpe. (Von hier Anstieg 1–2 Std. zum Kreuzjoch oder Sessellift!)

HÖCHSTE PUNKTE Kapellalpe, 1860 m, bzw. Kreuzjoch, 2466 m, evtl. Wormser Hütte, AV, 2350 m

RASTORTE Kapellalpe, 1860 m; Wormser Hütte unterm Kreuzjoch, AV, 2350 m; Mittelstation Kropfen, 1350 m

BESTE ZEIT UND AUSRÜSTUNG Ab Ende Mai bis in den spätesten Herbst. Ungefährlich, markiert, auch für gehtüchtige Kinder. Nur in Leichtbergschuhen und mit Wetter- und Wärmeschutz! Beste Karte: Freytag-Berndt, Nr. 37, Rätikon-Verwall, 1:100 000!

FEINE VARIANTE Die großartige, aussichtsreiche Überschreitung in Südrichtung: Wormser Hütte–Kreuzjoch, Zamangspitze–St. Gallenkirch (ca. 4–5 Std.)!

BILD Der kleine, kalte Herzsee unterm Kreuzjoch im Montafon, an dem vorbei der Abstieg nach Schruns führt. Im Hintergrunde Zimba (rechts) und Schesaplana (links oben mit Gletscher), am Grat die Wormser Hütte des DAV auf 2350 m Höhe, links davon das Kreuzjoch, rechts das Sennijoch

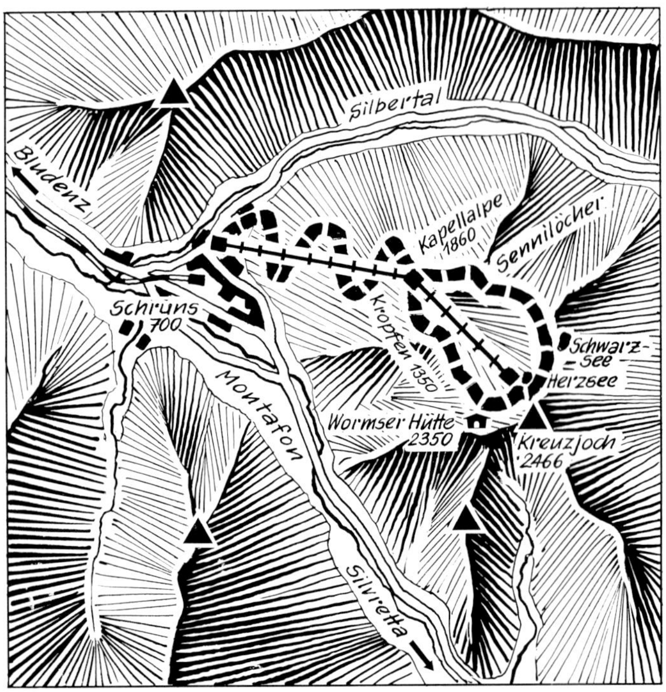

Wer auf dem Wege vom Bodensee in die Silvretta das Montafon durchfährt, muß bei Schruns, 700 m, pausieren und mit der Kabinenbahn zur Kapellalpe auf 1860 m Höhe hinauffahren. Er muß weiter – nämlich um des höheren Abstiegsgenusses willen! – 2 Std. zu Fuß den freien Grat hinaufsteigen zur Wormser Hütte unterm Kreuzjoch, 2466 m (nur der Faule darf noch mit dem Lift auffahren!), und von hier langsam, ganz langsam über den Herzsee, den Schwarzsee und die »Sennilöcher« zur Kapellalpe und endlich durch den Bannwald nach Schruns absteigen. Die Uhr lasse man im Tal, denn alle Eile wäre hier Sünde . . . Vor der Wormser Hütte lasse man sich von dem tüchtigen Wirt das unabsehbare Alpentheater erklären, die Gipfel über den atemnah aufblinkenden Silvrettagletschern, die Türme und Fluhen des Rätikon gegenüber, die Berge des Verwall im Osten, der nahen Schweiz, des blauen Bregenzer Waldes. Dann esse und trinke man tüchtig und steige nordwärts in die Felsgrube ab, in der frostig kalt der Herzsee (Bild) liegt und bald danach der Schwarzsee – letzterer ein wenig wärmer und reich an Forellen. Eine Kneipkur kann nicht schaden, wenn man sich hinterher auf den sonnenheißen Urgesteinsfelsen wieder röstet und wärmt. Wenn man weiter absteigt zu den moosig dunklen, federnden Matten der »Sennilöcher«, mache man weit die Augen auf, um die Urgesteinsflora zu begreifen: violette Primeln, purpurroten Enzian, Eisenhut, Goldpippau, Gemskresse und endlich, in unabsehbaren Beständen, die Alpenrosen. Nach einer guten Stunde haben wir solchermaßen kurzweilig das grüne Plateau der Kapellalpe erreicht, lassen aber dort die Seilbahnen leer weiterlaufen und machen uns davon in den schattigen Bannwald, wo uns uralte, bärtige Tannenriesen überragen, und wo der Waldboden dicht mit Preiselbeer- und Blaubeerpolstern überwachsen ist. An einer frischen Quelle ohne Chlor wächst würzige Brunnenkresse, dann wenden wir uns bald südwärts auf schmalem Pfad den Rieder Maisäßen zu, wo wir auf einem zweiten grünen Balkon über dem Montafon stehen und vor den ersten Wiesen. Über Deus und Gamplaschg steigen wir dann, zuletzt durch kühlen Buchenwald, nach Schruns zur Talstation – wo uns eine Liga netter feuchter Wirte erwartet.

Österreich / Tirol / Arlberg / 3½ Std. / HU: 1507 m

34 Vallugagrat und Schweinströge

Über Walfagehrjoch und Steißbachtal

TALORTE St. Anton am Arlberg, 1304 m; oder St. Christoph, 1800 m

AUFFAHRT St. Anton–Galzig–Vallugagrat–Vallugagipfel: Kabinenbahn

HÖCHSTE PUNKTE Vallugagipfel, 2811 m; oder Vallugagrat, 2650 m

RASTPUNKTE Hotel Vallugagrat, 2650 m; Ulmer Hütte (AV), 2285 m

BESTE ZEIT UND AUSRÜSTUNG Mitte Juni bis Ende Oktober. Im Frühsommer Achtung vor harten Firnhängen! Gutes Schuhwerk, Wetterschutz. Wer Kinder mitnimmt oder die bergunerfahrene Frau, halte eine Reepschnur bereit. – Karte: FB, Blatt 37 (1:100 000)

EIN TIP Wer sich den guten Wein der »Alten Post« redlich verdienen will, fährt a) nur bis Vallugagrat auf, verzichte b) auf den Gipfel, und marschiere c) den beinahe ebenen Höhensteig (überm Kapall dahin) bis zur Leutkircher Hütte (Almajurjoch), um erst dort direkt nach St. Anton abzusteigen (5–6 Std., aber welch weite Welt!)

BILD Am Gipfel der sommerlichen Valluga, des höchsten Berges der westlichen Lechtaler Alpen. Blick gegen das Stanzer Tal. Rechts oben die Ostflanke des Hohen Riffler (Verwall), darunter im hellen Kalk das Mattunjoch. In Bildmitte die Weißschrofenspitze, 2755 m

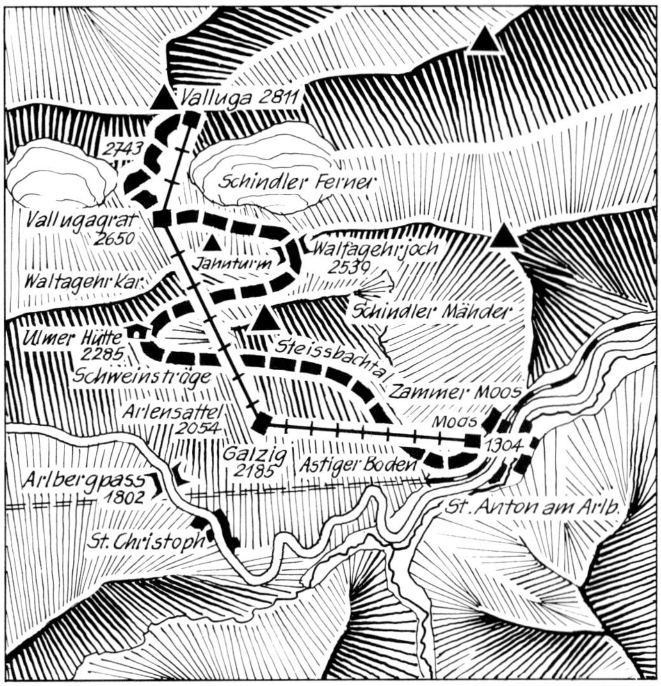

Die Kabine trägt uns von St. Anton, 1304 m, über den grünen Ski-Berg Galzig hinauf auf den 2811 m hohen Vallugagipfel, eine aus hellen Kalkgraten (Bild) geformte Aussichtsloge von hohem Ruhm: vor uns die schweren, dunklen Urgesteinsklötze von Patteriol, 3059 m, Kuchenspitze, 3170 m, und Hohem Riffler, 3162 m, hinter uns das unendliche Gewoge der Lechtaler, Allgäuer und Klostertaler Gipfel, darüber hinaus Eis der Silvretta und der Ötztaler Alpen – oben Fels, Firn und Schutt, darunter karge Almen und dichte, schwarze Waldbreiten und endlich glitzernde Wasserfäden in sattgrünen Talböden . . . Den Abstieg passiert man in diesen drei dramatischen Stufen: vom gesicherten Felsgrat geht es zu Punkt 2743 m hinab und, in die felsige, doch leicht zu begehende Ostflanke einbiegend, zur Vallugagratstation auf 2650 m Höhe. Noch ahnt man nichts von grünen Augenweiden. Es folgen die harmlosen Eisreste des kleinen Schindlerferners und, den Jahnturm umgehend, die Felsscharte des Walfagehrjoches, 2539 m. Ein AV-Weg führt ins Kar hinab, an den geologisch interessanten »Gipslöchern« vorbei,zur Felskanzel, auf der die berühmte Ulmer Hütte steht (2285 m, 2 Std.). Das alte echte Bergsteigerheim hat kaum von seiner Gastlichkeit verloren. Nach der Rast weicht die Dramatik der Romantik – es geht hinunter in die riesige Mulde der »Schweinströge«, von wo ab man südwestlich zur Wasserscheide des 1800 m hohen Arlbergpasses bei St. Christoph abzweigen könnte, der AV-Weg führt uns aber östlich weiter über weite Matten und Mulden mit kleinen Seeaugen zum Arlensattel, 2054 m, und endlich hinein und hinab ins lange und enge, grüne Steißbachtal zu den ersten Heustadeln und zu den ersten Blumen. Die Flora dieses Steißbachtales ist reich und berühmt, im Vorsommer leuchten und brennen hier überall glutrote Alpenrosenfelder. Von links oben ziehen die steilen, felsbekrönten Schindlermähder herab, rechts baut sich der Galzig auf. Es folgt das Zammermoos und der Astige Boden, Lärchen und Fichten beschatten das immer sattere Grün der Almwiesen, Bergwasser rauschen auf – die Idylle ist erreicht, dritte Stufe und Ausklang eines herrlichen Abstieges, den wir, über Weiler Moos und einen Moorsee zielend, in St. Anton beenden.

Österreich / Arlberg / $3^{1}/_{2}$ Std. / HU: 916 m

35 Vom Rüfikopf nach Lech

Über Wöster Gümpele und Täli-Alm

TALORT Lech am Arlberg, 1447 m

AUFFAHRT Kabinenbahn von 1450 m auf 2363 m

HÖCHSTER PUNKT Rüfikopf, 2363 m

RASTORTE Nach $2^{1}/_{2}$ Std. die Wöster Täli-Alm, 1680 m; Berghaus Sonneck in Stubenbach, 1564 m

BESTE ZEIT UND AUSRÜSTUNG Ende Juni bis Oktober. Ungefährlich nur für trittsichere Kinder! Leichtbergschuhe mit Profilgummisohle, Wetter- und Wärmeschutz unerläßlich! Nicht bei Nebel absteigen! – Die vielen Firnreste auf unserem Foto lassen erkennen, daß man nicht zu früh im Jahr vom Rüfikopf absteigen sollte. Denn Firnplatten sind am frühen Morgen meist noch beinhart! – Warnung: niemals die Trittspuren nach links verlassen! Nie abschneiden! Bis unter dem Wöster Sattel oben am Hang bleiben! – FB-Karte, Bl. 37 (1:100 000).

BILD Blick vom Rüfikopf bei Lech gegen Südosten auf Rauhkopfscharte, Ochsengümpele und Krabachspitze.

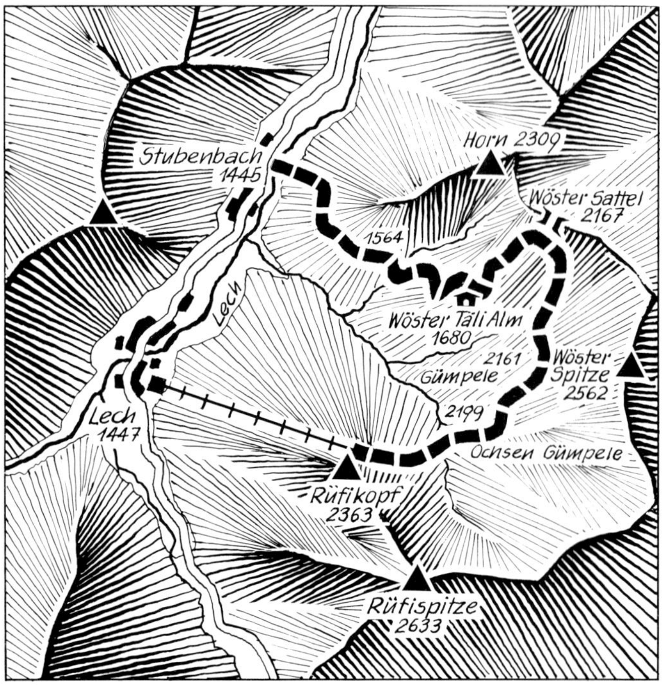

Es gehört beinahe Mut zu dieser Wanderung – man ist von Lech, 1447 m, zum Gipfel des Rüfikopf, 2363 m, aufgefahren und schaut nun ostwärts in eine erstarrte, verlassene, baumlose Wüstenei aus Fels, Geröll und kümmerlichen Gräsern. Kein Weg, kaum Trittspuren führen von der Bergstation erst süd-, dann ostwärts weg, von wo aus man wenigstens noch Täler mit Menschenhäusern sah und weit draußen den schimmernden Spiegel des Bodensees zwischen den hundert Vorarlberger Gipfeln – jetzt tritt man in eine Urwelt ein, sucht sich zwischen den Felsblöcken seinen Weg, bis man das erste Wunder gewahrt: Bergblumen, gelbe, saftige Aurikel, blaue Enziane, lila Kugelblumen, Küchenschelle, Soldanellen – da, wo kaum Gras gedeiht, leuchten die Blüten feurig aus dem kalkweißen Geröll. Man steigt nun nordwärts in das Wöster Täli hinein und steht plötzlich vor dem zweiten Wunder: dem gottverlassenen »Wöster Gümpele«, 2161 m, einem stillen, klaren Bergsee, einer Lache, in der sich Himmel und Wolkengang spiegeln. Immer noch kein Mensch, kein Haus . . . Mit jedem Schritt, den wir weiter kommen, wird die Grasnarbe fetter, wir bleiben oben am Hang unter den Wösterspitzen, steigen nicht links in den Talgrund hinab! Plötzlich stürzt sich vor unseren Augen ein Wasserschwall tosend ins ausgewaschene Kalkbett, wir klettern den Wassern nach, entdecken Badegumpen neben sonnenheißen Steinplatten, baden und gehen dann weiter am Hang, treffen auf den von der Stuttgarter Hütte kommenden markierten »Friedrich Mayer-Weg«! Auf ihm bleiben wir bis vor dem Wöster Sattel! Mählich verändert sich das Bild der Landschaft, unter dem Wöster Sattel, 2167 m, den wir rechts oben lassen, biegen wir nach Westen um, erreichen steiler absteigend die ersten Almböden und die Wöster Täli-Alm auf 1680 m Höhe. Von jetzt an wird der Weg flacher, die Bergwasser begleiten uns, schwellen, stürzen durch ihr grobes Steinbett, die Kühe liegen satt wiederkäuend im Schatten eines Felsblockes – dann kommt der erste Baum, eine alte Arve, wir sind dicht über dem jungen Lech, sehen drüben das Sträßlein nach Warth. Im Weiler Stubenbach, 1564 m, verlassen wir das Ödland und sind bald im stillen Lech, – wo im Winter nette reiche Leute beste Weine von Rhein und Rhône trinken.

Österreich / Tirol / Arlberg / 3–4 Std. / HU: 1022 m

36 Auf dem Schragen nach St. Anton

Kapall – Leutkircher Hütte – Schöngraben

TALORT St. Anton am Arlberg, 1304 m

AUFFAHRT Mit Doppelsessellift von 1304 m über Gampen, 1850 m, zum Kapall, 2326 m (Restaurant)

HÖCHSTE PUNKTE Kapall, 2326 m; Almajurjoch, 2251 m

RASTORTE Leutkircher Hütte AV, 2251 m. (Beim direkten Abstieg über Gampen auch im hübschen Selbstbedienungsrestaurant dieser Mittelstation)

BESTE ZEIT UND AUSRÜSTUNG Mitte Juni bis Ende September. AV-Steig einige Male drahtseilgesichert. Leichtbergschuhe sowie Wetter- und Wärmeschutz unentbehrlich! – Freytag-Berndt-Wanderkarte, Blatt 37 (1:100 000)

BILD Ausblick von der Leutkircher Hütte über das Stanzer Tal hinweg auf den Hohen Riffler, 3168 m, – formschöner Wächter der Verwallgruppe zwischen Inntal und dem Tal der Rosanna. Unser Abstiegsweg führt ab Kapall flach hierher ans Almejurjoch zur Hütte und dann steil hinab in den Schöngraben und nach St. Anton.

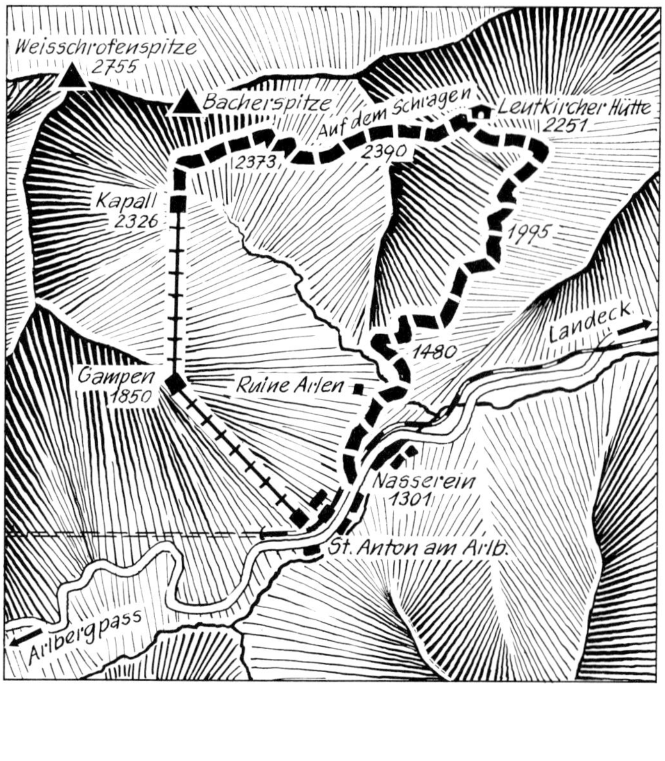

Die junge Rosanna im Stanzer Tal teilt das helle Kalkgestein der Lechtaler Alpen vom dunklen Granit der Verwallgruppe. Es ist kein geringes Vergnügen, aus der einen Welt in die andere hinüberzuschauen, etwa vom Almajurjoch hoch über St. Anton zur dunklen Pyramide des Hohen Riffler mit seinem blauen Eiswulst, zur breiten Urgesteinsburg der Kuchenspitze oder gar zum ekkigen Granitklotz des Patteriol – die ältere Urwelt ruht vor uns, wuchtiger zugleich, abgeschliffener, von der Patina aus Jahrmillionen schwarz verfärbt . . . Als bequemer Bergfreund fährt man um dieses bedeutenden Anblicks willen von St. Anton mit dem Doppelsessellift zum Kapall – diesem Lustberg der Skifahrer! – und wendet sich dort nordwestlich zu dem breiten Sattel unter der Weißschrofenspitze. Weit drüben im Osten sehen wir schon die Leutkircher Hütte am Almajurjoch, 2251 m, wir haben jetzt nur nordöstlich auf- und abzusteigen, im ganzen mehr fallend. Der Steig (von den beiden sichtbaren ist es der untere; der obere kommt von der Ulmer Hütte herüber und hat das gleiche Ziel) schlängelt sich geschickt durch die Steilhänge und Falten von Weißschrofenspitze, 2755 m, und Bacherspitze, 2373 m, überwindet exponierte Gräben mit Drahtseilsicherungen und bringt uns dergestalt ungefährdet zum breiten Rastrücken »Auf dem Schragen« oder gleich weiter zur Leutkircher Hütte. Hier schauen wir nordwärts ins einsam-verlassene Almajurtal (»Almajur« – eine rätoromanische Ortsbezeichnung, Rätoromanen waren bis zum 6. Jahrhundert im Stanzer Tal zu Hause), südwärts umschließt unser Blick das ganze dunkle Verwall mit seinen vier Rängen: Firn und Eis, eingebettet in Urgestein, felsiges Ödland, breite, dichte Waldmäntel, saftige Talwiesen. Ostwärts in unserem Kamm stehen die hohe Parseierspitze und die Eisenspitze, unten im Tal rennen die Wasser der Rosanna hinaus zum Inn . . . All das sehen wir auch in dem folgenden Abstieg über freie sanfte Blumenmatten und durch schattigen Hochwald zum Schöngraben und über den Ortsteil Nasserein nach St. Anton. Im Abstieg sind gute 900 Höhenmeter zu überwinden, aber dieses »Überwinden« ist Übertreibung – denn ohne Mühe auf grasigen, aber stillen strengen Weglein Urwelten zu queren: das ist letztlich eine reine Freude.

Österreich / Kleines Walsertal / 4–5 Std. / HU: 1224 m

37 Unter Kanzelwand und Fellhorn

Grüne Almsteige nach Oberstdorf

TALORT Riezlern, 1100 m. (Von Oberstdorf nach Riezlern fährt der Bus) – Faistenoy, 920 m, im Stillachtal

AUFFAHRT Kabinenbahn 1100 auf 1900 m von Riezlern und neue Bahn Faistenoy–Fellhorn, 920–2020 m! Die Bergstationen beider Bahnen liegen am selben Kamm direkt übereinander. Man hat dadurch vervielfachte Abstiegschancen!

HÖCHSTE PUNKTE Kanzelwand, 2059 m; Fellhorn, 2039 m

RASTORTE Kanzelwand-Bergstation, 1900 m; Fellhorn-Bergstation, 2020 m; Berghotel »Schönblick«, etwa 1280 m; Gasthaus am Freibergsee, 989 m, nahe Oberstdorf

BESTE ZEIT UND AUSRÜSTUNG Frühsommer bis später Herbst. Leichtbergschuhe, Wetterschutz mitnehmen. Ungefährlich, auch für trittsichere Kinder ab 10 J. Bei Wetterumschlägen am markierten Steig bleiben – es gibt keine ungefährlichen Abschneider direkt ins Tal! FB-Wanderkarte, Blatt 35 (1:100 000)

BILD Ausblick vom Bahnenkamm Kanzelwand–Fellhorn über das Stillachtal hinweg nach Osten auf Trettachspitze, Mädelegabel, Hochfrottspitze und Bockkarkopf vom Allgäuer Hauptkamm

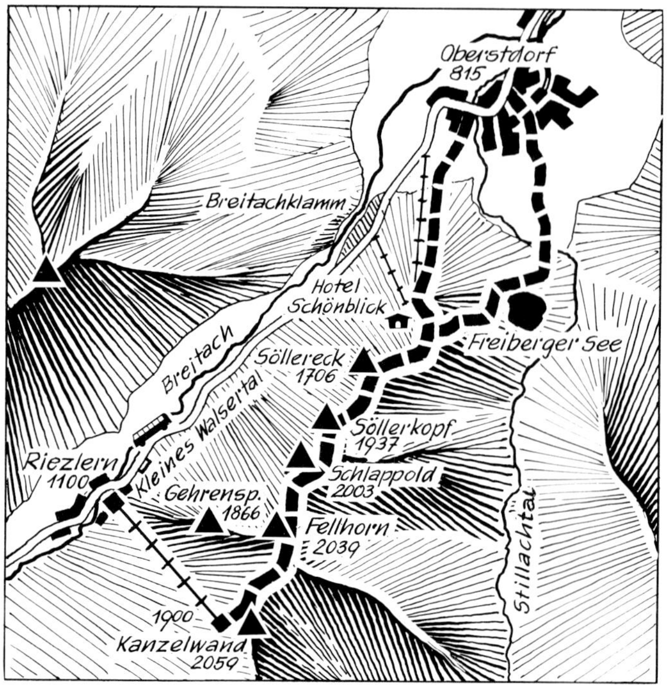

Dem felsgrauen Allgäuer Hauptkamm wie eine grüne Tribüne westlich vorgelagert, läuft der Kamm Kanzelwand–Fellhorn–Söllereck sanft hinaus in den Oberstdorfer Talboden. Den Kalkriesen Hohes Licht, Mädelegabel, Trettachspitze und Hochvogel stellt er beinahe simple Rasenbuckel gegenüber. Auf diesem Buckelgrat – rechts unten Stillachtal und Warmatsgund, links unten ein üppig besiedeltes Kleines Walsertal – einmal eben, einmal auf und ab durch sommerliche Blumenhänge zu wandern, die Vögel kreisen und den Hohen Ifen gegenüber altern zu sehen, mit Frau und Kindern vor sich her, oder allein und von guten Gedanken begleitet, das ist ein sommerliches Hauptvergnügen . . . Die eine Kabinenbahn führt von Riezlern im Kleinen Walsertal, 1100 m, hinauf auf 1900 m Höhe, dicht darüber liegt der Gipfel der Kanzelwand, 2059 m hoch und als Abstecher in 30 Minuten zu erreichen. Wichtig ist dieser Gipfel nicht – man kann auch gleich bei der Bergstation nördlich abschwenken, um schnell allein zu sein und um über die große östliche Mulde hinüberzulaufen aufs Fellhorn, 2039 m. Bald spürt man – wenn man halbwegs ein Kenner ist! –, daß uns eine besonders üppige und besonders eigenartige Flora begleitet: es kommt daher, daß auf unserem Kamm Dolomitkalk, Flysch und Schiefer aufeinandertreffen und besondere Bedingungen schaffen. Weiter geht es vom Fellhorngipfel auf grüner Schneide zum Schlappold, 1971 m, zum Söllerkopf, 1937 m, und schließlich allmählich abfallend zum Söllereck hinaus auf 1706 m Höhe, wo wir den Oberstdorfer Talkessel unter uns haben. – Da der Kamm Kanzelwand–Fellhorn neuerdings von zwei Kabinenbahnen – eine von Riezlern her, die andere von Faistenoy – erreichbar ist, hat sich die Auswahl der Abstiege nicht gerade verdoppelt, aber man kann nach Ost und West besser variieren. Dabei bleiben die – natürlich steileren – direkten Abstiege zu den Talstationen etwas anstrengend. Schöner ist der erwähnte Kammweg bis hinaus zum Söllereck und von dort steiler in das Tal. Besonders still ist die vierte Variante: ab Bergstation nicht nördlich, sondern südlich davon, erst steiler hinab in den Kühgundboden des Warmatsgund und dann mit dessen Wassern hinaus zum »Höfle« und steil nach Faistenoy hinab.

Deutschland / Allgäu / 6–7 Std. / HU: 1409 m

38 Vom Nebelhorn ins Oytal

Klassischer Allgäuer Abstieg

TALORT Oberstdorf im Allgäu, 815 m

AUFFAHRT Kabinenbahn von 815 m auf 1930 m (Edmund-Probst-Haus AV). Evtl. Sessellift unter den Gipfel, 2224 m

HÖCHSTE PUNKTE Nebelhorn, 2224 m. Dann auf der Abstiegswanderung selbst: Laufbachereck, 2177 m; Himmeleck, ca. 2000 m

RASTORTE Oytalhaus, 1006 m. Evtl. Untere Gutenalpe, 1220 m

BESTE ZEIT UND AUSRÜSTUNG Nicht zu früh im Jahr wegen harter Firnschneehänge! Am besten ab Mitte Juli, am schönsten im Herbst. Nur für trittsichere Geher ungefährlich! Kinder (ab 12 J.) und ängstliche Begleiter evtl. zeitweilig an Reepschnur nehmen. Nur in guten Bergschuhen! Nur mit Wetter- und Wärmeschutz im Rucksack! Niemals Abschneider ins Oytal versuchen – auch nicht bei Wetterumschlag! – FB-Karte, Bl. 35, 1:100 000!

BILD Am Abstiegswege vom Nebelhornhaus ins Oytal, kurz vor dem Laufbachereck. Oben Laufbachereck, Rotkopf, Schneck und Himmelhorn, links oben im Hintergrund erkennen wir den Großen Wilden, rechts oben die Marchspitze und den Krottenkopf. Die Schrofenhänge rechts unten im Bild fließen alle in das Oytal ab.

Allgäuer Höhenwege sind berühmt. Der unsere ist von den berühmten der bequemste: er verläuft vom Nordpfeiler des Nebelhorns in Hauptrichtung Südost, auf und ab, dem mächtigen Allgäuer Hauptkamm entgegen. Er kennt nur eine größere Gegensteigung, dafür aber einige klassische Rastplätze und zahlreiche Gelegenheiten, Gemsrudel zu beobachten und Murmeltiere. Von der reichen Bergflora nicht zu reden! Wer trittsicher geht, bringt ihn ohne Gefährdung hinter sich. An der Nebelhorn-Bergstation (den übervölkerten Gipfel, 2224 m, kann man sich sparen) nimmt man von den Menschenmengen stummen Abschied und geht mit einer energischen Wendung auf Südrichtung: leicht bergab durch eine Mulde führt der Steig zum Zeigersattel, wo tief unter uns der Seealpsee aufblitzt. Links weiter, beinahe eben, lange die West- und Südhänge von Seeköpfen und Schochen querend, erreicht man plötzlich wieder die Grathöhe und den Beginn des breiten, drahtseilgesicherten Felssteiges durch die Gipfelwand des Schochen. Es folgt die grüne Einsenkung vor dem Laufbachereck (Gemsen!) und der kleine Gegenanstieg auf Höhe 2177 m. Der Lohn: Ein Rast- und Schauplatz ohne Vergleich! Die eigenartigen, meist grünüberwucherten Felstürme von Schneck und Höfats, die jähe, fast spitzwinkelige Knickung der Plattenschichten an der gegenüberliegenden Fuchskarspitze, das Allgäuer Hauptmassiv vom Hochvogel bis zur Mädelegabel über den dunklen Talschluchten fesseln hier auch den Blick des kühlsten Verstandesmenschen (2 Std.). Jenseits geht es im Zickzack, mitunter ein Firnfeld querend, hoch oberhalb der Ochsenalpe dahin und unter der Schneck-Ostwand hindurch (Bild) zum Himmeleck (+ 1 weitere Std.). Von hier geht es südwestlich steil hinab in die Blockhalde des Wildenfeld und zum Stuibenfall im Schluß des Oytales. (Bei trockenem Wetter kann der alpin Erfahrene auch unterhalb des Himmelecks rechts durch den steilen Geisbachtobel ins Oytal gelangen.) Bis hierher haben wir ab Nebelhorn-Bergstation etwa 5 Std. gebraucht, sind auf etwa 1120 m Seehöhe angelangt und müssen nun das Oytal hinaus nach Oberstdorf (weitere 1½ bis 2 Std.) – ein freundliches »muß« mit glücklichen Augen, frohem Herzen, aber trockener Zunge!

Deutschland / Allgäu / 3½–4 Std. / HU: 1409 m

39 Vom Nebelhorn über die Geisalpseen

Unter Rubihorn und Entschenkopf

TALORT Oberstdorf, 815 m. Früher Aufbruch wichtig! Mit einer der ersten Kabinen auffahren!

AUFFAHRT Kabinenbahn von 815 m auf 1930 m (zum Edmund-Probst-Haus, AV). Dann zu Fuß in 50 Min. oder mit dem Sessellift in 5 Min. zum zeitweilig bewirtschafteten Gipfelhüttchen unterm Nebelhorngipfel

HÖCHSTER PUNKT Nebelhorn, 2224 m

RASTORT Geisalpe, 1149 m (gut bewirtschaftet)

BESTE ZEIT UND AUSRÜSTUNG Wegen des Firns in den Nordkaren nicht zu früh im Jahr! Ab Juli, am schönsten im Herbst. Leichtbergschuhe mit Gummiprofilsohle, Wetter- und Wärmeschutz unerläßlich! Keine »Abkürzer« gestatten! – FB-Wanderkarte, Blatt 35, 1:100 000, Allgäuer Alpen!

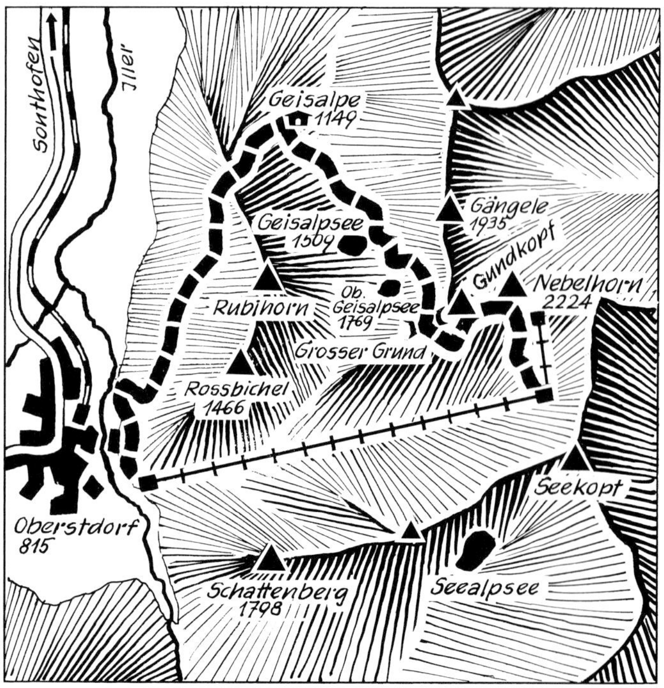

Vom Gipfel des Nebelhorn, 2224 m, wo man in großer Gesellschaft von der Zugspitze bis zur Schweizer Jungfrau sehen kann, zieht westlich ein schmaler, aber guter Steig hinab, erst am Grate hin, dann durch die Schrofenwannen des »Großen Gund« und des »Kleinen Gund« tiefer zum Geißfußsattel, 1950 m (knapp 1 Std.). Hier schaut man, völlig abseits von Lärm und Menschen, ins große Allgäuer Felsentheater südwärts wie hinaus ins wellige Vorland nordwärts, wo Milch, Butter und Käse fließt. – Wir haben bis hierher, vor allem am Gundkopfsattel, immer wieder in die mächtigen Nordabbrüche des Nebelhorns gesehen, jetzt fesselt uns nur noch die romantische Idylle der beiden Geisalpseen tief unter uns, die wie zwei feuchte Augen aus der felsgrauen und rasengrünen Karöde aufblicken. Und uns fesseln die Gemsen und Murmeltiere, die wir hier manchmal sichten können. Wenn wir in den nördlichen Felskessel absteigen, gelangen wir bald in einen wild-schönen Alpengarten, denn mächtiges Blockwerk, Latscheninseln und Alpenrosenbuketts schließen uns ein. Am Ufer des Oberen Geisalpsees, 1769 m, wie unten am Unteren Geisalpsee, 1509 m, haben begabte Träumer ein weites Feld: hier ist Rasten eine heilige Pflicht! Dann geht es weiter abwärts, während die wuchtigen Nordwände von Nebelhorn und Rubihorn immer höher in den Himmel stoßen. Rechter Hand begleiten uns die silbernen Wasser vom Abfluß des Geisalpsees, während wir erst auf felsigem Steig, dann im schütteren Baumschatten zur Geisalpe, 1150 m, absteigen. Die Geisalpe ist ein überaus gemütliches Allgäuer Wirtshaus mit einer prächtigen Stube, in der man auch wieder auf die ersten gehtüchtigen Neandertaler trifft, die auf demselben schönen, breiten Waldweg von Oberstdorf hierher gelangt sind, den wir als Abstiegsroute benützen. Natürlich nicht, ohne vorher immer wieder das scheinbar unbegehbar steile Gewirr abgewaschener, glatter Felsplatten zu bewundern, durch das wir selbst abgestiegen sind, und immer wieder den schockierenden Abbruch der wuchtigen Rubihorn-Nordkante ... Dieser köstliche Abstieg ist auch mit Frau und gehtüchtigen Kindern zu machen – trotz des großen Höhenunterschiedes von gut 1400 Metern, – trotz des Getümmels im lauten Oberstdorf.

Einen besonders schönen Ausblick hat man am Abstiegswege vom Nebelhorn, wenn man nach etwa ¾ Stunde Weg zum Geißfußsattel, 1950 m hoch, gelangt ist: die beiden Geisalpseen liegen, den Himmel spiegelnd, unter uns und zugleich über dem breiten, grünen Tal der Iller; das Rubihorn, 1957 m, überragt als scharfgeschnittene Kulisse diese feine voralpine Szene

Deutschland / Tannheimer Gruppe / 3½–4 Std. / HU: 1137 m

40 Vom Aggenstein nach Pfronten

Breitenberg – Pfrontener Hütte – Reichenbachklamm

TALORT Pfronten-Steinach, 850 m, im Allgäu

AUFFAHRT Kabinenbahn von 850 m auf 1500 und weiter auf 1700 m mit Sessellift

HÖCHSTER PUNKT Gipfel des Aggenstein, 1987 m

RASTORT Pfrontener Hütte DAV, 1790 m, unterm Aggensteingipfelstock

BESTE ZEIT UND AUSRÜSTUNG Juni bis Ende Oktober. – Nur in Leichtbergschuhen und mit Wetterschutz. Auch mit Kindern ab 8 Jahren, wenn sie am markierten Steig bleiben! (Am oberen Aggensteinsteig sind teilweise sichernde Drahtseile.) – Karte: Freytag-Berndt-Wanderkarte, Blatt 35!

BILD Blick auf die Hochalm mit der Bergstation des Sesselliftes ab Pfronten (rechts unten). Oben der doppelgipfelige Aggenstein, der auf gutem Steig zu erreichen ist. Unser Abstieg führt im Vordergrunde – immer parallel zur Staatsgrenze – hinab ins Tal. Im Hintergrund Teile der östlichen Lechtaler Alpen.

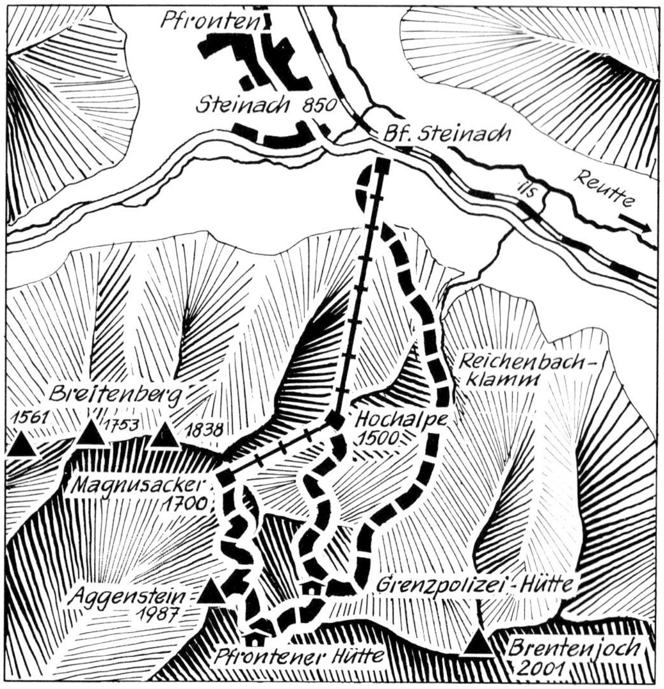

Breitenberg- und Hochalpbahn bringen uns schnell aus dem Flachland hinauf ins wellige Almengelände unterm Aggenstein auf 1700 m Höhe. Wir könnten hier, das weite Vorland mit seinen Seen unter uns, nur über Almen zur Pfrontener Hütte bummeln; schöner aber ist es, den kurzen Aufstieg zum Gipfel des Aggenstein mitzunehmen (1 Std. ab Magnusacker) und dann erst zur Rast auf die Alpenvereinshütte abzusteigen: Der Aggenstein steht wie eine hohe Kanzel über dem Allgäuer Vorland, man sieht den Lech seine Schleifen ziehen und schaut zugleich südwärts auf die mächtige Bastion der Tannheimer Kletterberge. Auch Hochvogel und andere Allgäuer Bergriesen, ja selbst die Ötztaler Eisberge sind genau einzusehen. Der Abstieg ins Tal führt von der Hütte aus nordostwärts unter dem Steilabsturz des Aggenstein in zahlreichen kurzen Serpentinen dahin, und zwar kurioserweise dicht an der Grenze Deutschland–Österreich entlang. Bald ist im Gelände unterhalb der Hochalpe die Reichenbachklamm erreicht mit ihren schäumenden Wasserfällen. Am Ende gelangen wir hinunter ins Vilstal und zur Talstation der Breitenbergbahn. – Diese Abstiegstour ist reizend und, wenn man den Aggensteingipfel bei Gutwetter erreicht, unerwartet eindrucksvoll. Dies vor allem im Herbst, wenn der Fremdenstrom abebbt. Übrigens gilt es vorsichtshalber die Grenzpapiere mitzuführen, da man, wie erwähnt, der Grenze entlang geht und schon bald nach der Pfrontener Hütte eine Station der (bayerischen) Grenzpolizei passiert. Man kann getrost auch Kinder ab 8 bis 10 Jahren mitnehmen, wenn sie trittsicher sind und nicht vom markierten Wege abweichen! – Ein weiterer Tip für gute Geher: man wandere von der Pfrontener Hütte südwärts weiter – fast immer in gleicher Höhe – über das Füssener Jöchl zur Otto-Mayr-Hütte (AV,. 1520 m, bew.), um Übergang und Abstieg erst in Musau (am Bus nach Pfronten) zu beenden. – Zeit ab Breitenberg-Bergstation etwa 5–6 Std. (ohne Aggenstein-Gipfel)! – Ein dritter Abstiegstip: Breitenberggipfel/Ostlerhütte, 1838 m – Westschulter – nördlich abwärts zur Fallmühle, 929 m – und mit der Achen zurück nach Pfronten (2–4 Std.)! Unter uns: die dritte ist die schönste Abstiegsroute! Je später im Jahr, desto schöner! Die »Fremden« sind daheim.

Deutschland / Ammergauer Alpen / 2 od. 4–5 Std. / HU: 890 m

41 Hinter dem Tegelberg

Schön still bergab zu den Königsschlössern

TALORT Schwangau, 814 m vor Füssen am Lech (vor den Königsschlössern)

AUFFAHRT Schnelle Kabinenbahn von 830 bis 1720 m. Als Gipfel gilt der im Grat liegende Branderschrofen, 1881 m (15 Minuten ab Bergstation)

RASTORTE Tegelberghaus, 1707 m, dicht unter der Bergstation. – Beim Südabstieg Berggasthaus Bleckenau, 1020 m, am Pöllatbach. Ab hier $1^1/_4$ Std. Fußweg (oder Kleinbus) nach Neuschwanstein/Schwangau

ABSTIEGE Direkter Nordabstieg von der Bergstation nicht zu empfehlen, da steiler und exponierter alter Schrofensteig! – Besser Westabstieg direkt auf oder neben dem ausgeprägten Westkamm bis vor das Schloß Neuschwanstein. – Ein großer, besonders stiller und abgelegener Abstieg, über den Westsockel des Hohen Straußberg und hinab zum Pöllatbach und dann über den Gasthof Bleckenau zurück, sei besonders empfohlen!

KARTE Bayer. Vermess.-Karte Nr. 85, 1:50 000!

BILD Blick von Nordost (aus dem Flugzeug) auf den Tegelberg mit dem dicht darunter liegenden Tegelberghaus. Darunter im Talboden Schwansee (rechts am Bildrand) und Alpsee. Über der Bildmitte fließt der Lech aus den Voralpen in die Ebene. Dahinter der Aggenstein bei Pfronten (rechts) und die Tannheimer Gruppe (links).

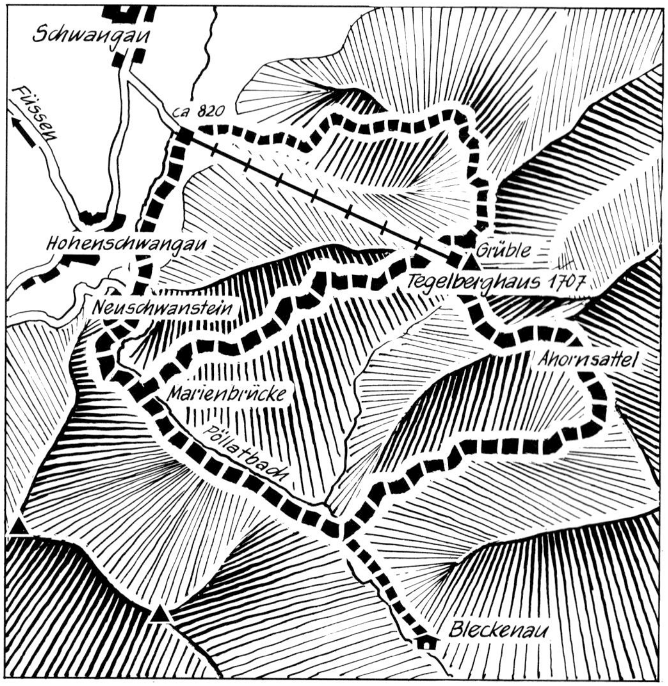

Unser Bild deutet das Besondere an: ein felsiger Vorberg dicht am weithin schwingenden Alpenvorland, hoch überm Lechtal und zwei reizend versteckten Bergseen – nicht zu reden von zwei hier unsichtbaren, im Tal aber unübersehbaren Königsschlössern. Ein zünftiger Abstieg also aus Ammergauer Höhenduft in solide königlich-bayrische Romantik. Wer läßt denn so was aus? . . . Die Kabine bringt uns schnell auf diesen Tegelberg, und schnell könnten wir westwärts durch einen »Alpenpflanzgarten« oder parallel am alten Reitweg des Königs hinunter ins Tal kommen: $1^1/_2$–2 Std. bis zu Ludwigs Wahnfried . . . Aber wir machen es diesmal ganz anders: dieser etwas lange (4–5 Std.!) Bummelabstieg führt uns erst südwärts auf gutem Steig unter dem Skilift durch, dann am Branderschrofen vorbei zum Branderfleck, 1621 m, weiter zum Ahornsattel – und hier nun scharf rechts ab, nur kurz Richtung West, dann auf Spuren (mit Markierung) links hinauf auf die Nordwand des Hohen Straußberg zu. Dann rechts hinüber an den feinen Rastsattel, wo die Westkante aufsitzt. Hier können wir am Weg schnurgerade südlich hinabsteigen zum Pöllatbach – und noch 40 Minuten zugeben für den Marsch zum »Bleckenauwirt«. – Wer leichte Kletterei versteht, kann auch (mit Seil und Vorsicht!) am Westgrat (Einstieg überm Tännchen) den Hohen Straußberg ersteigen und von dessen Gipfel die riesige Südostflanke direkt zum kleinen Köllebach absteigen (oft weglos), ihn durchwaten und drüben am kleinen Forststraßerl zum Bleckenauwirt laufen. – Nach der nahrhaften Brotzeit mit Kleinbus zurück, oder in nur $1^1/_4$ Std. zu Fuß. Autos verboten, also frohe Wanderschaft! – Ab Ahornsattel (1 Std. südlich unterm Tegelberghaus) kann man den Hohen Straußberg auch östlich umwandern und zum frischen Köllebach kommen (insgesamt bis Talstation zurück ebenfalls schöne 5–6 Std.). – Die Kinder sollten gut 12 Jahre alt sein und trittsicher, und die ganze Truppe auf eine Regendusche eingestellt. – Immer Karte und kleinen Führer mitnehmen! Die Tegelbergbahn verteilt einen Tourenprospekt: es stehen soviel Vorschläge drin, daß man vor der Fülle auch kapitulieren und »ins Blaue« wandern kann. Immer trifft man irgendwie auf den Pöllatbach, der uns zum Bleckenauwirt leitet.

Österreich / Tirol / Tannheimer Gruppe / 5–6 Std. / HU: 1042 m

42 Durch die Tannheimer Berge

Reutte – Hahnenkamm – Gehrenjoch – Reintal

TALORTE Reutte am Lech (Tirol), 854 m, bzw. Höfen bei Reutte. – Ziel (Bus) Musau, 818 m

AUFFAHRT Kabinenbahn von 930 m auf 1740 m

HÖCHSTER PUNKT Gehrenjoch, 1860 m

RASTORTE Einfache Alm-Wirtschaft auf Lechaschauer und Gehrenalm; Musauer Alm (Gastwirtschaft), 1267 m. Evtl. Otto-Mayr-Hütte AV, 1520 m

BESTE ZEIT UND AUSRÜSTUNG Juni bis Ende Oktober. Nur in guten Bergschuhen und mit Wetter- und Wärmeschutz! Diese Abstiegstour soll nur von trittsicheren und ausdauernden Bergwanderern unternommen werden! Nichts für Kinder unter 12 Jahren! Karte: Freytag-Berndt-Wanderkarte, Blatt 35!

BILD Rückblick vom Anstieg zum Gehrenjoch auf die Südflanke der Tannheimer Felsberge gegen den Hahnenkamm mit der Lechaschauer Alm über der genauen Bildmitte. Genau links davon – im Schatten – liegt unser Start an der Bergstation des Sesselliftes (Höfener Alm). Im Hintergrund Allgäuer und Lechtaler Alpen.

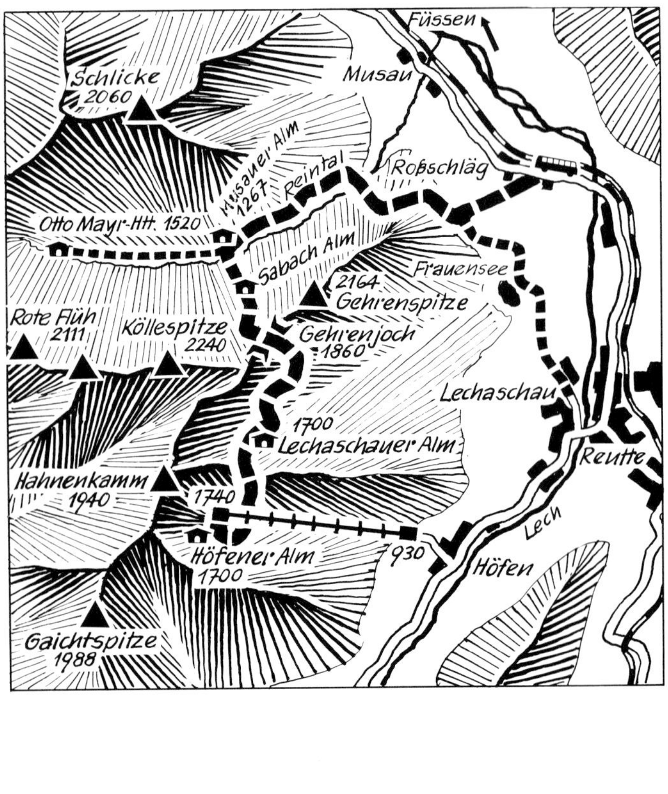

Die Tannheimer sind eine Kette steiler Kletterberge zwischen oberem Lechtal und schwäbischem Alpenvorland. Von Süden her führt ab Höfen bei Reutte eine Kabinenbahn von 930 m auf 1740 m Höhe unter den Hahnenkamm, 1940 m. Von dieser Bergstation aus kann man auf einem stillen, hochalpinen Promenadenweg – die Parade von Zugspitze, Thaneller, Mieminger und Lechtaler Gipfeln abnehmend – mitten hinein ins Herz der Tannheimer Felsberge und dabei auf ihre dramatisch überraschende, weil von mächtigen Wänden überragte Nordseite gelangen. Dieser schöne und abwechslungsreiche Weg mit nur wenig Gegensteigung im großen, langen Abstieg wird wohl trotz Bergbahn-Start still und lohnend bleiben, da Magnet Bergbahn plus Bergrestaurant auf zuverlässige Weise funktionieren . . . Man steige also von der Bergstation ein wenig ab zur Höfener Alm, 1700 m, und passiere dann im Bummeltempo den schönen, ebenen Steig hoch über dem Talkessel von Reutte dahin, über Lechaschauer Almen, 1700 m, und Gehrenalm, 1700 m (1 Std.), um erst hier in einem kurzen, zügigen Anstieg das Gehrenjoch, 1860 m, zu nehmen – zwischen Schneid, 2009 m, und Gehrenspitze, 2164 m. Vor uns steht plötzlich steil und felsprächtig die Köllespitze, 2240 m, unter uns liegt, von drei Felstürmen eingeschlossen, der Hochkessel der Sabachalm. Nachdem man bisher nur viel Kühen und keinem Menschen begegnet ist, treten jetzt als neue, interessante Lebewesen Murmeltiere und Gemsen auf – falls man still und stumm zu beobachten gelernt hat. Der Abstieg zur Sabachalm scheint weglos, man geht mehr auf Kuhtreppen hinab, kann aber die Alm nicht verfehlen. Hinterher geht es an Wettertannen vorbei in den Wald und in Serpentinen hinab zur Musauer Alm, 1267 m. Wir stehen im wildromantischen Boden des Tannheimer Reintals und schauen zu den Wänden auf. Links talauf wäre man in 50 Minuten auf der Otto-Mayr-Hütte, 1520 m. Der ganze Weg hat bisher nur gute 3½ Std. in Anspruch genommen. Weitere 1½ Std. brauchen wir, um zur Bundesstraße bei Musau oder zum Frauensee, 966 m, zu gelangen – im letzteren Fall vor den steilen Serpentinen ins Tal rechts auf dem Waldweg bleiben. Von der Talstraße aus ist man mit Bus rasch wieder in Reutte.

Österreich / Ötztaler Alpen / 3–4 Std. / HU: 1200 m

43 Vom Acherkogel ins Ötztal

Stiller Abstieg durch Urwälder

TALORT Ötz, 820 m, nahe dem Inntal. Von Norden (München–Garmisch) am besten über Fernpaß und Imst

AUFFAHRT Im nagelneuen Lift, Doppelsessel in zwei Sektionen zwischen 820 und 2020 m. (150 höher südwärts die Neue Bielefelder Hütte.) An der Bergstation gutes Restaurant! Der Lift ist der leiseste in den Alpen.

BESTE KARTE Österreichische Karte 1:50 000, Blatt 146!

EINKEHR Nur Bergstation! Dann nichts mehr bis Dorf Ötz! Dies spricht für die absolute Stille dieses großen Bergwaldabstiegs.

BESONDERHEIT Der lange Abstieg auf dem Nordwestrücken (den man vom »Roten Wandl« neben der Bergstation gut von oben her verfolgen kann) ist oben nicht leicht zu finden, weil einen die nagelneue grobe Bergstraße irritiert. Sie verschwindet, nachdem wir ihre ersten Schlingen nach rechts gequert haben, also nach kaum 8 Minuten.

BILD Ausblick von Norden auf die Bielefelder Hütte (links vorne) und unsere Liftbergstation (rechts) in der Westflanke des Acherkogel. In der Bildmitte das tief eingeschnittene Ötztal, darüber Wildgrat, 2974 m (rechts) und Fundusspeifeler, 3080 m, in den vorderen Ötztaler Alpen. Im rechten unteren Bildeck starten wir zu unserem Urwaldabstieg zurück ins Dorf Ötz.

Der 3008 Meter hohe Acherkogel über dem Inntalboden bei Imst ist als turmartig auffahrender Urgesteinsriese nicht zu übersehen . . . Der neue Sessellift bringt uns aus dem alten Ötz binnen Minuten in eine wahre Märchenwaldstille, wir sitzen im stillsten Lift der Alpen – wenn wir durch den hochalpinen Urbergwald aufwärts schweben. Der alte Berggänger ahnt den schönen Abstieg. Oben, volle 1200 Meter über Dorf Ötz, kann man die nahe Bielefelder Hütte heimsuchen – oder, mit guten Bergschuhen und noch besserer Spürnase, hinauf auf das 2572 m hohe Wetterkreuz steigen, den wuchtigen Vorposten des Massivs (2 Std.). – Der Normalabstieg wäre der alte direkte Serpentinensteig von der Bielefelder Hütte westwärts herab nach Ötz; aber ich mag ihn nicht empfehlen. Denn der andere Abstieg – man sieht ihn sofort beim Aussteigen am Sessellift – am runden breiten Urwaldkamm des Nordwestsporns, der verführt den Romantiker. Das ist der runde Waldkamm, dessen rechte Flanke im Tal von Kühtai aufsitzt . . . Der Lift ist brandneu, der Abstieg sozusagen unbetreten – er beginnt sofort links vom Lift am »Roten Wandl«. Hier, ganz oben, hat der böse Zeitgeist eine Almstraße aufgerissen, brutal, grausam. Man quere schnell deren obere drei Schlingen und ist sie los, halte sich dann rechts an den weich absinkenden Kamm, in dessen Urwald man kaum Gehspuren entdeckt; je weiter man absteigt, desto sicherer wird man, ist entzückt über die wirklich urwaldhafte Stille – und kommt nach 1½ Std. auf einen alten Wegweiser »hie Kühtai, dort Ötz«. Man wendet sich ötztalein, es wird hell im Urwald und schon passieren wir die ersten freien Berghöfe, steigen die Wiesen hinab zur Talstation und in die Stube der »Drei Mohren«. Ich kann nicht behaupten, daß man dort schlecht ißt und nichts zu trinken kriegt. Ich habe mit meiner Frau den feinen versteckten Abstieg ganz schön still gefeiert, ehe wir wieder über den Fernpaß ins ewige Münchner Oktoberfest zurückkehrten. – Übrigens gibt es am weglosen Urwaldkamm zwei Helfer: Augen rechts, plötzlich blinkt Kühtaihelle herauf, später Augen geradeaus, man entdeckt eine Innschleife, – und dann wird es links hell und die Bergwiesen führen scharf südwärts weiter. Übrigens auch über diverse Alpzäune, für Hürdenläufer!

Österreich / Tirol / Außerfern / 4–6 Std. / HU: 1118 m

44 Vom Grubigstein nach Lermoos

Bummelabstieg unter der Zugspitze

TALORT Lermoos (Ehrwald, Biberwier), 1100 m

AUFFAHRT Mit Sessellift von 1000 m auf 2118 m Höhe

HÖCHSTER PUNKT »Rauher Kopf«, 2118 m; evtl. Grubigstein-Gipfel, 2218 m

RASTORTE Restaurant an der Bergstation, 2118 m; Gasthaus am Fernpaß, 1209 m; Biberwier, 1000 m

WICHTIGER HINWEIS Der Felsensteig am Blindseeufer ist mit Drahtseilen gesichert. Jenseits erste, hinter der Loisachquelle zweite Wildfütterung. Ab Biberwier auch »Wachtersteig« nach Lermoos zurück! Den Abstieg nie nach mehreren Regentagen begehen, da man sonst gern in einer moorig-nassen Urwildnis steckenbleibt! – Beste Karte: AV-Karte 1: 25 000, Wetterstein/Westliches Blatt. – Oder FB-Wanderkarte, Blatt 34. – Oder Topogr. Karte L 8530 (Füssen), 1: 50 000!

BILD Blick auf den Nordostsporn des Grubigstein über dem Talkessel von Ehrwald. Wir erkennen rechts oberhalb der Bildmitte die Bergstation des Liftes mit dem Restaurant. Unser Abstieg führt durch den aus Latschen gebildeten Irrgarten im linken unteren Bildteil: auf ihn folgt bald die große Waldschneise, dann freie Wiesen bis in den Talboden hinab. Der Abstecher zum Gipfel (rechts oben) kostet nur 20 Minuten!

Der alte Sessellift von Lermoos, 1000 m, zum 2118 m hohen »Rauhen Kopf« unter dem Gipfel des Grubigstein, 2218 m, zieht am sonnigen Osthang, erst über Buckelwiesen und Almen, dann durch eine verwunschene Waldzone und endlich über Ödland, Felssporne und Latschengärten empor und stellt seinen Gast sehr unvermittelt vor den Ausblick nach Süden: vor ein riesiges Wald- und Almenrevier, das bis hinüber unter den Fernpaß und an seine versteckten Märchenseen reicht. Durch jenes südliche Wald- und Almengebiet zieht unser gar nicht langweiliger, zuweilen dramatischer, nach Regentagen tückischer Abstiegsweg. Man startet an der Bergstation, geht parallel zum Lift fast 200 Höhenmeter zur Lermooser Skihütte hinab, und gleich weiter abwärts, streng östlich – in der Steilmulde des »Schönen Rinner« bis fast zur Galthütte an der Grubigalm. Achtung: kurz über ihr ist ein Steiglein, das süd-, dann südostwärts – oft sumpfig! – durch den Wald zieht. Einmal entdecken wir dicht oberhalb ein Jagdhüttchen; etwa dort nehmen wir die links abwärts zielende Gehspur, die uns durch schrofige Waldhänge in den Roßköpflegraben führt und auf der anderen Seite links erst aufwärts, dann hinab zum Blindsee auf fast 1100 m Höhe. Wir bleiben direkt am Blindsee, nehmen den Felsensteig an seinem nördlichen Ufer entlang, gehen nordöstlich weiter zum kleinen Mittersee und finden dann dicht nördlich die Loisachquelle . . . Ab hier führen Wege und Spuren nordwärts, Biberwier und sein Bus nach Lermoos sind nicht zu verfehlen. Abstiegszeit: 4–6 Std., gemütlich! – Zwei Tips für Eilige: 1. ab Bergstation links nördlich hinab zur Wolfratshauser Hütte, 1753 m, von dort gemütlich nordostwärts nach Lermoos hinab: 2½ Std. Oder 2.: wer trittsicher ist, hält sich an die gut erkennbare Skipistentrasse, die meist links der Lifttrasse bergab führt, kommt so zur Mittelstation, 1327 m, und rennt lustig die Sievebrentwiesen hinunter zur Talstation (2 Std.). Lifthockern, denen – weil sie stockverliebt sind – die Menschheit zu groß ist, flüchten auch am Grubigstein in die tollste Einsamkeit. Also erst schnell an der Wolfratshauser Hütte vorbei, dann genau am selben Nordsporn bleiben, am Jagdhütterl vorbei und erst am Waldrand rechts mit dem Bach ins Grähntal.

Österreich / Ötztaler Voralpen / 4–5 Std. / HU: 1680 m

45 Über den Venetberg zum Inn

Wonnejöchl – Gamsstein – Imsterberg

TALORTE Landeck-Bhf., 780 m. – Zams am Inn, 775 m (beide über Fernpaß–Imst/Inntal) – Abstieg nach Talort Imsterberg–Imsterau, 886 m, über dem Inn

AUFFAHRT Ab Talstation Zams (sichtbar von der Straße Landeck–Zams), 778 m. Kabine bis Krahberg am Venetberg, 2208 m

ABSTIEG Direkt ab Krahbergstation nordwärts zur Talstation: zu steil, 2 1/2 Std.! – Idealabstieg: bedeutet zugleich die Überschreitung des ganzen Venetbergkammes, höchster Punkt Venetberg, 2513 m, Wonnejöchl, Kreuzjoch, Gamsstein bis Imsterau am Inn, 886 m: 5–7 Std., gemütlich 7–8 Std. – eine herrliche Tagestour, wenn mit erster Kabine!

BESTE KARTE Freytag-Berndt-Karte 25, 1:100 000 »Ötztaler Alpen«

RASTPLÄTZE Leider nur Gamssteinhütte, privat, 1918 m, am östlichen Kammende (nicht bewirtschaftet)! Dicht darüber die Venetalm!

BILD Blick aus dem Flugzeug auf den Venetberg-Kamm mit seiner mächtigen, hier besonnten Südflanke gegen Pillerbachgraben und Pitztal bei Arzl-Plattenrain. Blick aus Nordost gegen Südwest. Im Hintergrund die Ötztaler Eisgipfel im Alpenhauptkamm. Wir begehen dieses östliche Kammende von rechts nach links und steigen genau im linken unteren Bildeck in die Schatten der Nordflanke ab – nach Imsterau.

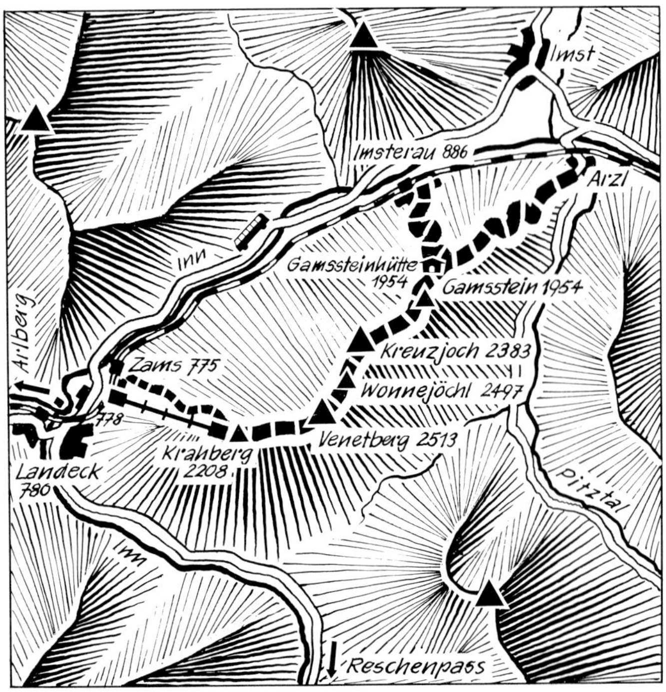

Ein großer, ein langer Abstieg – vielleicht der einsamste dieses Buches! ... Zwischen Landeck und Imst, gleich nach der großen Engadinschleife, steht der 16 Kilometer lange Granitkamm des Venetberges als abweisender Wächter vor den Ötztaler Firnbergen. Eine Kabine zieht uns vom Inn-Ufer auf 2208 m Höhe am Krahberg: und schon schaut man – hoch überrascht! – rechts ins Engadin hinein, und links das ganze Inntal hinaus bis zur Hohen Munde. Südwärts eisige Starre im Ötztaler Granit, nordwärts bleicher Kalkschutt an den Lechtalern, ein lichtloses, graues Wetterstein ... Fast eine Stunde vom Krahberg und wir stehen auf dem höchsten Gipfel des Venetberges, dem ersten (2513 m) von vier Gipfeln: Wonnejöchl, 2487 m, Kreuzjoch, 2383 m, und Gamsstein, 1954 m – alle brav aufgereiht am felsig rauhen Grat, auf dem man im späten Herbst (wie wir!) mit dem linken Schuh im ersten Schnee der Nordseite, mit dem rechten im trockenen Felsschutt der Sonnenseite geht. Keine Kletterei! Man bleibt allein für 5–7 Stunden, allein auf diesem kolossalen Granitbalkon, wo Auge und Herz nicht mehr wissen, wohin schauen ... Wo man auf dieser schnurgeraden, immer leicht absinkenden Granitachse von Südwest nach Nordost geht, rastet, verstummt – da schaut man erlöst ins tiefe Inntal hinab, wo viele winzige Autos ohne Abgas und Geräusch durch Tirol schleichen ... Am Ende des langen Felskammes tut sich plötzlich eine grüne Felsrinne mit ersten Zirbenveteranen und Lärchenkrüppeln auf: man ist bewegt. Dann folgt eine ungeheure Wiese mit Venetalm und Gamsstein-Haus. Aber wer wie wir erst Ende Oktober kommt, sieht weder Bier noch offene Tür ... Wir haben nicht die langweilige Forststraße genommen, sondern sind blindlings von Steilwiese zu Steilwiese, schlau jedem Bergwalddickicht ausweichend, schnurgerade hinab, das Auge aufs Inn-Ufer und ein nie kommendes Wirtshausschild gerichtet. Das geht in die Wadeln! Aber der Riesenabstieg macht herrlichen Durst. Endlich der erste Mensch des Tages vor dem ersten armen Berghof: ich hab' ihm gleich die Hand geben müssen, so verschrullt kam ich aus der strengen Einsamkeit. Dann noch 1/2 Stunde zum Bier, dann ein Taxi genommen, um vor Landeck unseren Wagen zu finden. Eine gewaltige Tour – einsam!

Österreich / Tirol / 4 bzw. 6 Std. / HU: 670, 940 oder 1289 m

46 Vom Seebensee nach Ehrwald

Ehrwalder Alm – Hoher Gang – Moosboden

TALORT Ehrwald, 980 m

AUFFAHRT Sessellift von Ehrwald, 980 m, zur Ehrwalder Alm, 1493 m

HÖCHSTE PUNKTE Seebensee, 1650 m. Evtl. Coburger Hütte AV, 1920 m. – Evtl. Hinteres Tayatörl, 2257 m (Übergang ins Brendlkar)

RASTORTE Ehrwalder Alm (Alpenglühn), 1493 m. – Evtl. Coburger Hütte AV, 1920 m (2¼ Std. ab Ehrwalder Alm)

BESTE ZEIT UND AUSRÜSTUNG Ende Juni bis Mitte Oktober, evtl. Ende Oktober (wenn kein Neuschnee). – Leichtbergschuhe und Wetterschutz. – Auch für Kinder ab 8 Jahren (Brendlkar ab 14 Jahren). Empfehlenswert: AV-Karte Nr. 4/2 »Wetterstein«, 1:25 000 – ideal!

HINWEIS Bei diesem »Abstieg« geht es keinesfalls ohne Gegensteigung bzw. aufsteigende Wege ab. Denn der normale Nur-Abstieg ist langweilig!

BILD Am Seebensee, 1650 m, eine Std. von der Ehrwalder Alm entfernt. Auf dem Latschenrücken im Mittelgrund, zugleich in Fallinie des Grünsteingipfels, 2667 m (oben Mitte), befindet sich die vom Seebensee in 60 Min. erreichbare Coburger Hütte des Alpenvereins. Rechts oben die Ostabstürze der Sonnenspitze, links oben die Tajaköpfe.

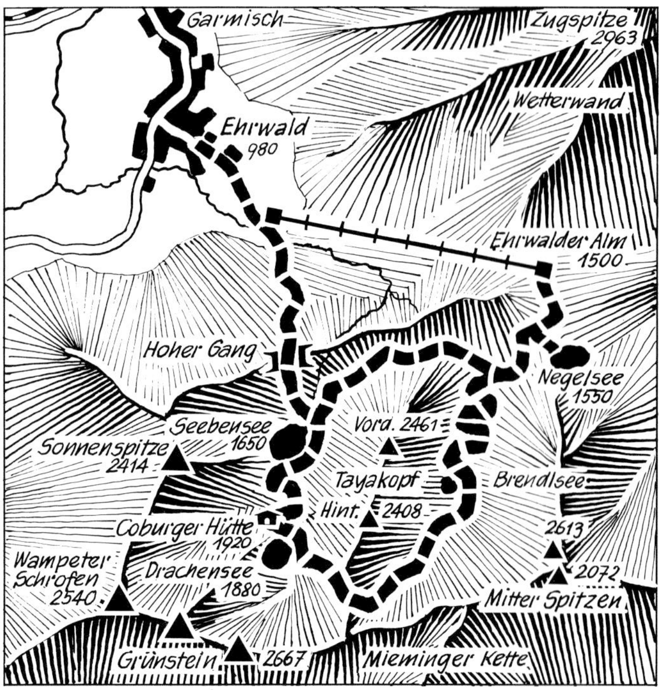

Wer von Ehrwald in zehn Minuten zur Ehrwalder Alm auf knapp 1500 m aufgefahren ist, befindet sich in einem grünen Almsattel zwischen Mieminger Kalkgebirge und den Südabstürzen der Zugspitze. Die Situation wäre bei Gutwetter außerordentlich reizvoll, baggerte der Lift nicht allzu viele naturfremde »Naturfreunde« in diese einsame Idylle. Deshalb muß man die Beine gebrauchen und – was hier denkbar einfach ist! – in die Stille wandern. Ehe man den eigentlichen Abstieg nach Ehrwald beginnt, steige man beispielsweise in einer guten Stunde, erst über Almwiesen, dann durch schönen Bergwald, zum vielbewunderten Seebensee, 1650 m, auf, in dem sich die Wände des Wettersteins eindrucksvoll spiegeln. Nun kann man, nach einer entsprechenden Rast, den kürzesten Weg wählen über den »Hohen Gang«, am Felssockel der Sonnenspitze hinab (Vorsicht bei Nässe!), und in gut 3½ Std. (ab Ehrwalder Alm gerechnet) schon wieder in Ehrwald sein. Wem es gefällt, der steige vom See-Ufer auf die in 60 Minuten erreichbare Coburger Hütte des Alpenvereins hinauf, wo er bestens bewirtet wird. Wer trittsicher und unternehmend ist, und wer zugleich ein wahres Paradies an Einsamkeit und großer Berglandschaft entdecken will, der steige von der Hütte noch 60 Minuten weiter zum 2257 m hohen Hinteren Tayatörl hinauf und wechsle ostwärts ins Brendlkar hinüber. Dort absteigend durchsteigt er alle Regionen eines Kalkgebirges – das freie Kar unter senkrechten Wänden, die Blockfelder zwischen den ersten Latschen mit einem glasklaren See dazwischen, die Region der Alpenrosen und ersten Lärchen, den Bergwald, die Almwiesen vor der Ehrwalder Alm. Der restliche Abstieg nach Ehrwald ist einfach und führt den aufmerksamen Naturfreund auch an einigen Bachgumpen vorbei, in denen man ungesehen baden kann. – Im stillen Brendlkar haben wir einmal das letzte Schneefleckerl vom Winter, kaum 10 Quadratmeter groß, entdeckt – dicht besetzt von zwanzig Schafen, die Kühlung suchten vom heißen Sonnentag. – Kleine Tips: wenige Minuten hinter der Coburger Hütte liegt der kleine Eistopf des Drachensees! – Nicht mehr »Abstieg«, sondern mehr »Tour« wäre der Weg: Ehrwalder Alm–Seebensee–Coburger Hütte–Biberwiererscharte – großer Sandabstieg nach Ehrwald (3–4 Std.).

Deutschland / Wetterstein / 7–9 Std. / HU: 1935 m

47 Zugspitzplatt und Blaue Gumpe

Über Knorr- und Angerhütte zur Partnachklamm

TALORT Garmisch-Partenkirchen, 715 m

AUFFAHRT Mit Seil- oder Zahnradbahn zum Schneefernerhaus, 2650 m. Oder mit der Tiroler Zugspitz-(Kabinen-)bahn ab Ehrwald (Stollen zum Schneefernerhaus. Grenzpapiere!)

HÖCHSTE PUNKTE Zugspitze, 2964 m (mit Gipfelgondelbahn). Schneefernerhaus am Platt, 2650 m

RASTORTE Knorrhütte, 2052 m (AV bw. B u. M); Reintalanger-Hütte, 1367 m (AV bew. B u. M)

BESTE ZEIT UND AUSRÜSTUNG Juli bis Mitte Oktober. Nur in guten Bergschuhen, mit Proviant und mit Wetter- und Wärmeschutz. Kinder erst ab 14 Jahren und nur, wenn besonders gehtüchtig! – FB-Karte, Blatt 34, Wetterstein (1:100 000). – Oder Topogr. Karte L 8532 (Garmisch), 1:50 000!

BILD Blick vom Zugspitzplatt auf dessen steilen Abbruch ins Reintal mit dem von der Sonne scharf markierten Übergang am »Gatterl«. Links überm Reintalschatten die Hochwanner-Nordwand. Rechts im Mittelgrund die Hohe Munde über Seefeld. Im weiteren Hintergrund – jenseits des Inntales – rechts (dunkel) die Kalkkögel vom Stubai, links die Zillertaler Alpen. Im Vordergrund verdeckt der Felssockel des Brunntalkopfes den Standort der gastlichen Knorrhütte, 2052 m.

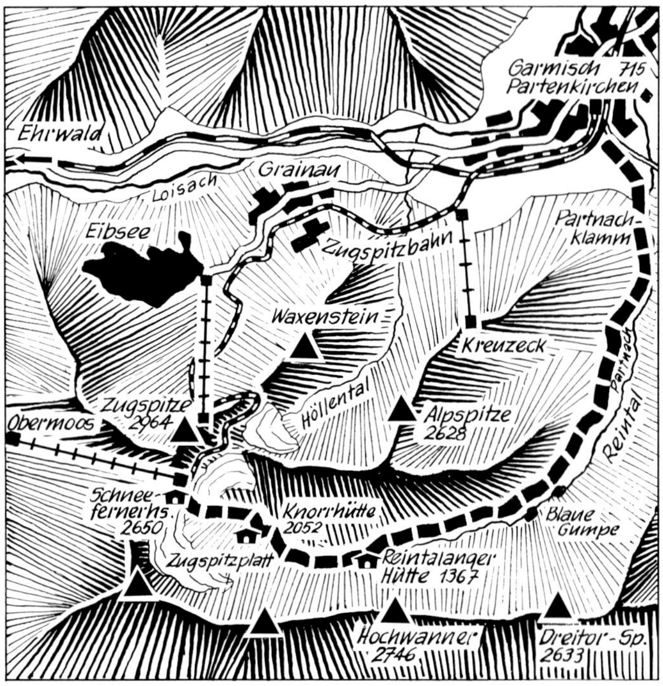

Zehntausende fahren jeden Sommer auf die Zugspitze, 2964 m, um hier ihre Fotoapparate abzunützen, in zahlreicher Gesellschaft Superlative zu üben und schlechten Appetits wieder talwärts zu reisen . . . Nur einigen wenigen treuen Naturfreunden fällt es immer wieder ein, sich der Talfahrt zu enthalten und den köstlich abenteuerlichen Abstieg über Knorrhütte, Reintal, Blaue Gumpe und Partnachklamm zu wagen. Wagen? Man wagt nur zitternde Beinmuskeln. Dafür handelt man Heißhunger ein, Höllendurst und ein Hochgefühl aus Stolz und tiefem Wohlbehagen. Jeder gesunde Mensch kann diesen Abstieg machen, auch wer nicht schwindelfrei ist, auch gehtüchtige Kinder (man kann auf zwei Hütten gut übernachten) . . . Direkt vom Schneefernerhaus, 2650 m, wo Zugspitzbahn und Stollen von der Tiroler Seilbahn münden, geht man die Sandreiße hinab und wendet sich dann dicht unter den Zugspitzsüdwänden auf gut sichtbarem Steig talwärts. Bis zur Knorrhütte, 2052 m, sind es 1½ Std. abzusteigen über den kahlen, felsigen Gletscherboden mit viel Geröll da und dort. Man sieht über die Platt-Umrahmung hinaus auf die Hohe Munde und ins Inntal hinüber, unter der Knorrhütte aber geht es serpentinenreich steiler abwärts und in die grüne Schlucht des Reintales hinab. Man segnet das erste ebene Stück, genießt den grünen Rasen des Talschlusses wie Balsam und wird zum hochgestimmten Romantiker, wenn man an der Partnachquelle die ersten Bergwasser grüßt und vor der Reintalanger-Hütte, 1367 m, die ersten Fichten- und Lärchenstämmchen. Nach der Rast in der Hütte folgt ein großartiger Wandergang auf bequemem Wege: rechts über uns die 1600 Meter aufragende Hochwanner-Nordwand, links die nicht minder hohen Abbrüche vom Blassenkamm, in der Nähe aber das duftende Dickicht einer unberührten Urwelt aus Blockfeldern, Alpenrosenbüschen, kleinen Grasplatten und rauschenden Wasserspielen. 30 Minuten nach der Reintalanger-Hütte folgt rechts der große Wasserfall, nach weiteren 45 Minuten stehen wir an der Blauen Gumpe: schönster Rastort im Wetterstein! Weiter geht es mit den strömenden Wassern, dann durch Wald, und wieder dem Wasser entlang auf peinlich neuer Forststraße in die Partnachklamm vor Partenkirchen – zum ersten Wirt.

Deutschland / Wetterstein / 4–5 Std. / HU: 1004 m

48 Vom Alpspitzsockel ins Höllental

Über das Hupfleitenjoch und durch die Klamm

TALORT Garmisch-Partenkirchen, 715 m

AUFFAHRT Alte Kabinenbahn zum Kreuzeck, 1640 m, oder neue Kabine bis Osterfelderkopf, 2050 m! Ab Bergstation Osterfelderkopf (neue Bahn) nur der Markierung nach zum Hupfleitenkopf absteigen!

HÖCHSTE PUNKTE Hupfleitenjoch, 1754 m; Osterfelderkopf, 2050 m

RASTORT Höllental-Angerhütte, 1380 m (AV bew. B u. M)

ANDERE ABSTIEGSWEGE Kreuzeck–Bernardeinweg–Reintal–Partnachklamm (Bus) = 5–6 Std.! Oder: Kreuzeck–Hochalm–Hochalmscharte–Bernardeinwald, dann zurück am ebenen Bernardeinweg zum Kreuzeck und zum Rießersee hinab = 5–6 Std.!

BESTE ZEIT UND AUSRÜSTUNG Nicht vor Juli, dann bis Oktober. Leichtbergschuhe mit Profilgummisohle. Wetter- und Wärmeschutz. – Topogr. Karte 1:50 000, Garmisch (L 8532)

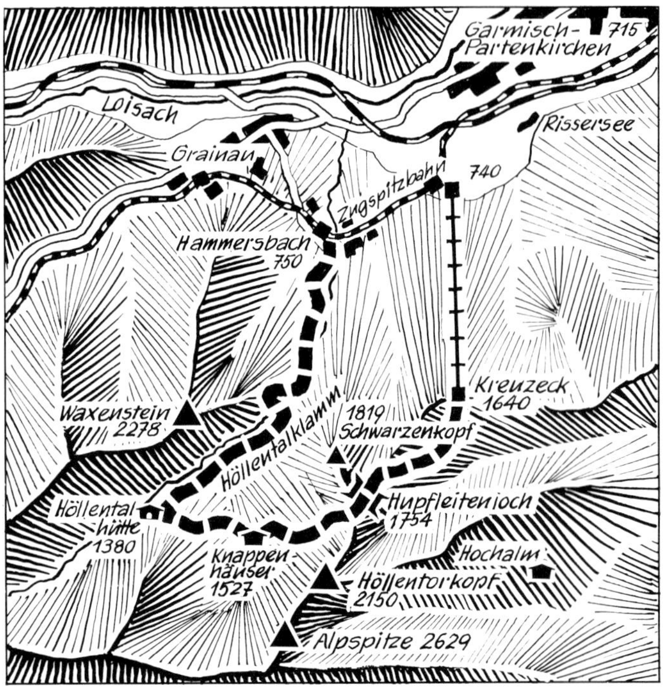

Vom Kreuzeck, 1640 m, dem beliebten Werdenfelser Sonnenbalkon unter dem Dreikant der Alpspitze, gibt es einen stillen, waldschweren Abstieg über den Rießersee, einen längeren, hochdramatischen über Hupfleitenjoch und Höllental und einen langen, beschaulichen durch Stuibenwald und Reintal. Den hochdramatischen müssen wir besonders empfehlen: man bummelt von der Bergstation der Kreuzeckbahn gemächlich und beinahe eben westwärts, erst an einem breiten Rücken, dann an einem langen, latschenüberwachsenen Steilhang dahin, bis man nach knappen 60 Minuten am Hupfleitenjoch steht auf 1754 m Seehöhe. Hier und dichtan am Schwarzkopf, 1819 m, sind zahlreiche öffentliche und verborgene Schau-Logen eingerichtet, Rasenkanzeln unter Latschen-Schirmen, um eine der bedeutendsten Hochgebirgsszenen der Kalkalpen zu bewundern: das tief unten liegende Höllental, eine schmale, enge Schattengruft unter den fast 3000 Meter aufragenden Wänden von Waxensteinen und Zugspitze: ein karger, grüner Boden neben einem kalten Wasserlauf, dann eine mächtige Felstreppe hinauf zum ewigen Eis des Höllentalferners. Linker Hand reckt sich mit senkrechter Nordkante der Höllentorkopf, 2150 m, empor (der über Hochalm und Höllentor auf fast unschwierige Weise bestiegen werden kann!). Haben wir ausreichend gestaunt und gerastet, dann steigen wir in das Höllental ab. Das schockiert im ersten Augenblick, denn es geht steil hinab, aber der Steig ist in Ordnung, und wo er heikel tut, da trägt er eine Drahtseilsicherung. Wer Kindern und Begleiterinnen jede Nervenmassage ersparen will, binde sie an eine kurze Reepschnur. Während dieses Abstieges (2–3 Std. bis zur Höllentalhütte, 1380 m) kommen wir dem Höllentorkopf-Nordsockel so nahe, daß er wie ein schwarzer Riesenturm über uns am Himmel wankt und dem einen Wonneschauer, dem anderen Ängste beschert. An den Knappenhäusern bald nachher (1527 m, ehemaliges Bleibergwerk) wird der Steig etwas harmloser. Kommen wir in den Talgrund hinab, dann sind Zugspitzkamm und Waxensteine in unabsehbare Höhen gewachsen. Den allerletzten Schock freilich und den kräftigsten versetzt uns die Passage der berühmten Höllentalklamm, kurz ehe wir in den Garmischer Talboden gelangen.

Ausblick vom Kreuzeck (unten) gegen Alpspitze, Zugspitze (rechts) und den beide Gipfel verbindenden »Jubiläumsweg«. Rechts in der Tiefe das Höllental, in das wir vom Kreuzeck bzw. von der neuen Bergstation am Höllentorkopf (über der genauen Bildmitte) absteigen. Das zu überschreitende Hupfleitenjoch befindet sich im Bild genau 3 cm über dem Kreuzeckhaus (vorne rechts, besonnt).

Deutschland / Werdenfelser Land / 4–5 Std. / HU: 449 m

49 Vom Eckbauer nach Klais

Draxlerweg – Wamberger Wald – Hirzeneck

TALORT Garmisch- Partenkirchen, 715 m

AUFFAHRT Kleinkabinenbahn vom Olympiastadion, 720 m, auf 1238 m zum »Eckbauer«

HÖCHSTE PUNKTE Wamberger Wald, 1302 m; Elmauer Alm, 1203 m; Hirzeneck, 1186 m

RASTORTE Elmauer Alm, 1203 m; Klais, 953 m

BESTE ZEIT UND AUSRÜSTUNG Juni bis Oktober, auch noch im November, wenn man in der Höhensonne über nebelverhangenen Tälern geht. Ungefährlich. Markiert, dennoch Karte unerläßlich! Idealer Familienmarsch für Freunde der Stille. – Topogr. Karte 1: 50 000, Garmisch, L 8532!

HINWEIS Strenge Regel für diese Kammwanderung zwischen Eckbauer und Hirzeneck: ob in Almwiese oder Wald, man bleibt immer am runden Kamm; auch wo Wegweiser nach Wamberg oder Elmau verführen wollen! Die »Elmauer Alm« liegt rechts unterm Kamm, also nach der Brotzeit schnell wieder hinauf! Erste Hälfte im Waldkamm, zweite auf dem Graskamm!

BILD Ein leuchtender Vorfrühlingstag in den Buckelwiesen oberhalb von Klais, über denen gerade noch Blassen, Alpspitze, Zugspitze und Waxenstein erkennbar sind

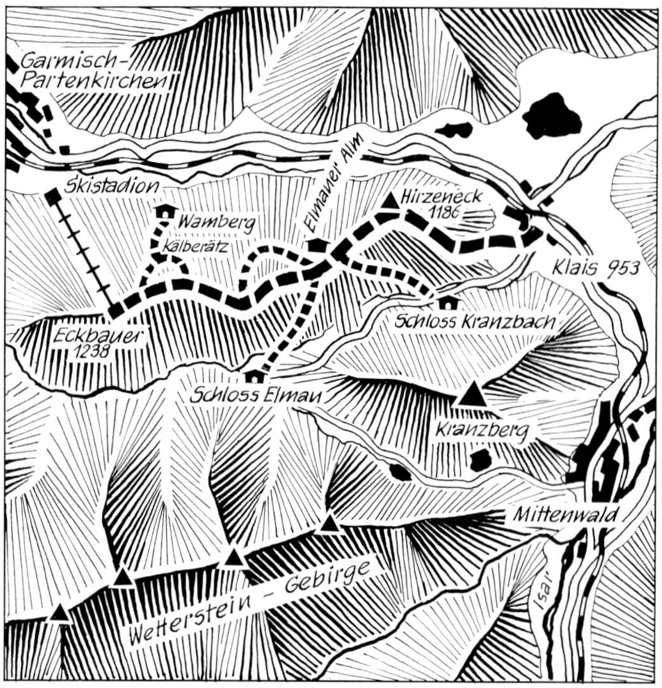

Zwischen Garmisch-Partenkirchen und Mittenwald verläuft parallel zum wuchtigen Wettersteinkamm ein sanfter, walddunkler und almengrüner Höhenzug, dessen westlicher Eckpfeiler genau über Partnachklamm und Olympiastadion steht. Vom Olympiastadion schwebt man in einer kleinen Kabine dort hinauf zum gastlichen Eckbauer, von 720 auf 1238 m Höhe, läßt den Gasthof hinter sich liegen und wandert los. Zugspitze und Alpspitze stets im Rücken, das Karwendelgebirge mit Wörner, Tiefkarspitze und Westlicher Karwendelspitze vor sich, rechts die Wettersteinwand, links Wank und Estergebirge – so geht es 3–4 Stunden lang dahin. Der markierte »Draxlerweg« führt nach 15 Minuten zum Eselsgraben«, durchbricht halbrechts sanft ansteigend südseitige Jungwaldlichtungen und läuft dann den bewaldeten Gratzug hinauf, wo man sehr überraschend einen Blick in die Nordseite tut: zurück ins Loisachtal, auf das Estergebirge, auf die ausgeholzte Fläche der »Kälberätz«, unter der Wamberg liegt (über Wamberg kann der Eilige schon nach Partenkirchen zurückkehren). Man bleibt immer am runden Waldkamm, und dann betritt man den höchsten Punkt des ganzen Kammes, den 1302 m hohen Wamberg, von wo aus man Wetterstein und Karwendel zugleich sieht, und rechts unten auf grüner Aue Schloß und Gut Elmau (1–2 Std. Gesamtzeit) . . . Weiter auf dem Kamm, durch urweltlichen Hochwald, einmal durch eine von grotesk verwitterten alten Ahornen bestandene Märchenwiese, von da an südlich in eine schmale Jungwaldschneise, dann scharf links zum ersten Ausblick auf das Isartal: die Dörfer Krün und Wallgau. Nach gut $2^{1}/_{2}$ Std. erreicht man den einzigen bewirteten Rastpunkt, die »Elmauer Alm«, 1203 m. Man hat bereits Geroldsee und Barmsee entdeckt, den dunkelgrünen Mantel des mächtigen Wettersteinwaldes unterm felsigen Kamm, und endlich den östlichen Auslauf unseres Kammes im welligen Revier des Kranzberges. Das »Hirzeneck«, 1186 m (weitere 60 Min.), über eine Wiesenmulde mit einem kleinen, stillen Hochmoor zu erreichen, steht auf freiem Kamm mit großartigem Ausblick nach allen Seiten. Von hier geht es östlich, immer am Kamm, dann durch den »Köchelgraben« zum »Waigmannmösl« bis zum Bahnhof Klais hinaus.

Deutschland / Wetterstein / 2¼ Std. / HU: 437 m

50 Unter den Wettersteinspitzen

Kranzberg – Ferchensee – Lautersee – Mittenwald

TALORT Mittenwald, 913 m (hat endlich Umgehungsstraße!)

AUFFAHRT Mit Sessellift von 920 m auf 1350 m

HÖCHSTER PUNKT Kranzberg-Gipfel, 1392 m

RASTGELEGENHEITEN Ferchensee-Wirtschaft, 1059 m; Lautersee-Wirtschaft, 1010 m

BESTE ZEIT UND AUSRÜSTUNG Ende Mai bis Oktober. Feste Schuhe und Wetterschutz. Hübsche Familienwanderung, völlig ungefährlich. Am schönsten mit Topogr. Karte L 8532 (Garmisch) 1:50 000!

SPEZIALTIP FÜR BERGTÜCHTIGE GEHER Ab Ferchensee in 2½–3 Std. südwärts über den »Franzosensteig« (1352 m hoch, Grenze!) zum Bus beim Wirtshaus »An der Mühle« im Leutaschtal (Paß!). Im Bereich vom Kranzberg und den beiden Seelein hält man sich an die Schilder und Bauernwege. Wer über den scharfen »Franzosensteig« geht, braucht Zeit, Paß (AV-Führer 178), und ein gutes Auge beim Abstieg in die Leutasch zum Bus!

BILD Blick auf den kleinen Lautersee oberhalb von Mittenwald. Darüber (von links) die Karwendelgipfel Wörner, Viererspitze und Westl. Karwendelspitze

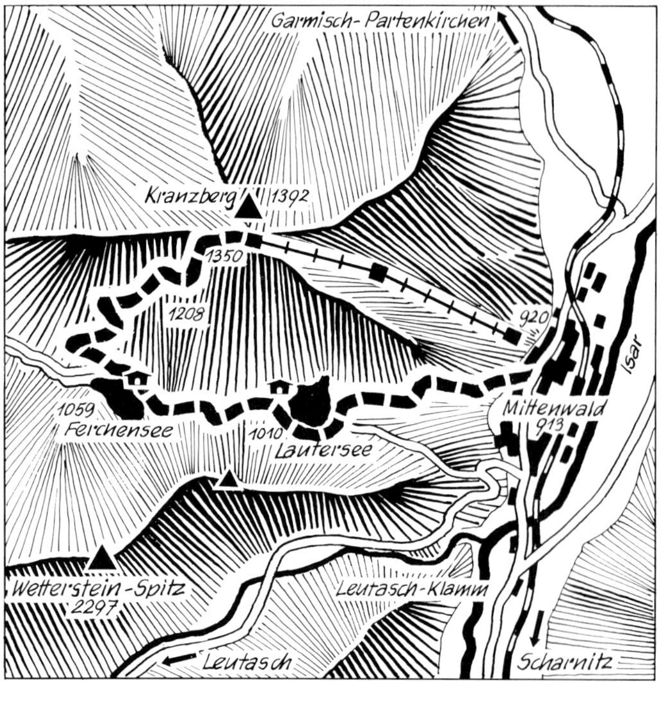

Wer aus dem alten Geigenmacherdorf Mittenwald hinauf zum Kranzberg fährt, muß sich oben zu dem »heroischen« Entschluß durchkämpfen, zweieinviertel Stunden den Beinen ihr altes Rezept zu gönnen, um zu Fuß abzusteigen. Man wandere aber nicht geradenwegs nach Mittenwald hinab, sondern gehe erst südwestlich, dann rein südlich, endlich im Zickzack hinab zum Ferchensee, dann östlich zum Lautersee und endlich wieder nordöstlich über den Kalvarienberg zur jungen Isar. Das ist in zweieinviertel Stunden leicht zu machen, aber ein Tropf ist, wer dazu nicht drei oder vier Stunden braucht! Denn diese Wanderung gegenüber den mächtigen Wänden der Oberen und Unteren Wettersteinspitze, zu denen man aus dem stillen Hochmoosbecken des Ferchensees aufschaut wie zu unbegreiflich hohen Wolkentürmen, ist ein schönes Abenteuer für Leib und Seele. Alle Sinne lüften aus in der Freiheit und Stille jener Situation, und mit dem rhythmischen Gehen kommen einem gute Gedanken an, unten bei der überlangen Rast am Ferchensee, wo man auch schwimmend aufblicken kann zur Wettersteinwand, wird man plötzlich froh erschrecken, weil man so guter Dinge ist. Heller Kalkfels am Wetterstein und drüben an Viererund Karwendelspitze, unendlicher Fichtensamt darunter und dazwischen stille Moose und Blumenwiesen und erst am Lautersee (Bild) wieder Menschenstimmen . . . das ist sehr bekömmlich, und man mag auch Mittenwald wieder, das allzu heftig geliebte, allzusehr überlaufen gewesene. Hier um den Kranzberg hat Mittenwald seine »erhabene« Prospekt-Stille in endlicher Vollkommenheit. Man muß nur in die Stille finden! . . . Natürlich geht man unseren Abstieg nicht an, ohne sich am Kranzberggipfel genau umgesehen zu haben. Denn dieser Mittenwalder Feldherrnhügel vor Wetterstein und Karwendel beschäftigt die Augen rundum: da ist unter den Kalkbergen das Bett der jungen Isar, da sind am nördlichen Talboden Gerold- und Barmsee, da ist zwischen Estergebirge und Wetterstein der stille, verlassene Wambergwald, der fortgesetzt zum Wandern mahnt. Und da sind die einsamen Kare unterm Gamsanger hier oder unter der Tiefkarspitze dort. Vom Himmel nicht zu reden, der von jenem Standpunkt aus Hintergrund einer Weltbühne ist.

Deutschland / Werdenfelser Land / 4 bzw. 5 Std. / HU: 1035 m

51 Am Finzbach unterm Wank

Über den Esterbergbauer nach Krün hinaus

TALORT Garmisch-Partenkirchen, 715 m

AUFFAHRT Wankbahn (Kabine) von 730 m auf 1750 m

HÖCHSTER PUNKT Wankgipfel, 1780 m

RASTORT Nur Esterbergbauer, 1262 m (Wirtschaft)

ZIEL Krün, 875 m (Bus); bzw. Gerold, 930 m (Bus). In Krün mehrere gute Wirte und Bus nach Garmisch

BESTE ZEIT UND AUSRÜSTUNG Juni bis Oktober. Nur in festen Bergwanderschuhen und mit Wetterschutz. Klassische Familienwanderung, wenn Kinder gehtüchtig. – Topogr. Karte 1:50 000, L 8532 (Garmisch) unerläßlich!

BILD Heustadelversammlung dicht am Geroldsee, dort, wo unsere vom Finzbach südwärts abkürzende Wanderstrecke direkt zur Bus-Straße Mittenwald-Partenkirchen strebt. Im Hintergrund die Karwendelgipfel Wörner und Tiefkarspitze.

Man sollte es nicht für möglich halten . . ., da fahren in der Morgenfrühe vier, fünf, zehn Kabinen von Partenkirchen zum Wank hinauf, und schon ist der Gipfel von »Naturfreunden« überflutet und die erhabene Stille (um derentwillen sie auffahren) wie weggeblasen. Aber weiter schwebt Kabine um Kabine nach oben, an einem Tage sind es viele Hunderte von Menschen, an zehn Tagen Tausende – und von diesen Tausenden geht keiner jenen wunderbaren, wahrhaften Naturfreunden wie vorbestimmten Weg über den Esterbergbauer zum Finzbach und diesem entlang nach Gerold oder nach Krün. Ich bin diesen Weg öfters mit einigen Kindern gegangen. Was ist das für ein Weg! Man steige, vom Wankgipfel aus gesehen, nicht auf den zum Sonnengrill einladenden nördlichen Rasenbuckel, sondern gehe scharf östlich den buckligen Grat hinab und später nach links hinunter zum Esterbergbauer. Bis hierher hat man noch Gesellschaft, am Tisch vor dem stillen Esterbergbauern sitzen ein Halbdutzend Leute. Aber nun kommt es: fünfhundert Meter den Weg, der nördlich zum Krottenkopf führt, hinausgelaufen, stößt man rechts auf ein winziges Bächlein und entdeckt da einen überwachsenen alten Weg – der ist es, den ich meine. Dieser Weg begleitet den heitersten Bergbach, den ich weit und breit kenne. Denn als wüßte er von seiner Freiheit, wagt dieser Bach – er heißt aus unerfindlichen Gründen Finzbach – die köstlichsten Kapriolen. Erst plätschert er brav über Steine dahin, dann sucht er sich glatte Felsrinnen, kurvt mäandrisch umständlich durch seinen kleinen, grünen Boden und nimmt plötzlich einen Anlauf und springt in die erste kleine Klamm hinab. Der Weg daneben wird fester, er durchbricht eine vollkommen vereinsamte Urlandschaft, man möchte schwören, im Hunzaland zu sein und nicht zwei Stunden von einem weltberühmten Olympiaort Garmisch entfernt . . . Wo er es am buntesten treibt, 1½ Std. nach dem Esterbergbauern, kann ihn ein erfahrener Mann mit Orientierungssinn nach rechts verlassen und auf altem, oft nur schwer aufzufindendem Steig streng südlich zum Geroldsee hinüberwechseln (+ 2 Std.). Ab Gerold Bus nach Garmisch! Man sollte aber dem Finzbach bis Krün folgen, wo er von Kraftwerksbrüdern gemordet und in den Walchenseetopf geleitet wird.

Deutschland / Ammergauer Vorberge / 2½–3 Std. / HU: 784 m

52 Über das Ettaler Manndl

Vom Laberjoch nach Oberammergau

TALORT Oberammergau, 843 m

AUFFAHRT Kabinenbahn von St. Gregor (Ortsteil auf 900 m) auf 1684 m Höhe. Eine auf technisch originelle Weise umständliche Bergbahn!

HÖCHSTER PUNKT Laberjoch, 1684 m. Evtl. Ettaler Manndl, 1638 m (leichte Kletterei am Drahtseil, nur für Geübte! Mehrzeit bei Besteigung 1 Std.). – Das »Manndl« wird normalerweise umgangen im Abstieg!

RASTPUNKT Laber-Gipfelhaus, 1684 m

BESTE ZEIT UND AUSRÜSTUNG Ab Mitte Juni bis Ende Oktober. Möglichst nur in Leichtbergschuhen mit Profilgummisohle. Der Abstieg über den Schartenkopf ist zwar auch ungefährlich, doch ist Trittsicherheit erforderlich: Kinder hier an Reepschnur nehmen! – Topogr. Karte L 8532 (Garmisch), 1:50 000!

BILD Absteigend vom Laberjoch bei Oberammergau hat man das bekannte Ettaler Manndl im Blickfeld, ein mit Drahtseilen gesichertes Felshorn, vom Mutigen leicht zu besteigen. Nach links unten führt der reizende Almenweg am Soilasee vorüber nach Oberammergau

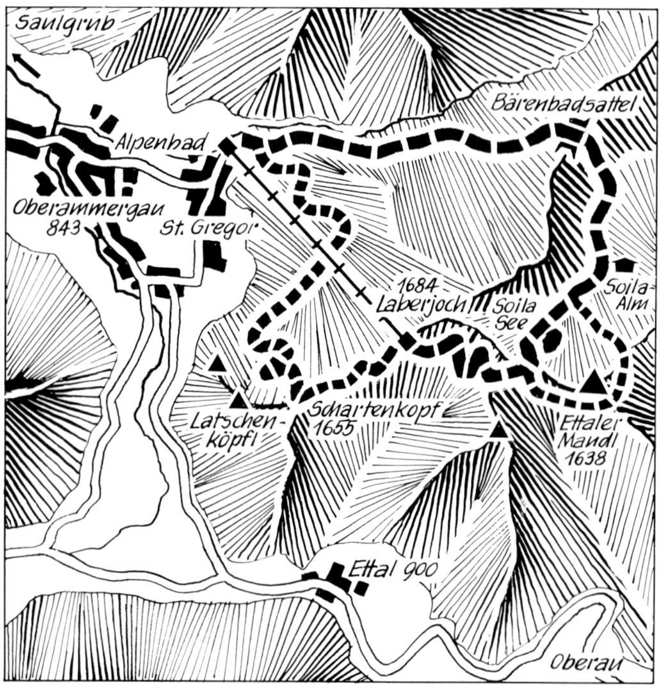

Wer dächte, das weltberühmte Passionsspieldorf Oberammergau lasse keine Gelegenheit zu einsamer Besinnung, der irrt. Der fliehe nur einmal Dorf und Menschenmengen, fahre mit der Bergbahn aufs Laberjoch, 1684 m, und gehe dann zu Fuß langsam hinab, erst auf einem Grätchen, dann zwischen Felstürmen dahin in reizender Exposition (doch nie gefährlich!), unterwandere den das Auge beherrschenden Felsturm des Ettaler Manndl und mache dann in der romantischen Idylle am Soilasee eine ergiebige Faulrast – in einem wahrhaft einsamen Kessel unter Felskulissen, wo man das Herz und alle Sinne wunderbar auslüften und dann heiteren Schrittes weiterwandern kann durch almengrünes und walddunkles Parkrevier, am Ende über Buckelwiesen hinab zur Talstation ... Daß man oben am Laberjoch, einem verwegenen Felsgerüst hoch über Ammer- und Loisachtal, eine schöne Aussicht genießt, versteht sich: weit unten das Passionsdorf mit dem Kofel, auf der anderen Seite das großartige Viereck von Kloster Ettal, gegenüber das mächtige Wettersteingebirge mit Zugspitze und Alpspitze, im Norden aber das ausebbende Vorgebirge und die Seen des Vorlandes. Der folgende Abstieg ist wirklich reizvoll und auch von Frauen und Kindern mühelos hinter sich zu bringen. – Ein zweiter, beinahe noch kürzerer, doch steiler und nur für ganz trittsichere Bergwanderer bestimmter Abstieg führt von der Bergstation in südwestlicher Richtung auf einem winzigen Steig zwischen Felsgetürm dahin zum benachbarten Schartenkopf, 1655 m. Hier gibt es einen groben Schock zu bestehen, denn plötzlich steht man vor einem zerklüfteten Felskar und über den kalkgrauen, wilden Türmen der »Laber-Dolomiten«. Aber der Steig weiß sich zu helfen, er schwindelt sich zum letzten Gratkopf durch, wo man wie durch ein Felsfenster tief unter sich wieder Kloster Ettal erblickt, und leitet dann durch felsgarnierte Latschenfelder in Kehren zum Bergwald hinab. Es folgen steinrosenüberwucherte Felstrümmer, dann der zu querende Schartengraben, und weiter geht es über die Laberalm und Wald zur Mittelstütze. Die »Wanne«, ein Holzschlag, führt schließlich zur Station hinab und vor die Pforte des am Hange liegenden Schwimmbades – hier schwimmt man sich rasch wieder frisch!

Deutschland / Ammergauer Vorberge / 5–6 Std. / HU: 706 m

53 Über drei Hörnle nach Oberammergau

und über den Aufacker nach St. Gregor

TALORTE Bad Kohlgrub, 904 m/Oberammergau, 843 m

AUFFAHRT Sessellift von etwa 980 m auf 1400 m, zur Starnberger Hütte (bewirtschaftet)

HÖCHSTE PUNKTE Hinteres Hörnle, 1549 m; Hoher Aufacker, 1542 m

RASTORTE Unterwegs keiner! Deshalb unbedingt Proviant mitnehmen und viel Obst!

BESTE ZEIT UND AUSRÜSTUNG Vom späten Frühjahr bis zum späten Herbst. Am schönsten Ende Mai/Juni und September bis Anfang November. Bei Nebeleinfall rechtzeitig umkehren zur Liftstation. Unterwegs niemals rechts direkt nach Oberammgergau absteigen! Bis zum Kleinen Aufacker an den Wegspuren bleiben, dann (am markierten Steig) rechts hinab nach St. Gregor und Oberammergau! Nur mit Bergschuhen, unbedingt Wetter- und Wärmeschutz mitführen. – Topogr. Karte L 8332 (Murnau) angenehm und informativ!

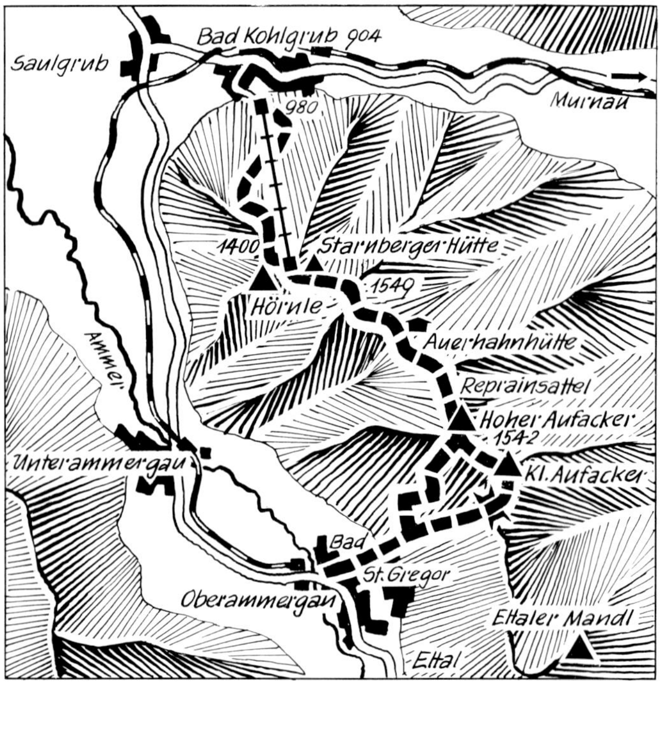

Von Deutschlands höchstgelegenem Alpenheilbad Kohlgrub, 904 m, trägt uns ein Sessellift hoch übers weite Alpenvorland hinauf zur Starnberger Hütte unterm Hörnle, 1400 m. Hier würden wir gerne einkehren, denn der Ausblick ist schon eindrucksvoll genug, aber uns steht eine lange Wanderung bevor. Es gilt den großartig stillen, kaum begangenen Kamm mit den drei Hörnlegipfeln und den Aufacker zu überschreiten. Von der Hütte geht es zwischen Vorderem (1484 m) und Mittlerem Hörnle durch, einen kurzen Augenblick nur streift man dabei die höchste Waldgrenze, dann folgt nach einer Querung in den letzten Sattel der Aufstieg zum Hinteren und höchsten Hörnle, 1549 m. Trotz nur 60 Minuten Weg muß man hier schon rasten, denn ein erstes Phänomen entzückt unseren Geist: man schaut in das Hochgebirge und über das weite, seenbedeckte Vorland zugleich, begreift sehend das harmonische Verebben der letzten alpinen Wellenschläge, hat den vollen Gegensatz unmittelbar vor Augen – hier die nackten Felswände des Wettersteingebirges, dort, direkt zu Füßen unseres Aussichtsberges, das großartige Murnauer Moos, ein braunes, einsames Meer, das Land werden will, mit zahllosen blitzenden Wasseradern und da und dort kleinen, steilen Felsinseln ... Vom Hörnle, wo wir die letzten Sesselliftgenossen hinter uns lassen, steigen wir südwärts in die Einsamkeit, das heißt brav am Kamm dahin (gelbe Markierung) zum nächsten Gipfel, der Stieralpe. Dann geht es zuerst flach dahin, später steil hinab zu einem Zaun. Man nennt es hier die »Drei Marken«, weil die Gemarkungen dreier Gemeinden aneinanderstoßen. Über den Zaun und den manchmal nur undeutlichen Pfad aufwärts, an der Auerhahnhütte (geschlossen) vorbei zum Sattel zwischen Reprainrücken und Hohem Aufacker gegangen, hier links dem steileren Pfad folgend zum Gipfel des Hohen Aufacker, 1542 m. »Alles dies ist im Bild ganz genau zu verfolgen«. Nun aber keinesfalls weglos rechts nach Oberammergau hinab, sondern am Kamm mehr links weiter zum Kleinen Aufacker, 1533 m, und erst hier rechts am Steig weg vom Kamm, unterm Schweigerberg streng südlich in den Sattel, von dem uns Wegspur und Markierungstaferl scharf rechts hinab nach Oberammergau schicken.

Die drei Hörnle bei Oberammergau von Norden: vorne rechts Lifttrasse zur Starnberger Hütte und Skiabfahrt bzw. Abstieg zurück nach Bad Kohlgrub. Hinter den drei Hörnle der Aufacker, von dem wir ebenfalls (nach Oberammergau) absteigen können. Im Hintergrund oben links die Krottenkopfkette, rechts der Labersporn.

Österreich / Tirol / Karwendel / 4 bzw. 6½ Std. / HU: 1063 m

54 Hoch über dem Zirler Berg

Roßhütte – Reither Spitze– Seefeld

TALORT Seefeld in Tirol, 1175 m

AUFFAHRT zum Seefelder Joch, 2074 m, oder Roßhütte/Härmelekopf, 2034m

HÖCHSTE PUNKTE Seefelder Spitze, 2220 m. Reither Spitze, 2373 m. Härmelekopf, 2224 m.

RASTORT Nördlinger Hütte DAV, 2238 m (gut bewirtschaftet)

BESTE ZEIT UND AUSRÜSTUNG Mitte Juni bis Mitte Oktober. Nur mit guten Leichtbergschuhen und Wetterschutz im Rucksack! Nur für etwas ausdauernde und trittsichere Bergwanderer! Wege sehr gut instand gehalten und markiert. Aufstieg zur Reither Spitze in Schrofengelände, Kinder (ab 10 Jahren) streng am Steig führen! Brauchbar: Freytag-Berndt-Wanderkarte, Bl. 32, Karwendel, und Bl. 34. – Besser Österr.-Karte 1:50000, Blatt 117, Zirl!

HINWEIS Wer mit Frau und nicht berggewohnten Kindern wandert, nimmt sie beim Anstieg auf die Reitherspitze an eine (20 m) Reepschnur!

BILD Blick aus dem Flugzeug auf die Seefelder Roßhütte (unten), auf Seefelder Spitze und Reither Spitze. Links von der Reither Spitze ziehen beschattet Kuhlochspitzen und Großer und Kleiner Solstein nach Osten. Hinter allem das tief eingeschnittene, hier unsichtbare Inntal. Rechts oben, jenseits des Inntales, Kalkkögel und Habicht.

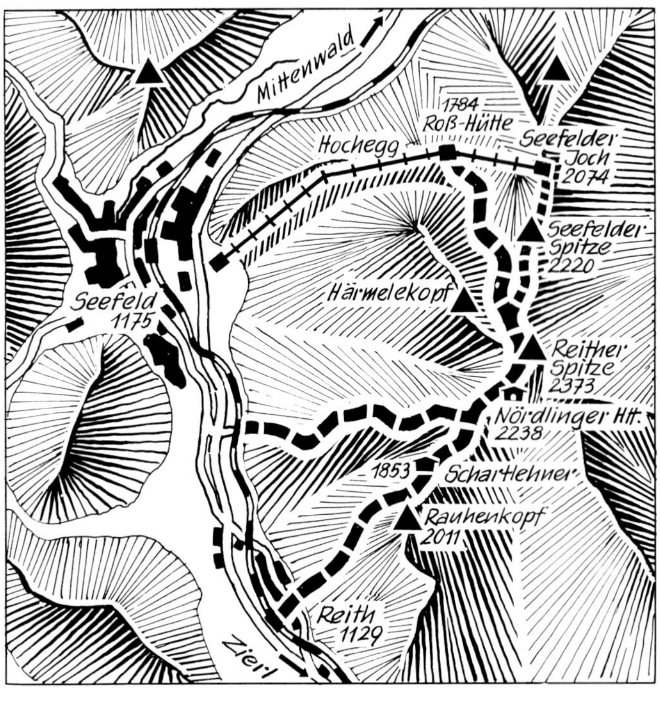

Trotz neuer Umgehungsstraße bleibt Seefeld ein belebter Fremdenort, von norddeutschen Epikureern besetzt und regiert. Als Naturfreund kann man aber in die großartige Umgebung ausweichen: bis hinter die Hohe Munde, bis hinter die Reither Spitze ... Wir fahren mit den Bahnen vom nördlichen Ortsende nicht ganz bis zum Seefelder Joch auf, nein, nur bis zur Roßhütte auf 1784 m Höhe: von hier nämlich geht der bessere Weg hinauf und hinüber, unter der Seefelder Spitze hindurch, zur Nördlinger Hütte auf 2238 m Höhe – das sind nur gut zwei schöne Gehstunden. Nur völlig trittsichere Geher fahren bis zum Joch hinauf, 2074 m, übersteigen von dort die Seefelder Spitze und queren dann – nicht immer angenehm – bis zur »Nördlinger Hütte« hinüber! Kurz vor der Hütte führt ein leichter Felssteig zum Gipfel der Reither Spitze auf 2373 m, von der aus man vom Großvenediger bis zum Arlberg schauen kann. Oder in dichten Nebel. Die Aussicht ist oft derart umfassend, daß der Gipfel von Superlativen überschwemmt wird: auch eine Art Umweltverschmutzung ... Hinterher ist man in 10 Minuten zur Hütte abgestiegen und belohnt sich selber mittels Suppe, Würstchen und Bier. Die Hütte liegt auf einem hohen, freien Sporn, glatte 1700 Höhenmeter über dem Innufer: Drüben schauen wir den Stubaier und Tuxer Alpen bis ins eiskalte Gletscherherz. – Es gibt dreierlei schöne Abstiege: 1. Der kürzeste führt von der Hüttentür westlich zum Asphaltbruch hinab und weiter nach Seefeld, ein guter, steiler Steig für etwa zwei Stunden! – 2. Von der Hütte südwärts steil, schön und enorm aussichtsreich zum Wirtshaus Schartlehner, 1853 m, und dann durch die herrlichsten Tiroler Lärchenwälder zur Bahnstation Reith, ein guter Steig, auch reichliche zwei Stunden lang. Es dürfen aber auch drei sein! – 3. Ein großer, ein besonders eindrucksvoller Abstieg: Querung von der Hütte nordwärts zum Ursprungssattel, 2096 m, Abstieg ins Wimmertal, Steigspuren zur Eppzirler Alm, 1455 m, Schlußmarsch hinaus zur Bahnstation Gießenbach, 1314 m, wo der »TEE« nach Seefeld wartet: gute fünf, auch sechs Std.! Der Felsenzirkus um die Eppzirler Alm wird unvergeßlich bleiben! – Bei der Betrachtung unseres Luftbildes ahnt man den kommenden Genuß nur zur guten Hälfte.

Deutschland / Wallgau / $4^{1}/_{2}$–6 Std. / HU: 800 oder 990 m

55 Vom Herzogstand zum Heimgarten

Hoch über Kochel- und Walchensee

TALORT Dorf Walchensee, 800 m (Parkplatz und Talstation)

AUFFAHRT Sessellift von 800 auf 1600 m unterm Fahrenbergkopf

HÖCHSTE PUNKTE Herzogstandhäuser, 1565 m; Herzogstand, 1731 m; Heimgarten, 1790 m

RASTPUNKTE Herzogstandhäuser, 1565 m; Heimgartenhütte, 1780 m (erstere gut bewirtschaftet, immer geöffnet; das Heimgartenhütterl nur selten offen und einfach bewirtschaftet!)

BESTE ZEIT UND AUSRÜSTUNG Juni bis Ende Oktober. Am schönsten im Herbst. Leichtbergschuhe, Wetterschutz, Proviant! – Dazu FB-Karte Blatt 32. – Die Gratwanderung vom Herzogstand zum Heimgarten soll mit Kindern nur bei ganz sicherem Wetter angetreten werden. Kinder bleiben stets am Steig! An den drei etwas exponierten Gratstellen kann man sie zur Sicherung an eine Reepschnur binden!

BILD Rückblick vom Grat zwischen Herzogstand und Heimgarten auf den Herzogstand-Gipfel, 1731 m, mit seinem alten, etwas verwahrlosten Aussichtstempel, der freilich eine ungewöhnlich schöne und umfassende Aussicht gewährt. Das gute Auge entdeckt im Vordergrund die Drahtseile, mit denen der leichte Felsgrat stellenweise gesichert ist

Es gibt im nördlichen Vorgebirge kaum eine reizvollere Bergwanderung als die vom Herzogstand über den langen, schmalen Grat zum Heimgarten und von dort durch den weltabgelegenen Bergwald hinab ans Ufer des Walchensees (zur Talstation zurück): Südwärts Karwendel, Wetterstein und Stubaier Hochalpenkamm, nordwärts oberbayerisches Vorland mit hellen Seen, dunklen Moosplatten und blitzenden Flüssen. Oft schon im späten Herbst gingen wir, drei oder vier Kinder führend, über diese grüne Lustbrücke, rasteten an der einsamen Ohlstädter Alm und führten dann die heiße Jugend hinab in die versteckten, kühlen Forellengumpen oberhalb der Talstation. Mehrmals schon sind wir bei Nebel in München weggefahren und erlebten dann, am hohen Grat in der Sonne lagernd, wie das mächtige Wolkenmeer über dem Vorland, von unsichtbaren Mächten bewegt, als ungeheurer Strom still und langsam über die Kesselbergscharte quoll, um südwärts im Feuer der Bergsonne zu verglühen und zu vergehen. – Von der Bergstation des Liftes auf 1600 m Höhe geht man, an den alten Herzogstandhäusern vorüber, in 45 Min. zum Gipfel des Herzogstand, 1731 m. Hier läßt man die übrige Gesellschaft zurück und folgt (anfangs recht vorsichtig!) dem Steiglein westwärts durch Geröllrinnen und Latschen auf den schmalen Grat zum Heimgarten, der an einigen kurzen Stücken mit Drahtseilen gesichert ist und hier bei wohligen Schauern hochalpine Reize vermittelt (Bild). Am Schlehdorfer Kreuz, 1664 m (+ 1 Std.), folgt die erste, am Heimgartengipfel, 1790 m (+ 1 Std.), die zweite ideale Rast. Dicht hinterm Gipfel wartet eine kleine Hütte. Von hier steigen wir am bezeichneten Weg steil, aber schön in den grünen Sattel der Ohlstädter Alm hinab, 1423 m (Warntafel! Nicht links in die Schlucht absteigen!). Nun leicht rechts gegenüber ansteigend auf gutem Weg durch die Nordflanke des Rotwandkopfes (Rehe und Hirsche!), dann überaus reizvoll über Waldgrate und Waldflanken zum Walchensee hinab (+ $2^{1}/_{2}$ Std.). Nach dem letzten Steilstück (Drahtseil und Felsstufen! Oberhalb niemals mit Kindern zu nahe an die rechte Gratbegrenzung!) scharf links zu den versteckten Badegumpen des Deiningbaches! Von hier in 25 Minuten zur Talstation und ans Seeufer zur ersten Bierquelle.

Deutschland / Karwendel / $3^1/_2$–$4^1/_2$ Std. / HU: 1250 m

56 Abenteuer im Karwendel

Karwendelspitze – Dammkar – Mittenwald

TALORT Mittenwald, 913 m

AUFFAHRT Karwendelbahn-Kabine von 950 auf 2200 m. Am Wochenende Wartezeiten! Möglichst früh eintreffen!

HÖCHSTE PUNKTE Westliche Karwendelspitze, 2384 m, oder Obere Dammkarscharte, 2319 m

RASTORT Nur Dammkarhütte, 1659 m, am Feldherrnhügel zwischen Dammkar und Viererkar (privat bewirtschaftet)

BESTE ZEIT UND AUSRÜSTUNG Nicht zu früh wegen der Schneereste! Mitte Juli bis Oktober. Nur in festen Bergschuhen, nicht in Shorts! Mit Wetterschutz! Für Kinder nur ab 14 Jahren, wenn völlig trittsicher! Mit Topogr. Karte L 8532 (Garmisch), 1:50 000!

HINWEIS Wer direkt von der Bergstation in der steilen Westflanke absteigt, muß Hunderte kleiner Serpentinen in Kauf nehmen. – Der hier empfohlene Dammkarabstieg strengt zwar an, bietet aber stärkste landschaftliche Eindrücke!

BILD Rast auf der Westlichen Karwendelspitze, an deren Gipfelstock von Mittenwald her eine Bergbahn führt. Im Hintergrund links das ganze Wettersteingebirge mit (von links) Dreitorspitze, Großer Plattspitze, Schneefernerkopf (genau darunter Große Wettersteinspitze), Zugspitze, Alpspitze

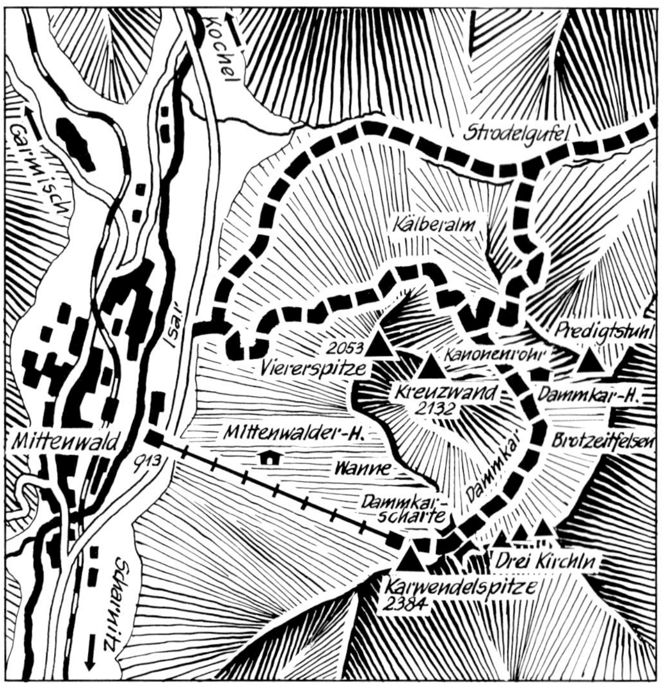

Vom Geigenmacherdorf Mittenwald – dessen feine alte Hauptstraße endlich durch die »Umgehungsstraße« wieder schön und begehbar geworden ist, bringt uns die Karwendelkabine in steiler schneller Auffahrt bis in die Kargrube unter der Westlichen Karwendelspitze: eine Königsloge über Karwendel und Wetterstein! Man sieht unter sich die Talschaften von Inn und junger Isar, man schaut tief in den Stubaier Zentralalpenkamm hinein und weit hinaus ins oberbayerische Seenland. Von hier aus könnte man steil und nicht ungefährlich durch die »Wanne« und über die Mittenwalder Hütte direkt nach Mittenwald absteigen, dann würde man sich aber die Knie in den Magen stoßen – besser ist es, amüsanter und leichter, durch das Dammkar abzusteigen, das im April und Mai als Münchens Skifrühlingsquartier berühmt ist. Man steigt nördlich auf einem ausgebauten Steig zur Oberen Dammkarscharte, 2319 m, und jenseits steil zur Unteren Scharte. Hier rastet man, bereits in tiefer Stille, dicht unter den eleganten Felstürmen der »Drei Kirchln«, die im wuchtigen Abbruch der Lärchfleckspitze ihre Fortsetzung finden. Ostwärts schaut man tief hinab ins endlos lange, endlos einsame Karwendeltal. Unmittelbar am Fuße des ersten Kirchls steigt man darauf ins Dammkar ein, steigt zuerst vorsichtig über kleine Felsstufen, fährt dann, kräftig die Absätze einstoßend, auf Firnresten oder Schuttströmen in die blauen Schatten hinab zum »Brotzeitfelsen«, macht hier mit dem Karstrom eine energische Wendung nach links und steuert unter der Pyramide der Tiefkarspitze der Dammkarhütte zu (etwa 1600 m, bew.). Zweihundert Meter tiefer winkt schon die Waldgrenze, die wir durchs »Kanonenrohr«, dicht an den Wänden von Kreuzwand und Viererspitze (oder bequemer rechts am Steig!), erreichen. Eine breite, herrliche Waldschneise führt dann durch Fichten- und später Lärchenwald hinaus nach Mittenwald . . . Dieser Abstieg ist im oberen Teil nur vom trittsicheren Wanderer ohne Gefahr zu begehen! Wen es nach diesem wasserlosen Abstieg nach Wasser gelüstet, der steige vom Waldrand scharf rechts hinüber zum Kälberalmbach und, etwas nördlich dem Bache nachsteigend, bis zur »Strodelgufel«. Dort gibt es viele glasklare kalte Badegumpen – und doch keinen einzigen Zuschauer.

Deutschland / Isarwinkel / 5 Std. / HU: 850 m

57 Brauneck und Probstalm über Lenggries

Heitere Familienstrecke über dem Isartal

TALORT Lenggries bei Bad Tölz, 670 m. 1 Autostunde ab München

AUFFAHRT Kleinkabinenbahn zur Bergstation am Brauneck, 1530 m

HÖCHSTE PUNKTE Kirchstein, 1676 m; Latschenkopf, 1712 m

RASTPUNKTE Mehrere Gasthäuser unter dem Brauneckgipfel, 1556 m!

BESTE ZEIT UND AUSRÜSTUNG Von Ende Mai bis Ende Oktober. Juni (Alpenrosenblüte). Nur in Leichtbergschuhen, nur mit Wetter- und Wärmeschutz im (kleinen!) Wanderrucksack. – Mit Proviant und Topogr. Karte 1:50 000, L 8334 (Bad Tölz)!

BILD Ausblick vom Abstiegsweg Brauneck–Lenggries auf die Probstenwand und auf das oberbayerische Vorland. Dicht vor der Probstenwand zieht das von uns zu begehende Längental nach rechts unten hinaus zur Isar bei Lenggries

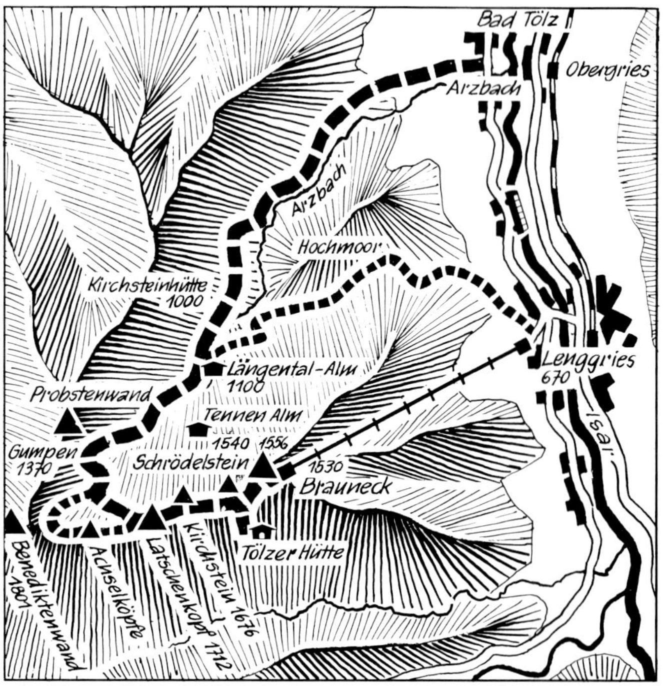

Zu Pfingsten, oder zur Alpenrosenblüte im Juni, oder – am schönsten! – im späten Herbst, da lohnt es sich immer wieder, mit Frau und Kindern diesen herrlichen Sonntagsschlendergang anzutreten: von der Bergstation der Lenggrieser Brauneckbahn über den grünen, felsgespornten Grat hoch überm weiten Vorland zu bummeln, dann hinterm Latschenkopf tief hinab in die Versenkung der Probstalm zu steigen, wo Wasserfall, Bachgumpen, bemooste Ahorne mit feurigem Blattwerk und stille Rasenmulden zur idyllischen Rast mahnen, und endlich unter der grauen Riesenkulisse der Probstenwand ins Längental zu gehen und durch einsame Almgärten und dunkle Waldsteige hinauszuwandern nach Arzbach oder Lenggries . . . Ich habe dieses Sonntagsvergnügen einmal mit drei, aber auch schon mit sechs Kindern zwischen vier und zwölf Jahren absolviert, und das Herz lachte mir im Leibe, immerzu, auch noch im Wald nach Lenggries, wo sich die Jüngste Blasen gelaufen hatte. Man geht also von der Bergstation, 1530 m, immer westlich, einmal auf rundem Rücken, dann am schmalen Grat, über den Schrödelstein, 1540 m, bis der elegante Felszacken des Kirchstein, 1676 m, und gleich nachher der Latschenkopf, 1712 m, erreicht sind (2 Std.). Hier kann man faul rasten und über die Seen bis zum Dachauer Schloß schauen, oder aber ins Karwendel und bis in den Chiemgau. Man kann es nicht, wenn die Kinder wie kleine Hunde jeden Kletterfelsen – und die liegen da in Mengen herum – anspringen und, des Vaters Hand unterm Hinterbrüstchen, senkrechte Nordwände und tolle Risse und Kanten erstbesteigen müssen. Nach diesem Amüsement geht es steil – zu Pfingsten auf Schneeresten abrutschend – zur Probstalm hinab mit ihren Wildwasserspielen, ihrem alten Ahorngarten und sanften Wiesenboden: ein enger, weltabgeschiedener, grüner Kessel, aus dem die jungen Bergwasser einen turbulenten Weg hinab ins Längental suchen. Und was für ein Weg ist das! Wasserfälle und Gumpen in Masse, und der Abstiegsweg nebenher, und über dem Wanderer himmelhoch die senkrechte Probstenwand. An der Kirchsteinhütte vorbei geht es nach Arzbach hinaus. Da die alte Kirchsteinhütte nicht mehr bewirtschaftet wird, nehme man heimlich ein Bier mit . . .

Deutschland / Tegernseer Berge / 4–5 Std. / HU: 935 m

58 Zwischen Wallberg und Plankenstein

Über den Röthensteiner See zur Monialm

TALORTE Rottach-Egern am Tegernsee, 735 m; Tegernsee, 740 m; Bad Wiessee, 740 m

AUFFAHRT Kleinkabinenbahn von 800 auf 1620 m (Wallbergbahn)

HÖCHSTE PUNKTE Wallberggipfel, 1722 m; Setzberggipfel, 1712 m; Grubereck, 1670 m; Plankensteinsattel, etwa 1680 m

RASTORTE Wallberghaus, 1500 m; Monialm, 952 m (bewirtschaftet)

BESTE ZEIT UND AUSRÜSTUNG Juni bis Ende Oktober. Leichtbergschuhe, unbedingt Wetterschutz und kleinen Proviant mitnehmen. Die Wege erfordern eine gewisse Trittsicherheit, sind aber ungefährlich, auch für Kinder ab 10 Jahren. – Unbedingt mit Topogr. Karte, L 8336 (Miesbach), 1: 50 000!

BILD Den Setzberg hinter uns, erreichen wir nach zwei guten Stunden meist ebenen Flanierens dieses echte »Tegernseer Voralpengemälde« mit dem säulenreichen Plankenstein (Bildmitte). Rechts der schwarze Sockel vom viel höheren Risserkogel. Unten links im Vordergrunde der kleine einsame Bade- und Verlobungssee, wie ich bezeugen kann: auch Röthensteiner See genannt. Letzte Fichten, Latschengärten und viel gute Geister in der strengen Bergluft. Dahinter die ganze Rotwandgruppe.

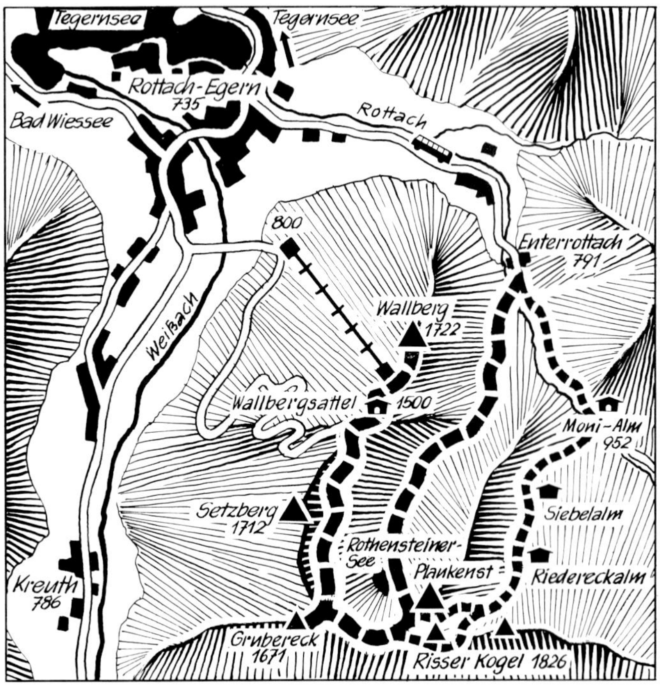

Gewiß, man kann vom Wallberggipfel zum Wallberghaus absteigen und dann nordwärts hinab zur Wallbergstraße und ins Tal – doch das hat wenig mit Stille, Einsamkeit und Wanderglück zu tun. Nordwärts gehen viele, südwärts wenige. Also müssen Sie von der Bergstation, 1620 m, über das Wallbergkirchlein zum Wallberghaus, 1500 m, absteigen, dann aber aller Menschengesellschaft entsagen und südwärts zielen: müssen östlich unterm Setzberggipfel durchlaufen oder mit dem Lift auf den Setzberg, 1712 m, fahren und den reizenden Grat hinüber zum Grubereck, 1670 m, begehen. Rechts unten das Kreuther Waldtal, links der gottverlassene Röthensteiner See; vor uns der hübsche Grat zum Risserkogel, 1826 m, den wir aber nicht bis zum Gipfel begehen – wir zweigen 100 Meter vorher links ab zum Plankensteinsattel, genießen am Fuße der senkrechten Plattenwände die Wonnen des gefährlichen Lebens und steigen dann scharf nördlich, in einigen kurzen Serpentinen, zum kleinen Röthensteiner See hinab. Sie werden auf diesem kurzen Abstieg kaum weniger als 10 Gemsen in Ihrer unmittelbaren Nähe entdecken. Dieser Röthensteiner See (im Bild unten links) ist ein wahrhaft paradiesischer Fleck, und wiewohl man von ihm aus die kaffeetrinkenden Wallbergbahngäste sichtet, rastet (oder badet) man meist selber in absoluter Einsamkeit. Der weitere Abstieg über die nahen Almen, später durch schönen Bergwald, hinab zur Straße Enterrottach–Monialm, wird ebenfalls wenig begangen. Von Enterrottach aus, das man von der Bergstation in knapp 5 Std. Abstieg erreichen kann, läuft man etwa 35 Minuten zur Talstation des Wallbergs, übrigens auf einem reizenden Weg am Waldrand. – Der Abstieg über Plankensteinsattel, Riedereck und östlich unterm Siebligrat zur Siebelalm hinab ist zwar noch einsamer als der geschilderte, aber mehr für erfahrene Waldläufer und nur bei trockenem Wetter anzuraten. – Wer sich in diesem reizenden Tegernseer Vorgebirg nicht nur verloben will (wie der Autor unter dem Plankenstein), der steige nicht nur in den Plankensteinsattel, sondern überschreite den wuchtigen Risserkogel und steige jenseits gerade südlich hinab zur Rißalm, hier rechts am Hang eben bis zur Diensthütte, dann steil hinab zum Bus nach Bad Kreuth!

Österreich / Tirol / Rofan / 2½–3½ Std. / HU: 890 m

59 Vom Rofan zum Achensee

über den Dalfazer Hochleger

TALORT Maurach am Achensee, 958 m

AUFFAHRT Kabinenbahn von 958 auf 1840 m an der Hütte

HÖCHSTER PUNKT Erfurter Hütte an der Bergstation, 1834 m. Evtl. Hochiß, 2299 m, für trittsichere Bergwanderer (2 Std. ab Hütte, markiert!)

RASTORTE Erfurter Hütte; Dalfazer Hochleger (einfache Wirtschaft), 1690 m; Gasthaus Buchau an der Achenseestraße, 950 m

BESTE ZEIT UND AUSRÜSTUNG Juni (Alpenrosen) und Herbst. Gute Leichtbergschuhe sehr anzuraten! Wetterschutz! – Mit FB-Wanderkarte, Blatt 31!

SCHLIMMER HINWEIS Diese Rofantour ist neuerdings durch die gierigen Münchner Kurzstreckenalpinisten etwas überlaufen. Parken unten 30 Kfz, dann nichts wie hinauf, parken mehr als 300, dann nichts wie um den Seezipfel herum rechts hinüber ins Falzturntal des Karwendel flüchten! – Oder sofort um das Südende des Sees bis Pertisau: Wagen am nördlichen Ortsende am Seeufer lassen und dann in vollkommener Stille das einsame Steiglein dicht am Westufer – den ganzen See entlang, unter Berg- und Felswänden – bis zum Bus (Taxi) in Scholastika! 6 km = 2–3 Std.

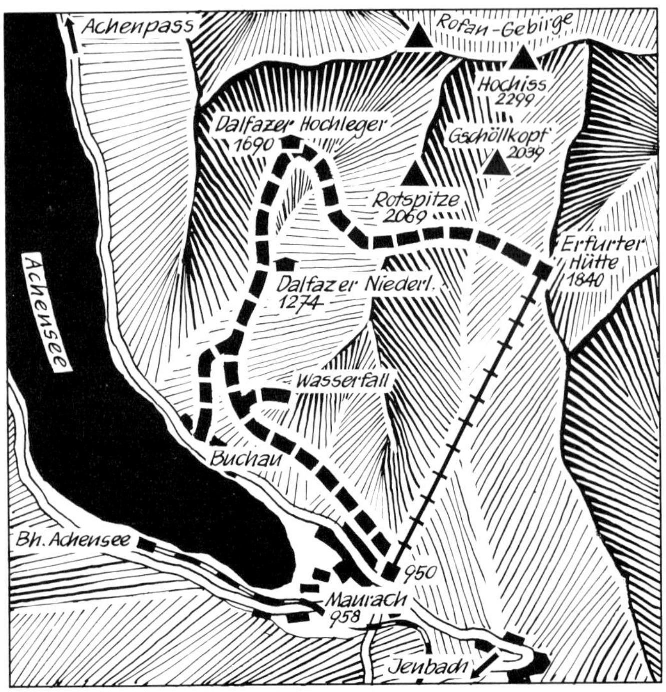

Das Rofangebirge, durch den neun Kilometer langen Fjord des Achensees energisch vom unübersehbaren Karwendelstock getrennt, überragt als merkwürdiges »Ruinengebirge« das ihm südlich vorgelagerte, tief eingeschnittene Inntal. Nach Norden fällt das Rofan in senkrechten Wänden ab, nach Süden fließt es in grünen, da und dort von Felsrampen und Steilwänden aufgehaltenen Almböden in den Hochwaldmantel hinab und weiter vor die Innwiesen. Viele Bergfreunde fahren vom Tegernsee durchs Kreuther Waldtal zum Achensee und die neue Paradestraße hinab zum Inn – sie sollten ihre Fahrt einmal in Maurach am Achensee-Ende unterbrechen und mit der neuen Kabinenbahn aufs Rofan hinaufgondeln, wo um die alte Erfurter Alpenvereinshütte herum tausend stille Plätze warten: sie sähen übers halbe Land Tirol hin . . . Wer sich satt gesehen hat und gesund ist an Leib und Seele – der sollte aber nun nicht mit der Bahn, sondern zu Fuß zurückkehren ins Tal, sollte von der Erfurter Hütte, 1834 m, westlich, später nördlich den Steig zum Dalfazer Hochleger, 1690 m, suchen, wo man unter Gschöllkopf, 2039 m, und Rotspitze, 2069 m, durch eine noch ganz unversehrte Urlandschaft absteigt. Alte, knorrige Zirben, herb duftende Latschenbündel, kalkweiße Felskulissen, Blumenteppiche, Alpenrosen und nur wenige Menschen am Wege und der Achensee in allen Tönen von Grün und Blau tief unten – man muß immer wieder stehenbleiben. Vom bewirtschafteten Dalfazer Hochleger geht es in Serpentinen steil zum Dalfazer Niederleger hinab (1274 m, 2 Std. ab Erfurter Hütte). Hinterher, gleich nach dem Eintritt in den Wald, sollte man rechts zum Wasserfall abbiegen. Beim letzten Wegstück halte man sich immer links am Hang, wo ein Waldweg zur Talstation den Marsch auf der nahen Autostraße erspart. – Wer mit einer der ersten Morgenkabinen zur Erfurter Hütte auffährt und bergerfahren ist, der sollte (auch mit trittsicheren Kindern ab 10 Jahren!) folgenden Berggang unternehmen: Hütte – markierter Steig zum Hochiß, 2299 m – dann westlich zum Roten Klamml und steil und vorsichtig hinab zum Klobensattel und zur Oberen Dalfazer Alm. Weiter wie am beschriebenen Abstiegsweg gehen . . . bei Gutwetter eine Pracht- und Aussichtstour von 5–6 Std. Dauer!

Dieses Rofangemälde muß man in seinen Details genießen. Es ist ein Luftfoto und zeigt im unteren Teil, ziemlich dramatisch, den Lauf der Welt mit der von Wetter und Wolkenlaunen verursachten Verwitterung und Auflösung an sich seriösen Kalkgesteins: es sind Teile des hoch über den Innwassern stehenden Ebnerjoches. Darüber steht klein und weiß die Bergstation der Rofanbahn (in der Bildmitte). Oben links der gezackte Dalfazer Kamm, unter dem wir links am Bildrand durchgehen, um Obere und Untere Dalfazer Alm zu passieren ... Rechts oben das Hochiß, mit 2299 m höchster Gipfel des Rofans.

Österreich / Tirol / Rofangebirge / 3 od. 6 Std. / HU: 1220 m

60 Vom Zireinersee zur Brandenberger Ache

Kramsach – Roßkogel – Mariathal – Inntal

TALORT Kramsach am Inn, 550 m (bei Rattenberg). – Talstation bei Mariathal an der Brandenberger Ache, 580 m. – Anfahrt auf der Inntalautobahn von Brixlegg–Rattenberg her

AUFFAHRT Mit Sesselliften von 580 auf 1800 m Höhe auf die Südschulter des Roßkogels, 1940 m – Südrampe des Rofanstockes

HÖCHSTE PUNKTE Bergstation, 1800 m – Roßkogel, 1940 m. – Oder im vergrößerten Abstiegsweg Östlicher Latschbergsattel, 1800 m

CHARAKTER Der direkte Abstieg über die sehr hohe Distanz von 1220 Höhenmeter sollte nicht auf Lifttrasse oder Skipistenstraße erfolgen. Am besten steigt man zum Roßkogelgipfel, 1940 m (25 Minuten) auf und begeht die rechts geschilderte Route. – Ausrüstung unbedingt mit Anorak, Kapuze, Handschuhen, guten Bergschuhen!

DIE BESTE KARTE Freytag-Berndt-Wanderkarte 1:100 000, Blatt 31, Rofan und Tegernseer Berge. – Evtl. auch Kompaßkarte 1:50 000, Blatt 27, Rofan. – Literatur: Pause / Mit glücklichen Augen, »Abenteuer im Rofan«, Neuauflage 1977/78, BLV

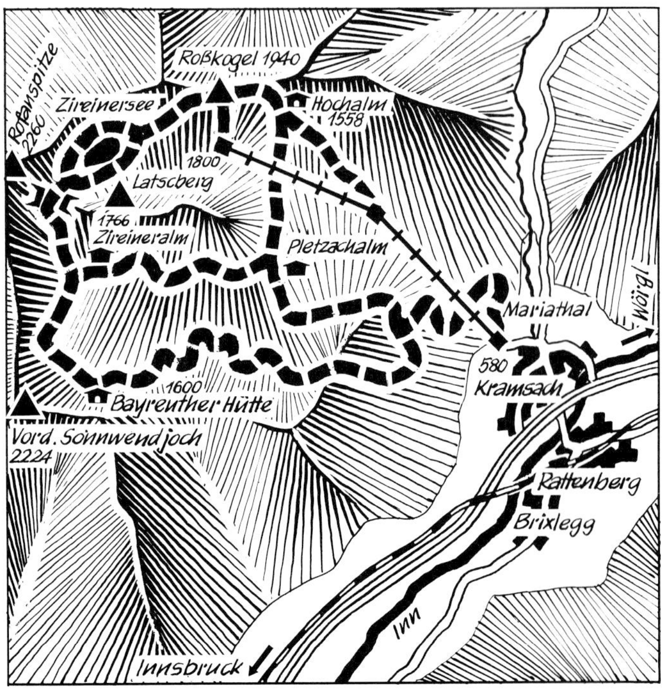

Unser Luftbild lügt nicht – diese strenge Landschaft unter der kühnen Ostkante des Rofanstokkes, hoch, hoch über dem hier tief eingeschnittenen Inntalboden, ist eines der feinsten Ziele für einen Bergwanderer. Ein Schelm, der an der Bergstation direkt zur Talstation absteigen möchte! Man steigt seine knappen 30 Minuten zum Gipfel des nahen Roßkogel auf 1940 m Höhe empor, setzt sich auf eine Felsrampe und studiert, was wir im Bilde sehen: die kühnen Formen von Rofanspitze und Sagzahn, den breiten Wall des Vorderen Sonnwendjoches, die verwegene Wegführung des Schafsteiges bis unter die hohen Gipfel und das weltentlegene Wildbecken um den Zireinersee . . . Nun steigt man also hinab zu diesem See, unterläuft den Schauertalsattel südlich, träumt eine lange Rast und überschreitet dann südwärts den Latschberg auf einem Steigerl, um in die Riesenmulde der Zireineralm zu gelangen, direkt unter den Sockel des Sagzahn. Abermals eine Traumlandschaft – weit, weit drüben die Zillertaler Gletscherberge, der Großvenediger und bald auch das lange Zillertal unter uns, das Inntal . . . Wir können keinen besseren Abstiegsweg gehen als diesen, auch wenn er uns zwei geringe Gegenanstiege auferlegt. Niemand wird hinterher schelten! . . . Man bummelt also von der Zireineralm weiter – aber nun nicht mehr süd-, sondern streng ostwärts –, kommt bald zur Ludoialm im großen Skikessel, kommt auch bald zur Pletzachalm, alle am Südhang. Der Steig senkt sich immer steiler, bei der Pletzachalm zielt er südlich hinab und dann wieder östlich um den Pletzachkopf herum, und nun geht es dem Ziele zu, geht's auf Waldsteigen durch das »Rote Geschöß« zur Talstation bei Mariathal. – Wer will, kann von der Zireineralm, 1766 m, den Südhang meiden und die Bucht ausgehend zur nahen Bayreuther Hütte gehen: 1600 m hoch, bewirtschaftet. Die kleine Gegensteigung lohnt sich mehrfach, erstens wegen der Einkehr, zweitens wegen des vielleicht besseren Steiges hinab zur Talstation. – Für Kerle, die auf Abenteuer aus sind, lehrt die Wanderkarte einen herrlich vereinsamten Steig vom Roßkogel nordwärts über Kreuzeiner, Labeckalm und Burgstall hinab zur Brandenberger Ache am Wirtshaus Gwercher – dann südwärts mit den Wassern nach Kramsach!

Blick aus dem Flugzeug auf die Ostkante des Rofanstockes mit (von rechts oben) Rofanspitze, 2260 m, Sagzahn, 2239 m, und Vorderem Sonnwendjoch, 2224 m. Links vorne der Kessel der Zireinalm, vorne Mitte der Latschberg, 1943 m. Der Flugfotograf befindet sich über dem Zireinersee. Links unter der Rofanspitze windet sich der wichtige »Schafsteig« (teils mit Sicherungen) in Serpentinen durch die Felsabbrüche zum breiten Schafsteigsattel empor. In der Mitte des linken Bildrandes kommt der Steig von der Bayreuther Hütte herauf. Nach links unten führt auch unser Abstiegsweg aus dem Kessel der Zireinalm zur Pletzachalm und weiter zur Talstation des Kramsacher Rofanliftes.

Deutschland / Schlierseer Vorberge / Gehzeit 4–6 Std.
HU: 800 m

61 Taubenstein und Rotwand-Reibn

Auf und ab rings um die Rotwand

TALORTE Schliersee, 740 m – Spitzingsee (Parkplätze), 1085 m

AUFFAHRT Mit der Gondelbahn vom Spitzingsee bis zum Taubensteinsattel, 1650 m

CHARAKTER Klassische Familienwanderung für einen Tag mit Anfahrt und Rückfahrt. Einfacher und kürzester Abstieg nur 2½ Std. – Die vorgeschlagene »Rotwand-Reibn« setzt dem Abstieg die Umwanderung des Rotwandstockes voraus und kostet bis Spitzingsee 4–6 Std. Zeit. – Die Variante über Rotwandhaus – Pfanngraben – Valepp – Spitzingsee mit Badeeinlagen verlangt trittsichere Kinder und mit Rasten 5–6 Std.

HÖCHSTE PUNKTE Taubensteinsattel, 1650 m. Oder Kirchsteinsattel, 1780 m. Oder Rotwand-Gipfel, 1885 m, bzw. Rotwand-Haus, 1756 m

AUSRÜSTUNG Normale Bergkleidung mit Anorak und Kapuze, feste Bergschuhe, bei Variante Pfanngraben mit Badesachen. Immer mit der Freytag-Berndt-Wanderkarte 1:100 000, Blatt 31. Oder mit der 1:50 000er Wanderkarte »Mangfallgebirge« des Landesvermessungsamtes

Das Rotwandgebiet hinter Schliersee und Tegernsee, bislang von Bergbahnen verschont, hat dem Massenansturm der Münchner Skifahrer eine Gondelbahn vom Spitzingsee über die Schönfeldalm zum Taubensteinsattel zu danken. Weil vorhanden und mit keiner Wut zu verscheuchen, nützen wir sie. Aber wir brechen an der Bergstation am Taubenstein sofort aus und suchen die Stille. Nur wer schnell ins Tal absteigen will (oder aus Zeitgründen muß), der bleibt im Bereich der Bahn. Er gönne sich aber unbedingt den nahen Rauhkopf, 1691 m, der dicht nordwärts über der Bergstation liegt und jenseits wenigstens eine relative Stille bietet. Von ihm aus laufen wir den großen Skihang hinab zur Oberen Schönfeldalm (Einkehr), queren dann unter den »Wilden Fräulein« – betagten Felstürmen hoch über uns am Jägerkampgrat – zum Lochgraben und steigen die Skiabfahrtstraße hinab. – Ein anderer Abstieg: Taubensteinsattel – Querung unterm Taubenstein hindurch zur Unteren Wallenburger Alm – Abstieg am »Telegrafenhang« zum Rotwandweg – Heimmarsch (mit Blick aufs Schinderkar) zum Spitzingsee. – Unser Haupttip: Von der Bergstation oberhalb des Taubensteingipfels streng südwärts querend zur Oberen Wallenburger Alm – am halben Hang weiter zum Felskopf des Kirchstein – Abstieg unterm Rotwandgipfel durch zur Brotzeit am Rotwandhaus – Abstieg Kümpfelscharte (rechts die Ruchenköpfe) – Querung des Rotwandgipfelhanges (im Bild) zum Miesingsattel – Abstieg Kleintiefental und Querung zum Taubensteinsattel: ab hier wie beim Direktabstieg zu Tal. – Oder als Geheimtip: Von der Bergstation über Lempersberg – Kirchsteinsattel – Rotwandhaus (Brotzeit) zur Kümpfelscharte ... hier aber südwärts (nicht nordwärts!) gegen das Hintere Sonnwendjoch zu und tief hinab zur Kümpfelalm, dann am Serpentinensteig in den wilden Pfanngraben hinunter. Man läuft, bis man links hinab ans Wasser kann, und vertut dann einige Stunden mit Baden, Duschen, Tauchen, Faulenzen – es gibt 999 Badewannen, fein ausgeschliffen im Kalkgestein, kräftige und sanfte Brausen, aber auch kleine Stromschnellen. Forellenfang ist nur dem erlaubt, der viel Zeit hat für eine lange Haftstrafe ... Dann bummelt man hinaus und hinauf zum Spitzingsee.

Blick in das Großtiefental der Rotwandgruppe, das wir in einer Abstiegsvariante ab Taubenstein-Bergstation passieren. Rechts der schwarze Grat zum unsichtbaren Rotwandgipfel. Links das Rotwandhaus, unter ihm die Kümpfelscharte und der gut sichtbare, die Rotwand nach rechts querende Weg zum Sattel ins Kleintiefental. Im Hintergrund links der Schinder, rechts Halserspitze und komplettes Karwendel am Horizont.

Deutschland / Schlierseer Berge / 3–3½ Std. / HU: 1329 m

62 Abstiege vom Wendelstein

zum Inn und zur Leitzach

TALORTE Brannenburg am Inn, 509 m. – Osterhofen, 800 m, bei Bayrischzell

AUFFAHRT Zahnradbahn von 509 auf 1740 m ab Brannenburg. – Kabinenbahn ab Osterhofen: 800–1730 m

HÖCHSTER PUNKT Wendelsteingipfel, 1838 m (20 Min. ab Bergstation auf gesichertem Steig)

RASTPUNKTE Berghotel, 1740 m; Mitteralm-Hütte, 1160 m

BESTE ZEIT UND AUSRÜSTUNG Juni bis Ende Oktober. Leicht und ungefährlich, auch als Familienstrecke. Aber nur in festen Leichtbergschuhen, mit Wetter- und Wärmeschutz. – Mit FB-Wanderkarte, Blatt 31!

BILD Der erste Kessel im Abstieg vom Wendelsteinkirchlein zur Zeller Scharte und von dort über Soin-Alm, Mitteralm und Aipl nach Brannenburg im Inntal. Noch schaut man gegen Westen ins Leitzachtal hinab, nach den Serpentinen folgt die energische Wendung nach Osten zum Inn

Auf den bayerischen Rigi – auch Wendelstein genannt – führen neuerdings zwei Bergbahnen: 1. eine herrlich altmodische, wunderbar gemütliche Zahnradbahn aus dem Inntal bei Brannenburg – und 2. eine flotte moderne Kabinenbahn vom Leitzachufer bei Bayrischzell. Auf dem wegen seiner Überfüllung, aber auch wegen seiner Aussicht berühmten Gipfel wohnt ein Wetterfrosch in Staatsdiensten und dicht darunter im Kircherl lassen sich sentimentale Stadtfräcke trauen. So ist das hier! Aber wer abseits des Bahnpublikums ein stilles Platzerl findet, der schaut halt doch auf ein Gemälde vom alten Kobell, auf eine typisch oberbayrische Voralpenlandschaft mit letzten Waldkuppen, Moosböden, felsigen Kulissen, mit Seeplatten, Talbuchten – und da und dort schamlosen Andenken an die windige Betonindustrie. Draußen schwimmt schönstes Voralpenland in den trüben Dunst des Nordens hinaus ... Aber wir müssen ja absteigen! – 1. Wir wenden uns vom Wendelsteinkircherl nordöstlich in den steilen Kessel hinab (Bild) und kommen über gut ausgehauene Felsstufen leicht zur Zeller Scharte und nach kurzem Gegenanstieg auch auf den Soinsattel (30 Min.). Almrausch begleitet uns zum kleinen Soinsee, dann folgt schon die klassische Rastmulde zwischen Kesselwand, Seewand und Soinwand – alles schön stad und altmodisch. Es geht bald noch steiler in das »Gschwant« hinein, dann an Blocktrümmern vorbei über den »Gleishang« und zur Brotzeit in der Mitteralm, 1160 m. Später kommen wir durch ein steiles Hochtal zur Station Aipl, 980 m, dann lassen wir uns auf flacheren Wegen ostwärts hinabtreiben zum Mühlbach und über die Krapfenhöh nach Brannenburg. – Der Abstieg 2: Vom Kircherl südwärts hinunter, erst recht steil, dann flacher über Kreuteralm und Hochkreut – immer Sudelfeld und Wilden Kaiser im gaffenden Auge ... Auf der Wald- und Wiesenrampe von Hochkreut scharf nordwärts und dann steil hinab nach Osterhofen zur Talstation. – Also zwei grundverschiedene Abstiege: der alte und auch altmodisch gemütliche weit hinaus zum Inn-Ufer – und der steile, in der Südflanke das Sudelfeld anpeilende und bis zur Talstation Knie und Wadeln schikanierende neue Abstieg. – Ich habe in der Skizze nur den alten Abstieg dargestellt: er hat so etwas Klassisches!

Österreich / Karwendel / 4½–7½ Std. / HU: 1764 oder 1484 m

63 Am Goetheweg zur Arzlerscharte

Hafelekar – Mandlscharte – Innsbruck

TALORT Innsbruck, 570 m

AUFFAHRT Mit Hungerburg- und Nordkettenbahn von 570 auf 2334 m

HÖCHSTE PUNKTE Hafelekar, 2334 m; Mandlscharte, 2279 m; Thaurerjöchl, etwa 2200 m. – Zeiten ab Hafelekar-Bergstation: I bis Hungerburg 4–5 Std.; II bis Hall 5–7 Std.; III bis Hungerburg 5–7 Std.! Alpine Erfahrung vorausgesetzt!

RASTPUNKTE Evtl. Pfeis-Hütte ÖAV, 1947 m. – Im Abstieg nach Innsbruck die bewirtete Rumeralm, 1243 m, evtl. Enzian-Hütte, 1115 m, oder Rechenhof (Wirtshaus), 1000 m

BESTE ZEIT UND AUSRÜSTUNG Juni bis Ende Oktober. Nur in ganz festen Bergschuhen, mit Wetter- und Wärmeschutz sowie Proviant im kleinen Gepäck! Auch für gehtüchtige Kinder ab 12 Jahren, wenn absolut trittsicher! – Mit FB-Karte, Blatt 33!

WARNUNG Direkt vom Rumerspitz-Gipfelgrat südwärts abzusteigen, ist nur erfahrenen, absolut trittsicheren Bergwanderern erlaubt. Sonst nur von einem der beiden Joche absteigen!

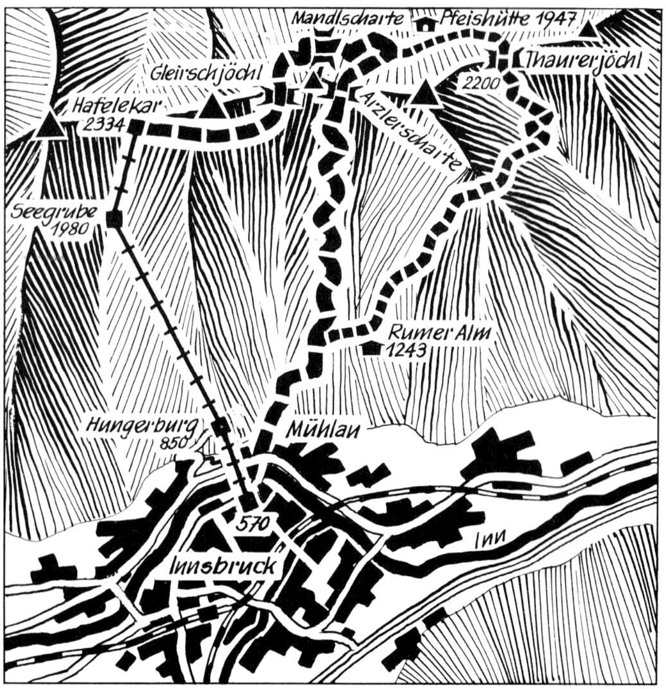

Man sollte diesen Weg im Herbst machen, wenn sich die Bergbahn-Kassierer über das Ausbleiben der »Fremden« ärgern und das Inntal unter dikken, blauen Dunstbetten liegt – von oben gesehen. Dann ist es nämlich zwischen Hafelekar und Mandlscharte, wo man stets volle 1700 Höhenmeter über der Inntalfurche dahinwandert, um so heller, klarer und einsamer. Und dann stehen Zillertaler, Tuxer und Stubaier Gipfel vom Alpenhauptkamm gegenüber im goldenen Glanz der späten Sonne, unbegreiflich nah und deutlich . . . Man fahre frühmorgens von Innsbruck, 570 m, über die Hungerburg, 850 m, und den »Sonnengrill« Seegrube, 1980 m, zum Hafelekar, 2334 m, und gehe ostwärts davon, den ebenen »Goetheweg« dahin. Es folgt das kurze, jähe Auf und Ab an der Mühlkarscharte und ein Dakapo an der Mandlscharte. Der Weg ist bestens markiert, in 2 Std. haben wir leicht die klassische Innsbrucker Berggängerrast der Mandlscharte, 2279 m, erreicht und können nun wählen: es gibt drei verschiedene Wege, einer so schön wie der andere, nur verschieden lang. Der kürzeste Weg I zieht von der Mandlscharte scharf südwärts zur nahen Arzlerscharte und über sie hinab zu endlos langen und steilen Sandreißen, die man unangenehmerweise nicht immer stehend »abfahren« kann (wenn man gute Bergschuhe anhat und kräftig mit den Fersen aufspringt). Die Arzlerscharte ist 2162 m hoch, bis zur Hungerburg, 850 m, muß man also seine 1300 Höhenmeter absteigen. Das geht scharf in die Knie! – Ein Weg II, länger und schöner, führt über der Pfeis-Hütte dahin (die man links unter sich läßt) zum Stempeljoch, 2218 m (kurz schwierig für nicht trittsichere Geher!), und das wunderschöne Halltal hinaus in die Salzstadt Hall zu Bus und Bahn. Weg III sei nur sehr berggewandten und sehr trittsicheren Bergfreunden empfohlen: er führt bis knapp vor die nahe Arzlerscharte und dann den leichten Kletter- und Westgrat zur Rumerspitze auf 2463 m hinauf. Eine entzückende, leichte Klettertour von 1 Std. Dauer bis zum Gipfel! Vom Gipfel muß man genau südwärts über sehr steile Gamsänger, zum Schluß über Sandreißen hinunter zur Rumeralm bzw. bis zur Hungerburg absteigen: ein großartiger, aber gar nicht einfacher Weg: niemals bei Nebel und Nässe, Reepschnur nicht vergessen!

Blick von Norden aus dem Flugzeug auf den letzten Teil des »Goetheweges« (ab Bergstation Hafelekar) zur Mandlscharte (links). Jenseits dieser Scharte liegen rechts Arzlerscharte und Rumerspitze, links das große Wildkar um die Pfeishütte. Im Hintergrund erkennt man die Gipfel der Tuxer Schieferalpen um Gefrorene Wandspitze und Olperer.

Österreich / Tirol / Stubaier Alpen / $3\frac{1}{2}$–$4\frac{1}{2}$ Std. / HU: 960 m

64 Vom Elfer ins Pinnistal

Unterm Habicht zur Herzebenalm

TALORT Neustift, 993 m

AUFFAHRT mit Sessellift von 990 m auf 1800 m; Talstation mit großem Parkplatz

HÖCHSTE PUNKTE Elferhütte, 1950 m; evtl. Elferspitze, 2499 m (für trittsichere Geher!)

RASTORTE Elferhütte, privat, 1950 m, nach Wiederaufbau gut; Pinnisalm, privat, 1559 m; Gasthof Herzeben, privat, 1270 m

BESTE ZEIT UND AUSRÜSTUNG Mitte Juni mit Oktober. Unschwierig; Aufstieg zum Gipfel zuletzt etwas exponiert. – Abstieg zur Pinnisalm auf neuem Steig! Leichtbergschuhe und Wetterschutz! – Freytag-Berndt-Wanderkarte, Blatt 24 (Stubaier Alpen)

BILD Der untere Boden des vom Habichtmassiv abziehenden Pinnistales mit der Herzebenalm. Links oben sieht man Kirchdachspitze, Ilmspitze und Kalkwand. Wir kommen hierher von rechts oben, also von der Elferhütte, um nach der Einkehr beim Herzeben-Wirt hinaus ins Stubaital zu laufen.

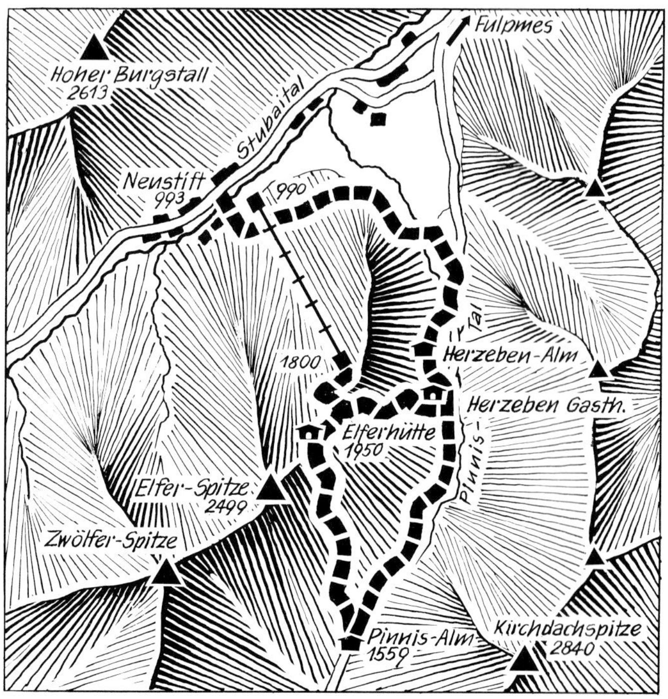

Vom Habicht aus, dem mit kleinen Gletscherdekken bekrönten Vorposten der Stubaier Hauptkette zwischen Gschnitz- und Stubaital, zieht gegen Nordosten ein kleiner Seitenarm aus Urgestein. Diesem Urgesteinskamm sind an seinem Ende, hoch über Dorf Neustift, einige respektable Kalktürme aufgepfropft: die Elfertürme. Dicht unter ihnen steht die Elferhütte auf 1950 m Höhe, und nur wenig tiefer am Waldrand endet der vom Stubaital heraufkommende Sessellift. Er nennt sich »Hochstubailift«, was nach Angabe klingt; aber man verzeiht sogleich, wenn man die umfassend große Ausschau genießt. Sie wird zum großartigen Rundblick, während wir die 20 Minuten vom Lift zur Hütte aufsteigen – rechts unter uns als grünen Fleckerlteppich das ganze Stubaital, über ihm die Eisberge um die Franz-Senn-Hütte und anschließend die Kalkkögel. Südwärts überm Pinnistal (in das wir hinabwandern) stehen Serles, Kirchdachspitze und Ilmspitzen. Haben wir das Zeug, um von der Hütte noch weitere $1\frac{3}{4}$ Std. bis zur Elferspitze, 2499 m (erst am Schluß des Kammes mit ganz leichter Kraxelei) aufzusteigen, so stehen wir dem Habicht dicht gegenüber. – Abstieg: Von der Hütte am Kamm abwärts zur Liftstation, dann scharf rechts auf deutlichem Steig gegen das Pinnistal zu. Dieser Steig windet sich in steilen Serpentinen bis hinunter zum Gasthof Herzeben, 1270 m, im unteren Talboden. Viel schöner aber ist es, von der Hütte direkt südlich auf dem neuen, markierten Wanderweg an steilen grasigen Osthängen zur Pinnisalm, 1559 m, hinabzusteigen – wobei freilich ausreichende Trittsicherheit vonnöten ist. Mit Kindern nur, wenn sie am Wege bleiben! Man könnte nun aus dem Talboden mit dem gelegentlich verkehrenden Jeep hinaus nach Neder am Stubaitalrand fahren – viel klüger ist's, man geht zu Fuß. Entweder am schmalen Fahrweg oder – schöner – an dem in Herzeben links abzweigenden Weg über die Herzeben-Alm. Ab dort nicht eben weiter, sondern zwischen den Hütten rechts durch einen Wiesengrund und lichte Lärchen. Wir stoßen wieder auf den Fahrweg, wandern neben dem rauschenden Pinnisbach talaus, bis der Fahrweg wieder ans linke Ufer setzt. Gleich darauf, oberhalb der Häuser von Schmieden, führt ein Abkürzer zur »Obergasse«, und links zur Talstation.

Österreich / Ötztaler Alpen / 2 od. 6 Std. / HU: 752 m

65 Riffelsee – Taschachhaus

Fuldaer Höhenweg – Taschachbach – Mittelberg

TALORT Plangeross, 1617 m, im Pitztal, ab Imst. – Mittelberg, 1740 m, im Talschluß. – Sessellift Mandarfen–Riffelsee!

RAST / UNTERKUNFT Riffelseehütte, 2293 m, am Riffelsee. Lift ab Mandarfen, 1682 m. – Taschachhaus AV, 2434 m, unterm Sexegertenferner

ABSTIEG Entweder direkter Abstieg Riffelseehütte–Mandarfen (HU: nur 452 m). – Oder fast ebener Fuldaer Höhenweg ab Riffelsee bis Taschachhaus, dann Abstieg neben dem Taschachbach bis Mittelberg (Bus)

HINWEIS Der gut 4stündige, immer in 2200 bis 2400 m Höhe verlaufende Steig Riffelseehütte–Taschachhaus ist nur bei sicherem Wetter auch mit Kindern (ab 12 Jahren) zu begehen! – Man nächtige nicht auf der meist überfüllten Riffelseehütte, sondern fahre mit dem ersten Morgenlift zum See hinauf. Das reicht für die große Tour: 4 Std. bis Taschachhaus + 2 Std. Abstieg von 2434 auf 1682 m (Mandarfen, Parkplatz). In diesem Falle nächtigt man am Taschachhaus

BESTE KARTE Freytag-Berndt-Wanderkarte, 1:100 000, Ötztaler Alpen, Blatt 25

BILD Blick über den Riffelsee mit der Riffelseehütte, gegen Seekogel (links) und Seekarleschneid im Kaunergrat. Im linken unteren Bildeck sieht man unseren »Fuldaer Höhenweg« nach links aus dem Bild rennen!

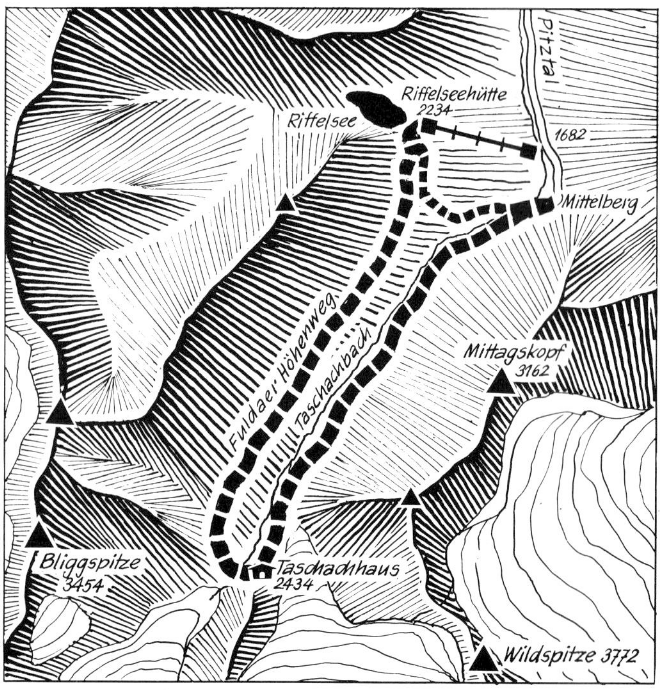

Dieser »Abstieg« von Riffelsee und Riffelseehütte – schnell zu erreichen im Sessellift ab Mandarfen – könnte als direkter, schneller Abstieg in knapp $1^1/_2$ Stunden bewältigt werden. Aber da könnte ein schlechtes Gewissen nebenher laufen! ... Deshalb schlage ich vor, diesmal mehr Bergfreund als Faulenzer zu spielen und eine kombinierte Bergwanderung zu machen, die mit einem rauschend schönen Abstieg – entlang den prallen Taschachbachwassern – endet: alles in allem 6 bis 7 Std.! ... Wir fahren also hochgemut zur Riffelseehütte hinauf, genießen den kühnen Anblick von Seekogel und Seekarleschneid (Bild) über dem Riffelsee, und gehen dann auf Südkurs. Das heißt, wir begehen so gut wie eben einen wunderbaren Höhenweg, nämlich den der AV-Sektion Fulda, vom Riffelsee immer süd-südwestwärts, immer auf den uns entgegenfließenden Sexegertenferner zu, bis zum Taschachhaus des AV, 2434 m hoch gelegen: vier Stunden etwa, bei einer Steigung von 200 Höhenmetern, die man gar nicht merkt. – Nach der Einkehr im Taschachhaus, den »Fuldaer Höhenweg« hinter uns, drehen wir auf Nordost und begleiten erst das Wasser vom Sexegertenferner, dann den Wildbach vom großen Taschachferner hinaus in den Talschluß nach Mittelberg oder Mandarfen – dorthin also, wo unser Fahrzeug steht ... Zu den 4 Std. ebenen Fuldaer Höhenweges kommen noch gut 2 Std., abwärts marschierend: das rettet die Ehre des passionierten Nurabsteigers. – Ich will niemanden zum Bergsteigen überreden, aber die Passage des Fuldaer Höhenweges, immer im Angesicht der Wildspitze, 3772 m, immer unterm Glanz des spaltenreichen Taschachferners, das ist starkes Erleben. Die Höhenwege sind gut markiert. Die uns begleitenden Ötztaler Gipfel erklärt uns die Freytag-Berndt-Karte ganz genau: von der Hohen Geige bis zum Polleskogel, von der Wildspitze bis zur Hochvernagt-Spitze. – Wem dies alles an Abstieg zu wenig ist, der steige (als geübter Geher) vom Taschachhaus aufs Ölgrubenjoch, 3013 m, und drüben steil, steil am Steig hinab bis zum Gepatschhaus, 1928 m. Dort schmeckt eine Halbe Bier genau zehnmal so gut wie an der Riffelseehütte: wetten wir? Wem das Pitztal gefällt, der sollte draußen vor dem Inntal von Hochzeigerhaus oder Venetberg absteigen!

Österreich / Tirol / Ötztaler Alpen / 3–4 Std. / HU: 736 m

66 Hohe Mut und Rotmoosferner

Zwischen Eiszungen nach Obergurgl

TALORT Obergurgl im Ötztal, 1927 m

AUFFAHRT Gaisberglift und Hohe-Mut-Lift, von 1927 m auf 2640 m

HÖCHSTER PUNKT Hohe Mut, 2663 m

BESONDERE BEMERKUNGEN Auch vom neuen Lift auf den Festkogel bietet sich ein bemerkenswert schöner Abstieg an, der vom Westrücken allmählich ins Gaisbergtal vor den gewaltigen Abbruch des Gletschers führt und zurück nach Obergurgl! Ein zweiter Tip also ab Gurgl!

RASTGELEGENHEIT Berghaus Schönwies, 2328 m

BESTE ZEIT UND AUSRÜSTUNG Ende Juni bis Ende September. Ungefährlich, aber leichte Bergschuhe mit Profilgummisohle, Wetter- und Wärmeschutz erforderlich. – FB-Wanderkarte, Blatt 25

BILD Im großartigen Abstieg von der Hohen Mut nach Obergurgl. Rechts unten das Rotmoostal, dahinter die Zunge des Rotmoosferners. Über ihm (von links oben) Scheiberkogel und Rotmooskogel – rechts der wilde Wasserfallferner mit den drei Seelenkögeln

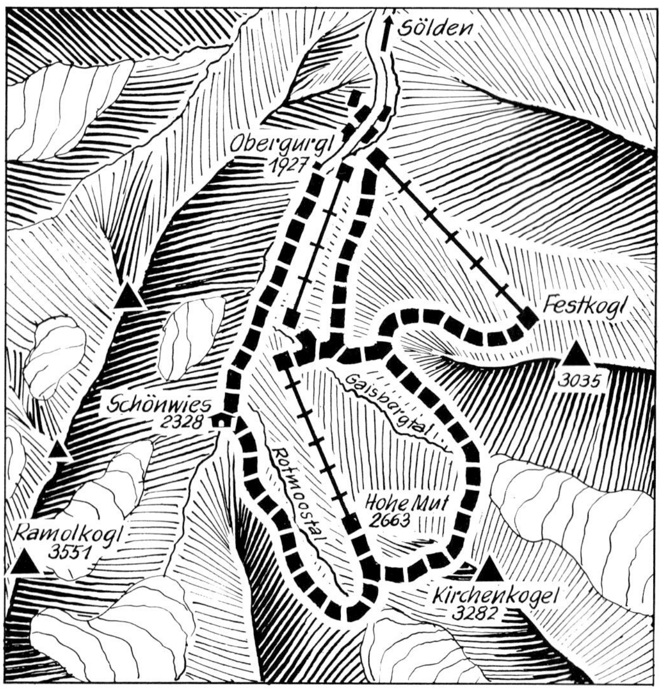

Die Hohe Mut, 2663 m, ist ein runder, stumpfer Urgesteinsrücken zwischen den tief eingegrabenen Gletscherbecken von Gaisberg- und Rotmoosferner. Bei Benützung der beiden Sessellifte ist man von Obergurgl, 1927 m, in 30 Minuten auf dem Gipfel. Am besten ist es, man schaut sich nicht in größerer Gesellschaft um, sondern tut es allein, indem man südwärts den Einsenkungen, 2574 oder 2650 m, zwischen Hoher Mut und Kirchenkogel zustrebt. Da gibt es zwischen den karg begrünten Kuppen und Mulden mächtige, braunschwarze Urgesteinsplatten, auf denen man einsam wie auf Göttersitzen lagert – links unten Gaisbergbach, dann Zunge, dann Eiswall und Gletscherstrom, rechts unten Rotmoosbach, Gletscherzunge und Rotmoosferner, darüber die mächtigen Dombauten von Hohem First, 3405 m, Kirchenkogel, 3282 m, Scheiberkogel, 3125 m, und, eisgepanzert bis obenhin, die drei Seelenkögel . . . Man steige gemächlich weiter in den Mutsattel, 2556 m (längst ist man allein in dieser großen Landschaft), und traversiere dann nach rechts vorsichtig die Hänge hinüber zur stets sichtbaren Zunge des Rotmoosferners. Das sind teils begrünte, teils nackte Blockhänge und Schrofen, die man mit offenen Augen und Trittsicherheit ungefährdet passieren kann – allerdings meist weglos. Unten am Gletscher lernt man nochmals das Staunen, ehe man sich am rechten Ufer des Gletscherabflusses talauswärts bewegt, Richtung Schönwies-Hütte, 2328 m. Hier, wo Haflinger Pferde im saftigsten Grün weiden, machen wir die verdiente Rast. Der Anblick des mächtigen Rotmoosbeckens mit Gipfeln, Gletschereis, Zunge, Moränenschutt und dem eiligen Getriebe der talwärts stürzenden Wasser hat, bleibt man nur lange genug sitzen, eine wohltätige Wirkung auf Gemüt und Geist. Wandert man hinterher, die Klüfte von Rotmoosbach und Gaisbergbach überschreitend, zurück zum Gaisberg und hinab ins alte Gletscherdorf, so wird man von Tausenden verrückter Skigeister umschwärmt, die eben hier jeden Winter ihrer schnellen Passion huldigen. – Übrigens kann man vom Mutsattel auch ostwärts (steil) zur Zunge des Gaisbergferners absteigen und dann den Gaisbach begleiten – hochdramatisch! Aber – rechts oder links – nur ganz trittsicheren Bergwanderern erlaubt!

Österreich / Stubaier Alpen / 2 oder 4 Std. / HU: 1092 m

67 Vom Eisgrat ins Stubaital

Dresdener Hütte – Fernauferner – Peiljoch – Sulzenau

TALORTE Fulpmes im Stubaital, 935 m. – Ranalt im Talschluß, 1260 m (Bus zur Talstation Mutterbergalm, 1758 m. – Kfz gestattet!)

AUFFAHRT mit Kabinenbahn ab Mutterbergalm, von 1758 auf 2850 m am »Eisgrat«. – Ab hier bei guten Verhältnissen zu Fuß in Firntrasse zum Bildstöckljoch am Sockel der Schaufelspitze (280 m Höhenunterschied = 45 Minuten)

HINWEIS Die im Haupttext erwähnte Variante »Dresdener Hütte–Peiljoch–Sulzenau« sollte nur von geübten Bergwanderern gemacht werden

BESTE KARTE AV-Karte Stubaier Alpen, 1:25 000 Hochstubai, Südblatt! Evtl. Freytag-Berndt-Karte, 1:100 000, Stubaier Alpen, Bl. 24!

RASTORTE UND EINKEHR Mutterbergalm, 1758 m. – Dresdener Hütte AV, 2302 m. – Evtl. neue Leipziger Hütte, AV, 2200 m

AUSRÜSTUNG Gute Bergschuhe, keine Leichtbergschuhe!

BILD Blick aus der Wilden Grube auf den Schaufelferner mit der Kabinenstation 2850 m auf dem »Eisgrat« (genaue Bildmitte!) – das ist die längliche Granitinsel im Ferner. Oben links die Schaufelspitze, rechts das Bildstöckljoch, 3144 m, und Stubaier Wildspitze, 3340 m.

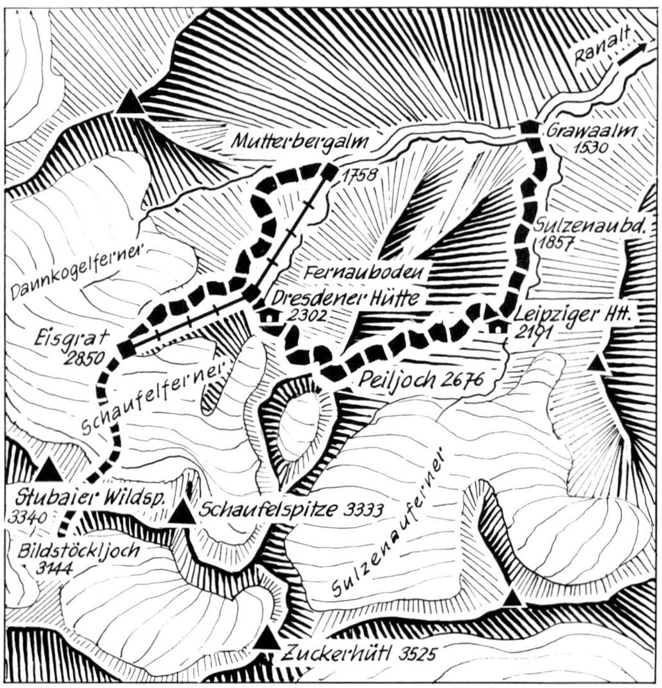

Innsbrucker und Münchner Skinarren kennen diesen hintersten Winkel der Stubaier Alpen auswendig: zwischen Dresdener Hütte und Bildstöckljoch, zwischen Eisgrat und Mutterbergalm sind ihnen alle Bahnen, Lifte, Pisten und Schikanen geläufig. Selbst im Sommer, wo sie ihre Pisten bis Ende Juli ausfräsen ... Wir romantischen Absteiger sehen nichts mehr vom Phantom des Skiwinters, wenn uns die große Kabine von der Mutterbergalm – direkt an der Dresdener Hütte vorbei – zur Station »Eisgrat« befördert. Dies ist eine letzte Felsinsel im Fernaugletscher, von der man auch ohne Schnee-Berührung zurück ins Tal steigen kann. Auf jener Granitinsel, an der uns die Kabine absetzt, sehen wir über uns Schaufelspitze, 3333 m hoch, Stubaier Wildspitze – eine Stufenleiter aus Granit, wir sehen den Aperen Pfaff und ringsum Schnee, Firn, Eis: das kühle Erbe des Skiwinters im ewigen Kampf mit der scharfen Höhensonne. Der kürzeste Abstieg: gemütliche 2½–3 Stunden, an der Dresdener Hütte vorbei, dann auf Sandreißen und durch grobes Schrofengelände zur Mutterbergalm. Das Tollste dabei: während wir absteigen, werden die Berge immer höher! – Wer den Mut zu einer herzhaften alpinen Variante hat, der nehme sich 4–5 Stunden Zeit, quere von der Dresdener Hütte ostwärts am Steig »Zum Trögler« und folge an den ersten Steilschrofen dem Hinweis auf das Peiljoch. Das ist 2676 m hoch, kostet ab Hütte nur 375 Höhenmeter (das sind genau faule 70 Minuten) – und steige jenseits, Zuckerhütl und Wilden Freiger im Auge, über die Moräne zur neuen Leipziger Hütte ab. Dort Rast und erstes Getränk! Dann von dem Hüttensporn kurz zurück, dann steil in die dunkle eisige Sulzenau hinab (einen lichtlosen Granittiegel) und von der Kante überm Stubaitalende hinab zum riesigen Wasserfall, hinab zur Grawa-Alm (etwas unterhalb der Mutterbergalm) ... Diese herrliche Abstiegsvariante mit dem einzigen Gegenanstieg führt in den Kern dieses eindrucksvollen Gebirges: man muß nur gutes Schuhwerk haben, benütze die erste Kabine ab Mutterberg, trage Anorak und Handschuhe im Rucksack, eine Schneebrille und ein Packerl Schneid. Man genießt auf Atemnähe das Urwesen von Fernau- und Schaufelferner, Sulzenaueis und Fernerstube – das Zuckerhütl hoch über uns!

Österreich / Tirol / Stubaier Alpen / $3\frac{1}{4}$ bzw. $4\frac{1}{2}$ Std. / HU: 1268 oder 780 m

68 Vom Birgitzköpfl zur Mutterer Alm

Von der Axamer Lizum zur Brennerstraße

TALORT Axamer Lizum, 1633 m. – Mutters bei Innsbruck, 830 m (Fahrstraße, Bus, Stubaitalbahn)

AUFFAHRTEN 1. Lizum-Lift zum Birgitzköpfl, 2098 m – oder 2. von Mutters mit Lift zur Mutterer Alm (Gasthof), 1610 m

HÖCHSTE PUNKTE Birgitzköpfl, 2098 m. Evtl. – für trittsichere Geher – die Nockspitze, 2406 m

RASTORT Mutterer Alm, 1610 m

BESTE ZEIT UND AUSRÜSTUNG Juni bis Ende Oktober. Auch mit gehtüchtigen Kindern ab 10 Jahren. Nur mit Leichtbergschuhen und Wetterschutz! – Mit Freytag-Berndt-Wanderkarte, Blatt 33!

BILD Blick vom Birgitzköpfl gegen die Kalkkögel. Rechts unten die Axamer Lizum, aus der ein Lift zum Birgitzköpfl führt. Mitte oben die Marchreisenspitze, 2623 m. Links oben führt der Aufstiegsweg zur Nockspitze, 2406 m

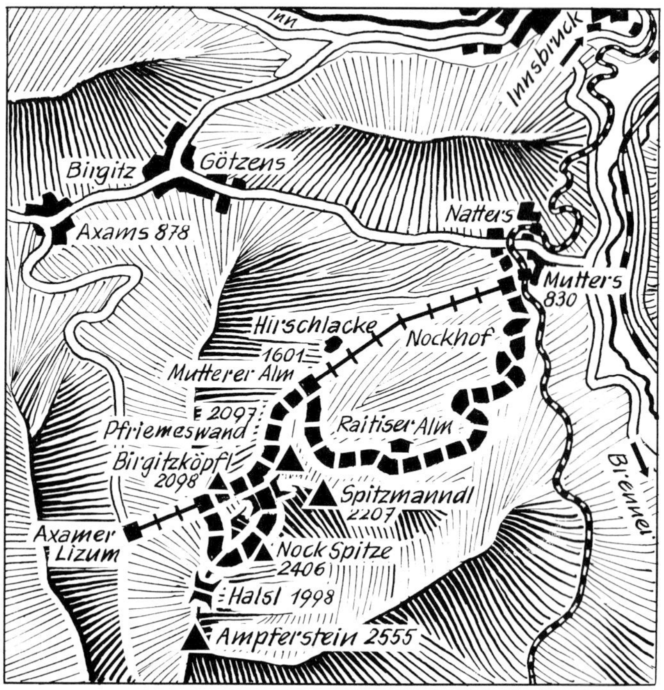

Man kann aus der Axamer Lizum, dem Ort der Olympischen Winterspiele 1964/76, mit dem Lift auf 2098 m Höhe zum Birgitzköpfl auffahren und von dort über die Pfriemeswand und das Pfriemesköpfl zur Mutterer Alm wandern: ein reizendes Unternehmen. Man kann aber auch von Mutters oberhalb der Brennerstraße mit dem Lift zur Mutterer Alm auffahren und in $1\frac{1}{2}$ Std. zum Birgitzköpfl aufsteigen. In beiden Fällen bleibt die Chance, vom Birgitzköpfl aus a) die Felssäulen der Kalkkögel zu bewundern und b) den Aufstieg zur Nockspitze zu machen (leicht, markierter Steig, nur für trittsichere Geher, $1\frac{1}{4}$ Std. Aufstieg plus $\frac{3}{4}$ Std. Abstieg bis Birgitzköpfl). Wer sich den Gipfel der Nockspitze ersparen will – immerhin eine der schönsten Aussichtskanzeln Tirols überhaupt –, der steige nun nicht den vielbegangenen Normalweg über den Nockhof nach Mutters ab, sondern südöstlich zur Raitiser Alm, 1578 m (1 Std.) und dann durch die berühmten Lärchenwälder nach Raitis zur Stubaitalbahn oder nach Mutters. Dieser Abstieg ab Mutterer Alm nimmt in keinem Falle mehr als $2\frac{1}{4}$–$2\frac{1}{2}$ Std. in Anspruch. Ab Birgitzköpfl rechnet man $3\frac{1}{2}$ Std., ab Nockspitzgipfel $4\frac{1}{2}$ Std. – man stelle sich also, je nach Erfahrung und Ausdauer der Begleiter, auf die verschiedenen Zeiten ein. Was auf der Nockspitze und am Birgitzköpfl zu sehen ist, erzählt einem deutlich die ausgezeichnete Freytag-Berndt-Wanderkarte, Blatt 33! Die besorge man sich, um sie auf einer Rast zu studieren: denn man sollte die große südliche Karwendelkette, das Reich der Kalkkögel, die eisgepanzerten Stubaier Gipfel, aber auch die Tuxer-Eisberge um den Olperer alle kennen und erkennen. Denn kein Berg gleicht dem anderen (wie kein Mensch dem anderen), und Charaktere herauszufinden, Profile abzulesen, bietet auch unter Bergen ein großes Maß an Vergnügen. Der Abstieg Birgitzköpfl – Mutters ist ab Mutterer Alm still, wenn man den südlichen Umweg über die abgelegene Raitiser Alm macht, wie hier vorgeschlagen. Die schönen, lichten Lärchenwälder von der Waldgrenze bleiben einem unvergessen! – Vor dem steilen Abstieg Birgitzköpfl – Axamer Lizum sei gewarnt! Wer den Wagen in Axams läßt, kann vom Birgitzköpfl nordwärts die trockene, vereinsamte »Skiabfahrt« ablaufen – immer wieder die Nordkette vor Augen.

Österreich / Tirol / Stubaier Alpen / 2 bzw. 5 Std. / HU: 1181 m

69 Vom Nößlachjoch zur Brennerstraße

Stille Tribünen über Gschnitz- und Obernbergtal

TALORT Steinach am Brenner, 1050 m

AUFFAHRT Sessellift von 1050 m auf 2005 m, dicht unterm Nößlachjoch

HÖCHSTER PUNKT Nößlachjoch, 2231 m (+ ½ Std. Aufstieg). Evtl. Leitnerberg, 2309 m

RASTORTE Berger-Alm an der Mittelstation, 1550 m; Bergstation, 2005 m. Beim Südabstieg Nößlachjochhütte, 1650 m, ½ Std. südöstlich unterm Joch

BESTE ZEIT UND AUSRÜSTUNG Juni bis Ende Oktober. Nur in festen Bergschuhen und mit Wetter- und Wärmeschutz. Bei gutem Wetter ungefährlich, lange Varianten etwas anstrengend. Beide Abstiege auch für trittsichere Kinder ab 12 Jahren. – Nur mit FB-Wanderkarte, Blatt 33!

BILD Ausblick vom Kamm zwischen Bergeralm und Nößlachjoch über das Brennertal hinweg nach Osten in die Tuxer Berge um das Navistal

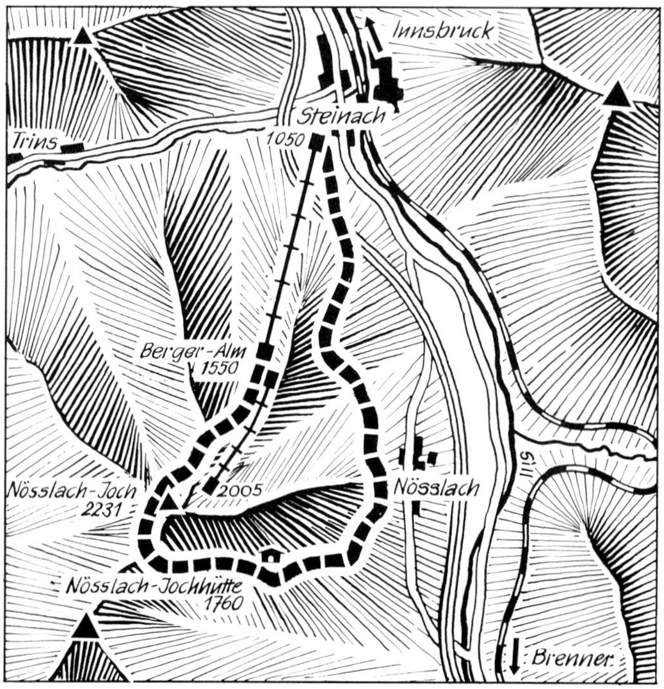

Der Unterschied ist groß: unten auf Brennerstraße und neuer Autobahn Tausende von eiligen Italienreisenden in dicken Benzinwolken – oben, hoch über Steinach am Brenner und mit dem Sessellift in nur 25 Minuten zu erreichen, fromme Stille vor den großen Formen des Zentralalpenkammes. Und nun gar dicht über der Bergstation, wenn man von Höhe 2005 m nur ½ Std. ansteigt zum nahen Gipfel des Nößlachjoches, 2231 m, da ist man vollends in einer anderen Welt, da salbt die große Stille Leib und Seele. Was das Auge sieht – die zerrissene Urgesteinspyramide des Kraxentrager, 3000 m, den eisumgürteten Olperer, 3480 m, den schwarzen Fußstein, 3337 m, den Schrammacher, 3416 m, oder das verblauende Valsertal darunter, andererseits dicht westwärts Serleskamm, Habicht und Stubaier Eisgebirge – Stille, große, strenge Formen, unendlicher Trost ... Der Abstieg von der Bergstation nach Steinach (= von 2005 auf 1050 m!) ist still, friedsam und bekömmlich bis in die Autobahnzone. Noch bekömmlicher aber ist fraglos mein Vorschlag, nur noch ½ Std. langsamen rhythmischen Anstieges vor den großen Abstieg zu setzen, eben aufs Nößlachjoch zu steigen und drüben, ostwärts, von Mähder zu Mähder, zuweilen weglos, dann auf Steigen hinabzustrolchen zur Nößlachjochhütte, 1650 m, an der Waldgrenze, zuletzt aber nördlich nach Nößlach, 1437 m, abzusteigen und die Mittelgebirgsterrasse – weit oberhalb der Autobahntrasse! – hinauszuwandern nach Steinach. Wer diese herrliche Wanderung macht, der vergißt sie nicht. Er sehe nur, daß er, wenn ihn am Gipfel des Nößlachjoches Nebel überrascht, streng südöstlich zielt, um den Steig nicht zu verfehlen. Auf dem flachen Straßerl am Mittelgebirg passiert man abseitiges, völlig unversehrtes Tiroler Bergbauerngefild, hier muß man die Augen aufmachen. – Konditionsstarke Bergwanderer gehen in 3–5 Std. Gesamtzeit südwestlich am Kamm weiter, also südwestwärts über Eggerjoch, 2282 m, Leitnerberg, 2309 m, bis zum gottverlassenen Lichtsee und steigen ab hier streng nördlich (nur mit Karte!) über die Trunaalm nach Trins im Gschnitztal ab: ein großer, stiller Wandertag! (Die Österreichische Wanderkarte »148, Steinach« tut gute Dienste!) Auffahrt mit einem der ersten Liftsessel verlängert einen schönen Tag!

Italien / Dolomiten / 5–6 Std. / HU: 1020 oder 992 m

70 Unter den Geislerspitzen

Raschötz – Broglesalm – Panascharte – Grödnertal

TALORT St. Ulrich im Grödnertal, 1173 m

AUFFAHRT Sessellift von 1220 m auf 2107 m zur bewirtschafteten Saltner Schwaige

HÖCHSTE PUNKTE Raschötzkamm, 2282 m; Panascharte, 2447 m

RASTPUNKTE W. H. Raschötzalpe, 2165 m; Broglesalpe, 2045 m; Geislerhütte (Rif. Firenze), 2039 m, CAI

BESTE ZEIT UND AUSRÜSTUNG Anfang Juli bis Ende Oktober. Leichtbergschuhe, Wetter- und Kälteschutz. – Mit FB-Wanderkarte, Blatt 16!

BILD Ausblick vom Grat zwischen Panascharte und Seceda auf die Geislerspitzen mit Kleiner und Großer Fermeda im Vordergrund und Sass Rigais links oben. Dicht neben Sass Rigais die Furchetta. Rechts am Bildrand die Almwellen der beginnenden Aschgleralm, dahinter die Cislesalpe, in der die Geislerhütte (Alte Regensburger Hütte bzw. Rif. Firenze) steht. Der Weg rechts zielt direkt auf die Panascharte, die wir von links unten erreichen. Dort liegt die Broglesalm an der Waldgrenze

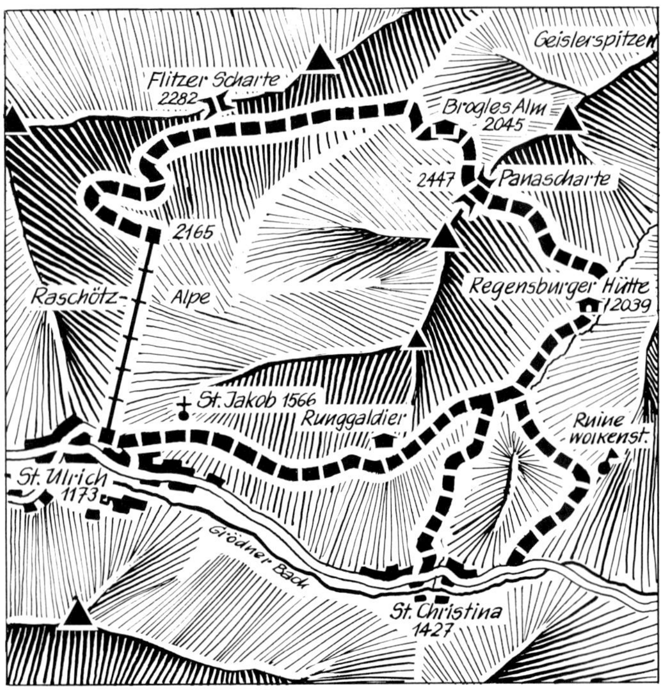

Ein Wanderabstieg, so vollkommen schön, daß der bequeme Naturfreund auch Kammwanderung und Gegenanstieg in Kauf nehmen wird! . . . Von St. Ulrich, 1173 m, bringt uns der Sessellift durch lichte Zirbenwälder auf den mächtigen Querriegel der Raschötzalpe (2165 m, Restaurant). In 30 Minuten gewinnt man von hier die Kammhöhe – hier Villnößtal, dort Grödnertal –, die nun samt folgender Einsenkung unser unvergleichlicher Promenadenweg bleibt, bis uns der gut erkennbare, immer aussichtsreiche Steig zur versteckten, doch urgemütlichen Broglesalpe führt (2045 m, 2–3 Std.). Nach der Rast unter den dicht über uns aufpfeilenden Nordwänden der Geislertürme machen wir uns auf, durch Kar und Schlucht die Panascharte, 2447 m, zu gewinnen (einziger Gegenanstieg, 45 Minuten, siehe Bild). Oben an der Scharte geht nur der Blinde sofort weiter, denn am Südhang laden sonnverbrannte Heustadelwände und wie von Engelshand gepflegte Rasenmulden zur klassischen Dolomitenrast. Links über uns stocken sich Kleine und Große Fermeda auf, Sella und Langkofelstock gegenüber lehren die Archtitektur der großen Urwelt, vor und unter uns aber dehnt und wellt sich ein bezauberndes Almenreich, mit Seeaugen dekoriert, Walkürenfelsen, Heustadeln und immer wieder neuen, wohlgeformten Mulden und Bukkeln, mit federnd harter und knapper Grasnarbe ausgepolstert. Tief unten erkennt man den Saum der Lärchen und Zirben. Zur alten Geislerhütte (Rif. Firenze, 2039 m) braucht man länger als vorgesehen, weil einen der Anblick zahlloser Edelweiß aufhält. Nur Italiener pflücken diese geschützte Blume (sahen wir), andere europäische Angeber kaufen sich diese »alpine Trophäe« im Bozener Blumenladen. Von der Hütte bummelt man Arm in Arm mit den plaudernden Bergwassern nach St. Christina hinab –, falls man nicht 20 Min. unterhalb der Hütte südwärts den Weg nach Wolkenstein einschlägt: hier folgt dann kurz vor dem steileren Abstieg ein Traumplatz ohne Beispiel – eine flache Rasenplatte, von Lärchen gesäumt, kein Haus, keine Talsicht, doch wie unmittelbar aus dieser Traumwiese aufsteigend die pralle Nordwand des Langkofel – von jenseits des unsichtbaren Talbodens. – Von St. Christina aus sind wir mit dem Bus schnell unten in St. Ulrich.

71 Drei Scharten hinterm Grödnerjoch

Durch das Langental nach St. Christina

TALORTE Wolkenstein im Grödnertal, 1567 m; Plan, 1606 m; Grödnerjoch, 2121 m

AUFFAHRT Sessellift Dantercepies von 1580 m auf 2300 m oder Sessellift Colfuschg–Grödnerjoch

HÖCHSTE PUNKTE Cir-Scharte, 2466 m; Crespeina-Scharte, 2528 m; Ciampai-Scharte, 2388 m

RASTORTE Bergstation Dantercepies, 2300 m. Puezhütte, 2475 m (1 Std. ab Ciampai-Scharte bzw. 3½–4½ Std. ab Grödnerjoch)

BESTE ZEIT UND AUSRÜSTUNG Ende Juni bis Mitte Oktober. Nur in festen Bergschuhen und mit Wetter- und Wärmeschutz. Auch für sehr trittsicher gehende Kinder ab 14 Jahren! – Mit FB-Wanderkarte, Blatt 16!

BILD Ausblick von der Cirscharte überm Grödnerjoch gegen die östliche Sellagruppe. Man erkennt von links: Pizkofel, Boeseekofel, Zehner (diese jenseits des Val de Mesdi), ferner Daint de Mesdi, Pisciaduturm, Pisciaduspitze, dazu im Nebel ganz rechts den Sass de Mesdi. Ganz rechts am Bildrand in der Mitte das enge, mit Drahtseilen gesicherte Val Setus, ein feiner Aufstieg zur Pisciaduhütte am Pisciadusee

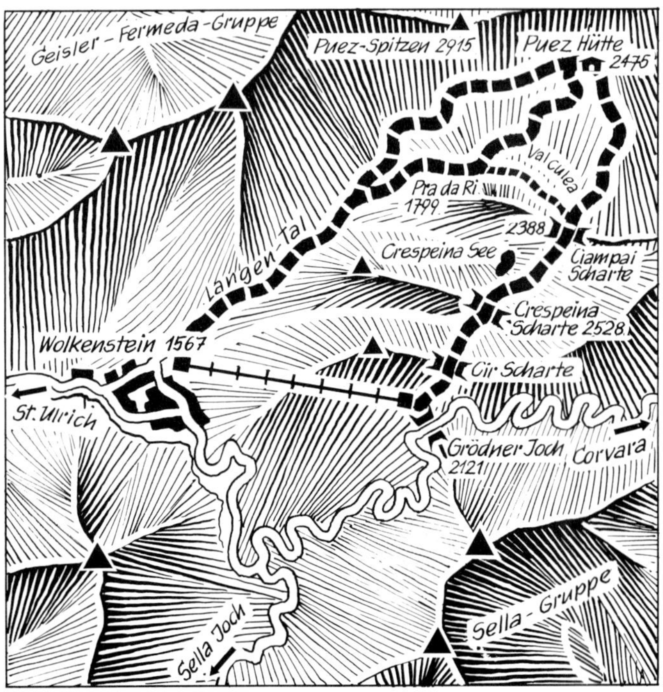

Am vielbefahrenen, schon ungemütlich gewordenen Grödnerjoch unter den Cirspitzen – zwischen Wolkenstein und Colfuschg – kann man in eine namenlose Stille ausbrechen, in eine hochalpine Wildnis ohnegleichen: aber dieser Fluchtweg kostet mindestens 5–6 Stunden Zeit, absolute Trittsicherheit und Orientierungssinn! Nichts für unerfahrene Bergfreunde! – Man verläßt den Parkplatz am Grödnerjoch und steigt nördlich kurz, aber steil über Almböden bis knapp unter die Östliche Cirspitze, dann rechts über Schutt und durch aufregende Felskulissen zum Cirjoch: also von 2121 auf 2466 m Höhe = 1 Std.! Oben umstehen uns abenteuerliche Felstürme, und das bleibt nun so und eindrucksvoll über Stunden . . . Links könnten gute Bergwanderer bereits zum Ausgang des Langentales bei Wolkenstein abkürzen: durchs stille, steile Chedultal, unterm Mont de Soura dahin. Aber wir gehen besser nordostwärts weiter: in guten 30 Minuten an den oberen Talschluß des Chedultales, dort über die Crespeinascharte, 2528 m, und dann nordostwärts weiter, in Kehren hinunter auf das große, trockene Crespeinaplateau. Wir lassen also den Crespeinasee links unten liegen! . . . Vom östlichen Plateaurand steigen wir dann ostwärts über Platten und Raseninseln zur Ciampaischarte, 2388 m (in alten Karten Tschampatschjoch): nochmals 30–40 Minuten! Hier ist eine wichtige Wegegabel: 1. rechts hinab über den nahen Ciampaisee (in seinem merkwürdigen Schuttkessel) nach Corvara-Colfuschg, 2. links – dies aber nur für s e h r erfahrene Bergsteiger! – durchs steile, schmale Val Culea direkt in den Talschluß des Val Lungo, 3. geradeaus aber geht es (dies ist unser präziser Vorschlag) zur Puezhütte am Rande des karstigen Gardenaccia-Plateaus, am markierten Steig, bei herrlichen Tiefblicken, in einer reichlichen Stunde! – Ab Puezhütte, sie liegt immer noch 2475 m hoch, gibt es für erfahrene Bergsteiger einen direkten Steilabstieg ins Langental – normalerweise aber geht man fast eben und bei feinen Ausblicken am Plateaurand um den Puezkofel ganz herum und dann erst links steil hinab ins Langental. Aus dessen paradiesischem, angenehm ebenem Frieden ist man bald in Wolkenstein: ab Puezhütte nochmals reichliche 2 Std. – immer unter kolossalen Kulissen.

Italien / Dolomiten / 2½ bzw. 4–6 Std. / HU: 477 oder 1264 m

72 Von der Langkofelscharte in die Steinerne Stadt

ab Sellajoch und über den Col de Mesdi

TALORTE St. Christina im Grödnertal, 1427 m, Sellajochhaus, 2214 m, Campitello im Fassatal, 1448 m

AUFFAHRT Aus dem Grödnertal mit Bus bis Sellajoch, dann Sessellift in die Langkofelscharte, 2681 m. Aus dem Fassatal mit Bus bis Sellajoch, oder mit Sessellift bis zur Rodella, 2485 m (50 Min. Abstieg zur Talstation des Liftes in die Scharte)

HÖCHSTER PUNKT Langkofelscharte, 2681 m. Diese Höhe nähert sich der 3000-Meter-Grenze! Gute Bergkleidung unerläßlich.

RASTPUNKTE Langkofelscharte, 2681 m, kleine bewirtsch. Hütte. Langkofelhütte CAI, 2252 m. Bei Umwanderung Comicihütte, 2155 m (ehe man die Felszone der »Steinernen Stadt« erreicht)

BESTE ZEIT UND AUSRÜSTUNG Ende Juli bis Mitte Oktober. Nur mit festem Schuhwerk, Wetter- und Wärmeschutz! Ungefährlich bei gutem Sommerwetter. Evtl. für Kinder ab 12 Jahren (wenn gut ausgerüstet!). Vorsicht, wenn alte, harte Firnreste unter der Scharte! – Mit FB-Wanderkarte 16, Westliche Dolomiten, 1:100 000

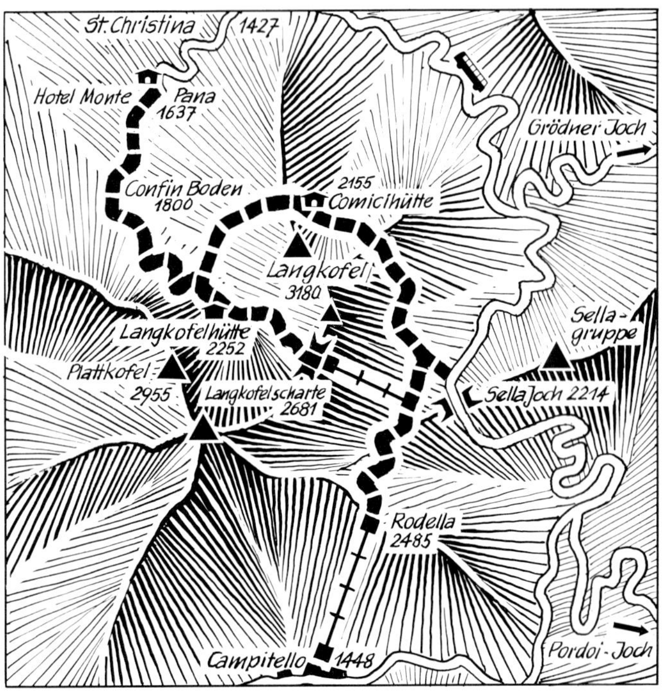

Dies ist ein ungemein interessanter, aber auch ein beklemmend-dramatischer Startplatz für einen hochalpinen Abstieg: das schmale Gesimse der 2681 m hohen, schmalen Langkofelscharte, nackter Fels, bleiches Geröll und Firnreste zwischen den senkrechten Wänden von Fünffingerspitze und Langkofeleck. Wen träfen da keine kalten Schauer! Wen drängte es da – im Angesicht des wie eine spitze Nadel in den Himmel fahrenden Daumens der Fünffingerspitze (siehe Bild)! – nicht mächtig ins behagliche Leben der grünen Taltiefe hinab! . . . Der Sessellift vom Sellajoch, 2180 m, herauf (dessen Existenz den schönsten Zeltplatz der Alpen in der »Steinernen Stadt« leider stark beeinträchtigt) ist eine kühne Anlage. Man erreicht ihn von Campitello im Fassatal, 1448 m, mit dem Lift auf die rundgebuckelte Rodella, 2485 m, von der man zum Sellajoch absteigt – oder aus dem Grödnertal mit dem Bus. Oben an der Langkofelscharte hat man sich vor allem im frühen Sommer vorzusehen, denn das nordwärts steil abstreichende enge Langkofelkar ist bis Juli mit Firnresten gefüllt, und wehe dem Mädchen, das dann mit Straßenschuhen und in Shorts wandert! Ansonsten ist der Abstieg über das »Klettereernest« der Langkofelhütte zum köstlich grünen Plan des Confinbodens, etwa 1800 m, ein ebenso herrliches wie ungefährliches Abenteuer. Muskeln und Augen werden zwar angestrengt, doch nichts passiert, wenn man gute, feste Schuhe und solide hochalpine Kleidung (Wetter- und Wärmeschutz unerläßlich!) besitzt. Vom Confinboden führt ein langer stiller Weg über das Hotel Monte Pana, 1637 m, hinunter nach St. Christina, 1427 m (4–5 Std.), von wo aus man mit dem Bus wieder das Sellajoch bzw. das Fassatal erreicht. Wer mehr haben will als diesen dramatischen Abstieg, der zweige zehn Minuten unter der Langkofelhütte rechts ab und umwandere den ganzen Langkofelstock über Col de Mesdi, 2353 m, Comicihütte, 2155 m, und Ciamp da Pinoi, bis er wieder die »Steinerne Stadt« und das Sellajoch erreicht. Diese Umwanderung ab Langkofeljoch kostet statt 4 etwa 5–6 Stunden Zeit und ist ungewöhnlich eindrucksvoll, ja aufregend. Die grünen Weiten der Seiseralm, die strenge Architektur des Sellastockes und der mächtige Felsendom des Langkofel sorgen für herbe Freuden.

Ausblick von der Seiseralm gegen Südsüdost auf die Langkofelgruppe. Von links: Col de Mesdi, 2353 m, Langkofel, 3178 m, Langkofelscharte (Liftstation vom jenseitigen Sellajoch her), 2681 m, Fünffingerspitze, 2996 m, Grohmannspitze, 3106 m, Plattkofel, 2970 m. Im Langkofelmassiv versteckt der kleine Langkofelgletscher. Im besonnten Kar unter der Langkofelscharte liegt die bewirtschaftete Langkofelhütte auf 2252 m Höhe. Man sieht unseren Weg: Langkofelscharte, Langkofelkar, Col de Mesdi. Jenseits dieser Scharte gelangen wir durch die Steinerne Stadt zurück zum Sellajoch.

Italien / Dolomiten / 2½ oder 3½ Std. / HU: 930 od. 600 m

73 Von der Marmolata nach Arabba

Porta Vescovo – Padonkamm – Bindlsteig – Pordoijoch

TALORTE Arabba, 1605 m, östlich unterm Pordoijoch. – Canazei, 1463 m, im Fassatal, unter Sella- und Pordoijoch

AUFFAHRT Schnelle Riesenkabine ab Arabba zur Porta Vescovo, 2530 m – unmittelbar dem Marmolataeis gegenüber

ABSTIEGE Steiler Schnellabstieg Porta Vescovo – Soura Sass – Arabba: 2½ Std. – Idealabstieg: Porta Vescovo – Bindlsteig – Pordoijoch, 3½ Std. – Alter, fast ebener Steig nördl. unterm Padonkamm zum Pordoijoch, 3–4 Std.

RASTORTE Bergrestaurant Porta Vescovo, 2530 m. – Rif. Marmolada, 2044 m, unten am Stausee. – Rif. Viel del Pan, 2497 m, am Bindlsteig

BESTE KARTE Nur alte AV-Karte Marmolata, 1:25 000 (!!), ideal, aber meist vergriffen. – Freytag-Berndt-Karte Nr. 16, 1:100 000, nur zur Not!

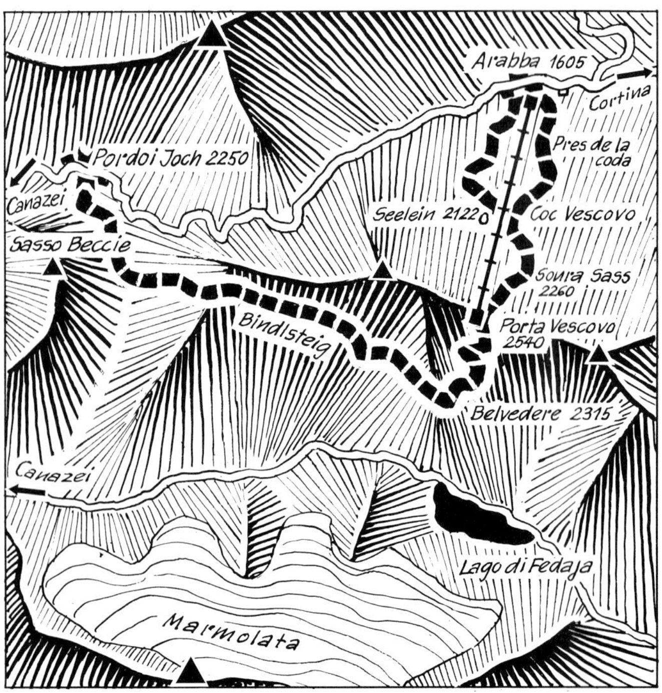

Die berühmte Marmolata steht uns bei diesem Abstieg von der Porta Vescovo im Padonkamm nur als grandiose Kulisse zur Verfügung. Haben wir mit der schnellsten Kabinenbahn der Dolomiten ab Arabba die Porta Vescovo auf 2530 m Höhe erreicht, dann sind wir immer wieder verblüfft – ganz fromm vor Glück. Diese Marmolata fällt nordwärts in mächtigen Eiswellen ab, die vertikal von drei Felsrampen geteilt werden: eine große Augenweide! . . . 1. Der direkte Abstieg – nach dem großen Marmolatabild – verlangt eine Kehrtwendung gegen Norden und den ersten Abstieg links steil zum Soura Sass (erste Mulde). Dann steigt man kurz nach rechts und wandert mit dem markierten Steig in Seilbahnrichtung ins Tal. Tief unten empfangen uns Waldbuchten und Wiesen. 2½ Std. und ein leichter Knieschnackler, das muß man hinnehmen! – 2. Eine Idealtour, aber ein sehr ausgedehnter Abstieg: Von der Porta Vescovo südwärts – immer das Marmolata-Eis im Auge – direkt hinab zu dem westwärts ziehenden, erst ansteigenden, dann zum Pordoijoch wieder abfallenden »Bindlsteig« – einem der schönsten Dolomitenwege überhaupt und eine Sache für glückliche Augen. 3½ bis 5 Std. Wer länger braucht, hat den doppelten Genuß! – 3. Man steige von der Porta Vescovo nordwärts ab, aber nur in die erste Mulde, wende sich hier scharf westwärts und bummle auf dem relativ guten alten Steig – immer hoch über Arabba und dem Buchensteiner Tal – bis zum Pordoijoch hinüber. 2½ bis 3 Std. – auch hier gewinnt der Langsamere! . . . Dies sind drei Abstiege auf das allerkürzeste beschrieben – bedauerlich, aber unabänderlich. Kartenstudium, etwas Führer-Lektüre und dann frischer Mut führen auf allen drei Routen zu jenem Zauber, den man sich im Umkreis der Marmolata versprechen darf. Sie ist nun mal das Phänomen in den Dolomiten mit ihrem Janus-Charakter: hier Eiswellen im Norden, dort eine senkrechte Riesensüdwand – sie ist Phänomen wie Drei Zinnen und Fünffingerspitze und Guglia. – Wir sind am höchsten Dolomitenberg, und wenn wir nur schlau genug sind, dem Bergbahnen-Bagaschi zu entkommen – dann wird auch so ein fauler Abstieg zum Vergnügen. – Zur Warnung: die Marmolata und die Überschreitung der Marmolata-Scharte ist nichts für Nichtalpinisten!

Ausblick vom Padonkamm auf die Nordflanke der Marmolata. Hinter der Schafherde senkt sich der Padonkamm tief hinunter zum hier unsichtbaren Stausee ab. Rechts oben die bekannte Scharte im Westgrat des Marmolatakammes.

Italien / Dolomiten / $4^1/_2$–$7^1/_2$ Std. / HU: 549 oder 852 m

74 Unter den Türmen von Vajolet

Gardeccia – Vajolethütte – Vigo di Fassa

TALORTE Vigo im Fassatal (an der Dolomitenstraße), 1391 m – Rualp, 1510 m

AUFFAHRT Sessellift von 1391 m auf 2000 m zum Rif. Ciampedie

HÖCHSTER PUNKT Rif. Gardeccia, 1949 m, bzw. Rif. Vajolet, 2243 m. (Für trittsichere Wanderer evtl. Rif. Re Alberto)

RASTORTE Rif. Gardeccia, 1949 m; Rif. Vajolet, 2243 m

BESTE ZEIT UND AUSRÜSTUNG Juli bis Mitte Oktober. Am besten in Leichtbergschuhen und mit Wetterschutz. Völlig ungefährlich bis Vajolethütte. – Mit FB-Wanderkarte, Blatt 45 oder Blatt 16 (leider beide nur im unzureichenden Maßstab 1:100 000)

BILD Aufblick von der Vajolethütte (rechts unten) zum Massiv der Rosengartenspitze (links oben) und zu den Türmen von Vajolet. Halbrechts vereinzelt der berühmte Winklerturm. Unter ihm links führt ein markierter Steig von der Vajolethütte ins »Gartl«, also dicht an den Sockel der drei Vajolettürme, und dann noch weiter zum Santnerpaß (Hütte). – Diesen $1^1/_2$stündigen Aufstieg müßte man unserem Besuch auf der Vajolethütte anschließen!

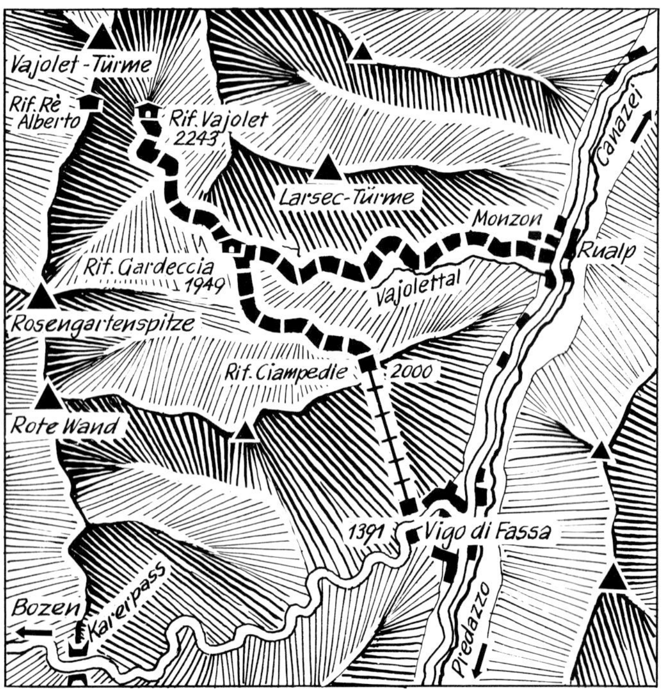

Ungezählte Autoreisende passieren Vigo im Fassatal, wenn sie zwischen Karerpaß und Pordoijoch oder Sellajoch die große Dolomitenstraße befahren –, kaum einer ahnt, daß sie da ein simpler Sessellift binnen 20 Minuten dicht unter den berühmten Rosengarten befördern könnte, in eine landschaftliche Situation, die im gesamten Alpenbereich ihresgleichen sucht. Ist man da nämlich von 1391 m Talhöhe auf 2000 m zum Rifugio Ciampedie aufgefahren, so sieht man sich recht unversehens dicht unter die mächtige Rosengartenspitze gestellt, sieht die Nadeln von Vajolet, sieht Rote Wand und Larsectürme unmittelbar vor und über sich und kann schließlich gar nicht anders, als den nur knapp einstündigen, ebenen Weg hinüberzuqueren zum Rif. Gardeccia, um das Wunder als Wirklichkeit zu begreifen. Aber auch in Gardeccia bleibt man noch unbefriedigt, und so heißt es einen gemütlichen, erst im letzten Stück in drei Serpentinen kräftig ansteigenden Weg zum Rif. Vajolet hinaufeilen, über dem sich der Winklerturm wie ein Felsenschwert in den Himmel reckt (Bild)... Würde man sich am Wege hierher auch nur einmal umsehen, so hätte man die Marmolata, den höchsten Dolomitengipfel, sozusagen im Schnitt vor sich: links sanft abwellendes Gletscherdach, rechts senkrechte Südwand. Aber man kann den Blick nicht wenden auf diesem Weg, der unserer Abstiegsroute vorangeht und der doch nur kurze zwei Stunden an Mühe kostet, die durch den Ausblick weitaus aufgewogen wird – auch beim bequemsten, auch beim faulsten Abstiegsspezialisten. Ist man dann stumm und gebannt unterm Sockel des Winklerturms gesessen und hat man die schwarzen Wände unter den Riesentrichtern der Rosengarten-Ostwand ausreichend studiert, dann steige man entweder über Gardeccia und Ciampedie nach Vigo di Fassa ab – oder ab Rif. Catinaccio durch das wunderschöne Valle di Vajolet in Begleitung eiliger Bergwasser nach Rualp im oberen Fassatal. Leider wurde dieses letztere Tal jetzt für den Autopöbel geöffnet. Ab Vigo und Rualp gibt es Busse nach überallhin. – Wer erfahren und trittsicher ist, steige vom Vajolet- in 30 Min. zum Santnerpaßhüttchen auf und dort am leichten Klettersteig zur Rosengartenhütte, übers Tschagerjoch geht's ins Fassatal zurück.

Italien / Dolomiten / 3–4 Std. / HU: 1158 m

75 Traumberge in der Palagruppe

Von der Rosetta nach San Martino di Castrozza

TALORT San Martino di Castrozza, 1444 m (unterm Rollepaß)

AUFFAHRT Seilbahn von 1450 m auf 2602 m Höhe

HÖCHSTER PUNKT Rosetta-Gipfel, 2742 m (40 Min.)

RASTPUNKTE Rifugio di Rosetta, 2553 m. Dann keine Hütte mehr bis ins Tal! Nur beim nördlichen Abstieg ein Restaurant am Col Verde, 2095 m. – Evtl. für den Übergang am Passo di Ball auch das Rifugio Pradidali, 2278 m (mit Nächtigungsmöglichkeit)

BESTE ZEIT UND AUSRÜSTUNG Beim Südabstieg über den Col dei Becchi schon ab Ende Juni, dann bis Mitte Oktober. Beide Abstiege nur in guten Bergschuhen und mit Wetter- und Wärmeschutz im Rucksack. Für trittsichere Wanderer ohne Gefahr. – AV-Karte Palagruppe, 1:25 000. – Oder FB-Wanderkarte, Blatt 16, 1:100 000!

BILD Einblick in das Val di Roda gegen den Passo di Ball (hinter dem das Rifugio Pradidali liegt). Rechts oben über dem Passo di Ball der kühne Torre Pradidali, links die Wandfluchten und Pfeiler der Pala di San Martino, eines der schönsten Kletterberge der Dolomiten. Unter dem Sockel sieht man ein Stück unseres Abstiegsweges von der Rosetta nach San Martino di Castrozza: ein anstrengendes Plaisir in Serpentinen!

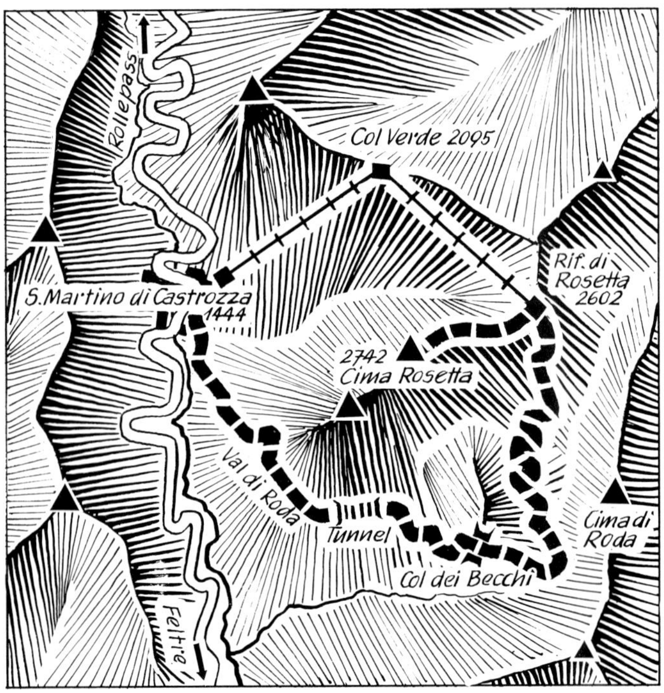

Von den monströsen Hotelkästen des sehr schön gelegenen, aber von einer schlimmen Durchgangsstraße geplagten San Martino di Castrozza, 1444 m, südlich des Rollepasses, zieht eine Kabinenbahn über den Col Verde, 2095 m, hinauf unter den Gipfel der Rosetta auf 2602 m Seehöhe – mitten hinein in die wilde Hochgebirgswelt der Pala-Gruppe. Man kann von hier aus mühelos die Cima Rosetta, 2742 m, besteigen, einen schönen Aussichtsgipfel: der mächtige Cimone della Pala, 3185 m, die gewaltige Pfeilerwand der Pala di San Martino, 2996 m, und der vieltürmige Val-di-Roda-Kamm beherrschen dort Auge und Gemüt. Dazu kommt das weltverlorene karstige Ödland der Pala-Hochfläche gegen Osten, über dem die Felsburgen der Civetta und des Monte-Agner-Stockes aufragen. Es gibt nun zwei Abstiegsmöglichkeiten: der kürzere Weg führt auf gut bezeichnetem Steig unter der Seilbahn steil hinab zum Col Verde und von dort durch Wald ins Tal. Der längere, stillere und viel schönere Weg führt von der Rosetta-Hütte als »Oskar-Burger-Weg« zum Col dei Becchi auf etwa 2088 m Höhe hinab, um dann scharf nordwestlich und in zahlreichen Serpentinen ins Tal zu ziehen. – Am Col dei Becchi befindet man sich am Fuße der Pala di San Martino und unmittelbar gegenüber dem Val-di-Roda-Kamm. Im Rücken von uns stehen die Südwand der Rosetta und deren westlicher Vorgipfel Figlio della Rosetta, zwischen Pala und Val-di-Roda-Kamm aber senkt sich vom Passo di Ball, 2449 m, eine mächtige Eis- und Schuttmulde herab: vor diesem Anblick wird das Wort »Dolomiten« zum festen Begriff. Wenn man dann die Serpentinen zum Felstunnel am Rosetta-Fuße hinabsteigt, muß man fortgesetzt stehenbleiben und schauen. Wer einen Fotoapparat mit sich führt und kein Zelt zum Kampieren dazu, kommt in schlimme Verlegenheiten . . . Aus der Karzone gelangt man in lichten Bergwald und aus dem Bergwald auf die welligen Blumenwiesen um San Martino di Castrozza, in dessen nächster Umgebung es einen guten offiziellen Campingplatz gibt und viele unoffizielle und versteckte. Letztere muß man suchen. – Ein Tip für Frühaufsteher mit Kondition: in 5–6½ Std. ab Rosetta-Hütte wie vorher ins Val di Roda, dann aber südlich über Passo di Ball und Rifugio Pradidali weit hinab nach Primör (Bus).

Italien / Dolomiten / Sellagruppe / 4 oder 7–8 Std.
HU: 1000 oder 1250 m

76 Durch das Val Lasties zum Sellajoch

Im »Langen Graben« der Sellafestung

TALORTE Canazei, 1465 m. – Arabba, 1602 m

AUFFAHRT Kabine Pordoijoch, 2250 m – Pordoispitze, 2952 m

HÖCHSTER PUNKT Pordoispitze, 2952 m

UNTERKUNFT UND RAST Keine beim Normalabstieg! – Wenn mit Boéspitze, dann ist absteigend die Rast in der Boé-Hütte (Bamberger Hütte), 2873 m, möglich; dann aber nur über den »Zwischenkofel« (markiert!) nördlich, dann westlich, dann südwärts ins Val Lasties (etwa 3–4 Std.). Beide Abstiege bei Nebel oder Schneefall unmöglich, ja gefährlich!

WARNUNG Wer auf die Boéspitze steigt, 3152 m, und beim Aufstieg oder am Gipfel von Nebel oder Unwetter überrascht wird, steige unbedingt zur Pordoischarte zurück und benütze bis zum Pordoijoch die Kabine!

BESTE ZEIT UND AUSRÜSTUNG Nur ab Ende Juli bis Mitte Oktober! Nur bei sicherem Wetter!

BILD Ausblick von der Rodella auf die Sellagruppe um den Piz Boé (links oben) und die Pordoispitze (Bildmitte oben). Wir wandern von der Pordoispitze durch das Canalone des »Langen Grabens« direkt ins obere Val Lasties (untere linke Bildhälfte) und kommen so auf die Pordoiseite des Sellajoches

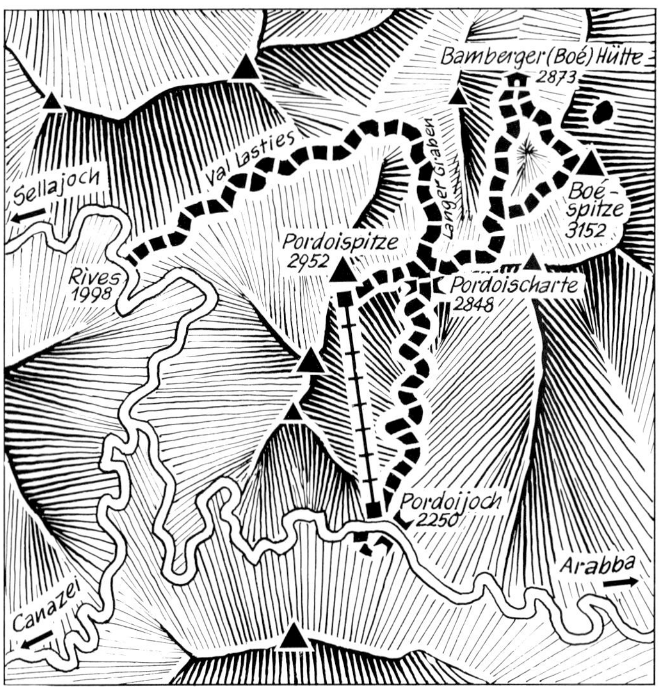

Das riesige Kastell des Sellastockes zwischen Grödnerjoch, Pordoijoch und Sellajoch wird in seiner Mitte von zwei auffallend tiefen Felstälern gespalten: dem nach Corvara absinkenden Val di Mesdi und dem Richtung Fassatal abziehenden, von einigen Terrassen gestuften Val Lasties. Beide Spalten beginnen dicht unter dem höchsten Sellagipfel, dem Piz Boé, an der Boéhütte. Durch das Val Lasties steigen wir ab Pordoispitze bis zur Sellajochstraße ab, wo wir den Rück-Bus zum Pordoijoch finden. Der Abstieg ist gefährlich, wenn im Val Lasties noch Altschnee liegt oder wenn man unzureichend ausgerüstet ist! Man beginnt in knapp 3000 Meter Höhe mit diesem Abstieg – hat sich also dementsprechend zu kleiden! Mit der Kabine auf der Pordoispitze angekommen, steigen wir rasch zur Scharte auf 2848 m Höhe ab. Dort entscheiden wir uns: 1. Der kürzeste Abstieg zum Auto am Pordoijoch führt südwärts in vielen kleinen Serpentinen direkt zum Joch hinab; dazu muß man trittsicher sein, in 1½ Std. ist man aber unten. – 2. Der empfehlenswerteste Abstieg ist unbedingt der direkt durchs Val Lasties – also ohne die Boé-Besteigung! Dazu steigt man von der Scharte nordostwärts in den »Langen Graben« ein, wo man wie zwischen kahlen Sargwänden absteigt, dennoch gemütlich und insgeheim aufregend. Dem Sargweg folgt das breitere Val Lasties, das uns nun in einem riesigen Bogen auf West- und endlich auf Südwestrichtung bringt. Ungeheure Felskare um uns, über den Karen gewaltige Wände und, stockwerksartig aufeinandergesetzt, ungeheure Felsrampen. Wo wir dicht an der Wand beim Pian de Siella vom Schutt in Felsen gedrängt werden, muß man sehr vorsichtig sein: man passiert eine kleine kurze Kletterstelle, bei der alles leicht ist, wenn man ruhig nach den vorhandenen Griffen sucht! Dann ist man wieder im Dolomitenschutt, steigt weiter ab, kommt stufenweise tiefer, während die Wände ringsum bedrohlich ins Unabsehbare wachsen. Am Ende kommt man ganz nah, aber ungefährdet, an die senkrechten Kletterwände des Sass Pordoi, ehe man in winzigen Serpentinen die letzte Strecke zurücklegt. Wo man ans Ende der kleinen Serpentinen gelangt, kann man rechts drüben Wasser hören . . . man quere hinüber und steige zur Sellajochstraße ab.

Italien / Sextener Dolomiten / 5–6 Std. / HU: 700 m

77 Rund um die Drei Zinnen

Auronzohütte – Paternsattel – Zinnen-Hütte – Misurinasee

TALORT Cortina d'Ampezzo, 1244 m – Misurinasee (P), 1735 m – ab hier Bus-Auffahrt bis zur Auronzohütte, 2390 m (immer bewirtschaftet)

RASTPUNKTE Auronzo-Hütte CAI, 2320 m, am Südsockel der Westlichen Zinne (zu Fuß 2 Std. ab Misurinasee). – Drei Zinnen-Hütte CAI, 2438 m, am Toblinger Riedel, den drei Nordwänden gegenüber. – Rif. Lavaredo, priv., 2350 m, südl. unterm Paternsattel

BESTE ZEIT UND AUSRÜSTUNG Von Anfang Juli bis Ende September. Auch mit gehtüchtigen Kindern ab 10 Jahren. Nur bei sicherem Wetter, aber in jedem Falle mit Anorak, Kapuze, festen Bergschuhen, evtl. mit etwas Obst. – Immer die 1:50 000er Freytag-Berndt-Wanderkarte, Blatt 17, Östliche Dolomiten, mitführen, um die großartige Umgebung auch identifizieren zu können, darunter die eindrucksstarken Berge um die Dreischusterspitze, die Cadinspitzen, den Monte Piano (am Abstiegsweg)

HINWEIS Die komplette Umwanderung des Drei-Zinnen-Stockes Auronzo-Hütte/Lavaredohütte/Drei Zinnen-Hütte/Forcella Col di Mezzo – also genau rundum – ist völlig ungefährlich, dazu relativ eben: sie kostet nur gut 4–5 Std. Zeit!

Es gibt keine Bergbahn zu den Drei Zinnen, wohl aber einen Bus, der uns vom Misurinasee zur Auronzohütte am Sockel der Westlichen Zinne befördert – also von 1735 auf 2390 m Höhe. Diesen Bus nehmen wir, um einen genußvollen Abstieg zu machen, bei dem wir die Drei Zinnen von allen Seiten sehen, sie fernab von allen extremen Klettergelüsten umwandern. Die Drei Zinnen sind ungeheure Denkmäler der Schöpfungszeit, in zwar erklärbarer, dennoch unfaßlicher Weise aufgestellt – sechs- und siebenhundert Meter hohe Kalktürme mit senkrechten, ja überhängenden Nordwänden, glatt wie Marmor. Wer am Fuße dieser Nordwände steht und den Hals verrenkt, um das Unfaßbare zu fassen, der erst weiß von der Wahrhaftigkeit meiner starken Worte. Das Wort »kolossal« kann das, was unsere Sinne erschüttert, nicht annähernd ausdrücken ... Wir wandern beinahe eben in 1 Std. von der Auronzo- zur Lavaredo-Hütte und sind nach weiteren 40 Minuten droben am berühmten Paternsattel: links die drei Riesennordwände in erschreckendem Profil, gegenüber die lockende Drei-Zinnen-Hütte. 50 Minuten zu dieser Raststätte hinüber gewandert, um von dort aus das Bild der drei nebeneinanderstehenden Zinnenwände zu begreifen. Während wir nach der Rast südwärts über die Lange Alpe – den kleinen Bergsee nicht übersehen! – auf den Paß Col di Mezzo zuwandern, nähern wir uns den Zinnenwänden nochmals auf eine Weise, die in uns Bestürzung mit abenteuerlichen Gelüsten vermischt. Aber am Col rasten wir dann unangefochten und bummeln, die Auronzohütte samt Bus links oben liegenlassend, höchst gemütlich in Richtung Misurinasee, wobei wir zweimal die Kurven der Auffahrtsstraße berühren. – Diese Umwanderung verlohnt sich wie kaum eine andere Abstiegstour dieses Buches, auch wenn die beinahe ebenen Wege zur Lavaredo- und zur Drei-Zinnen-Hütte, auch wenn der kleine Aufstieg zum Paternsattel dem Abstieg vorangestellt werden. Man wird nichts bereuen, eher zu einem Dakapo bereit sein ... Ich habe diesen Weg mehrmals erkundet, zuletzt 1975, als ich mit Frau und einigen Kindern auf der Großen Zinne stand und »ein Königreich für ein Bier« gegeben hätte. Wir waren über die Südwand zum Beinahe-Dreitausender (2998 m) geklettert, ganz brav am Seil.

161

Inmitten der Drei-Zinnen-Gruppe: in Bildmitte der Paternsattel. Links am Bildrand der Paternkofel, rechts des Sattels die Nordwände von Kleiner und Großer Zinne. Im Vordergrund der Toblinger Riedel, an dem die große Drei-Zinnenhütte steht. Im Hintergrund (über dem Paternsattel) die östliche Gruppe der Cadinspitzen um den Torre Siorpaes.

Österreich / Tuxer Schieferalpen / 2 oder 5 Std. / HU: 1100 m

78 Von der Eggalm nach Lanersbach

Grüne Promenaden vor dem Tuxer Eis

TALORTE Mayrhofen im Zillertal, 628 m – Lanersbach im Tuxer Tal, 1290 m

AUFFAHRT mit Sessellift ab Lanersbach von 1270 auf 1950 m Höhe

HÖCHSTE PUNKTE 1950 m Bergstation oder P. 2192 m in 30 Minuten, oder Grüblspitze, 2395 m, 100 Minuten

BESTE ZEIT UND AUSRÜSTUNG Juni bis Ende Oktober! Ausrüstung einfach, aber komplett, falls nicht der kurze direkte Abstieg gemacht wird, sondern der Übergang Bergstation–Grüblspitze–Im Kessel–Torseebach–Nasse Tuxer Alm–Lanersbach, d. h. mit Anorak, Kapuze, Mütze, Handschuhen, Notproviant, sehr festen Bergschuhen! Unerläßlich ist die Freytag-Berndt-Wanderkarte 1 : 50 000, Blatt 15, Zillertaler Alpen! – Man kann ohne weiteres Kinder ab 10 Jahren mitführen, wenn sie trittsicher und diszipliniert sind, also am Wege bleiben!

BILD Ausblick von der Eggalm, die wir beim direkten Abstieg nach Lanersbach passieren, auf das hintere Tuxer Tal; im Hintergrund rechts erkennt man die Gletscher um Gefrorene Wandspitze und Riffler. Links oben Roßkopf und Höllenstein

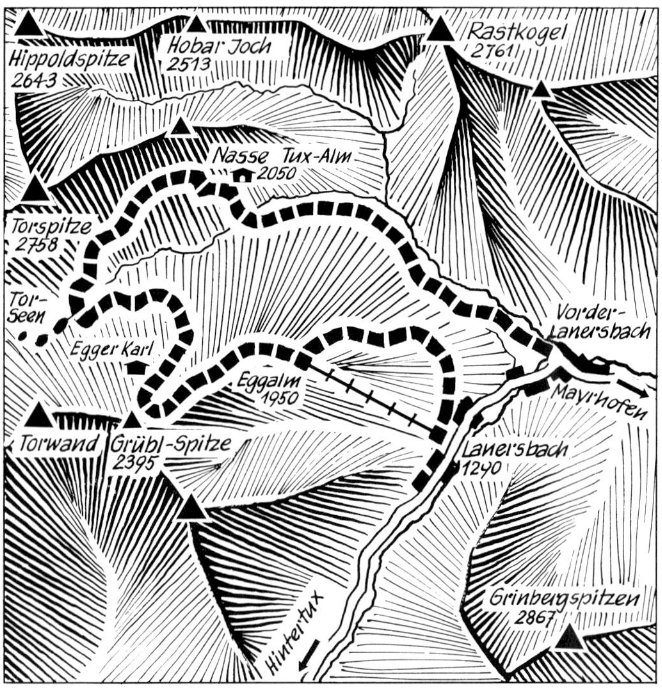

Die »Eggalm« ist eigentlich nur ein Schlagwort für wilde Pistenfahrer, die dort eine rassige Abfahrt vorfinden. Die Alm, die von jeher wirklich »Eggalm« heißt, liegt halben Weges am Sessellift von Lanersbach hinauf zu einer Schulter der Grüblspitze. Von dort, wohin uns der Lift nach 15 Minuten Fahrt bringt, können wir auf den Spuren der Skifahrer, also an der »echten« Eggalm vorbei, ins Tal wandern, auf weichen, steilen, grünen Wellen, erst ostwärts Richtung Vorderlanersbach, dann südwärts abschneidend durch ein Waldstück direkt zur Talstation ... Ungefähr 99mal schöner ist eine Abstiegsvariante, die uns den Umweg über die Grüblspitze auferlegt und von dort den stillen langen Abstieg über die Torseen und die Nasse Tuxer Alm hinaus nach Vorderlanersbach. Im ersten Falle brauchen wir 2 Std. ins Tal, im zweiten mindestens 4–5 Stunden! Während des Anstieges zur nahen Grüblspitze schauen wir unentwegt auf die schöne Bergkulisse der nahen Grinbergspitzen, auf die von Eisfeldern umschwemmten Hochgipfel von Riffler, Gefrorener Wandspitze und Olperer (siehe Bild). Von der Grüblspitze, auf der wir wie in einer Proszeniumsloge rasten, eine ungeheure Fels- und Eiskulisse ringsum, wandern wir dann am markierten Steig west- und nordwestwärts, immer am Hang, erst über dem Nassen Tux-Tal dahin, dann »Im Kessel« unter der wuchtigen Torwand (2758 m), bis wir die kleinen Jochseen unter dem Tor-Joch erreicht haben und damit zugleich den Umkehrpunkt. Denn jetzt, wo wir übers Joch hinüber in 1½ Std. zur Lizumer Hütte gehen könnten, halten wir uns entgegengesetzt nach Osten und wandern den großen, sanften Bogen des Nassen Tux-Tales aus, immer über den Torseebachwassern dahin, viele Almen passierend, endlich auch stückweise im Bergwald. Dergestalt kommen wir in einsamer Wanderschaft nach gut 3–4 Std. ab Grüblspitze nach Vorderlanersbach oder links über Gemais auch direkt zurück zur Talstation in Lanersbach. – Wichtig: man erkundige sich an Tal- bzw. Bergstation, ob der Steig Grüblspitze – Torseen schneefrei ist, begehe also auch nicht zu früh im Jahr diese Passage. – Übrigens gibt es ab Gipfel Grüblspitze noch einen geheimen Abstiegsweg, nämlich den südlich über den Junsberg bis nach Lanersbach.

Österreich / Tirol / Zillertaler Alpen / 3–4 Std. / HU: 840 m

79 Vom Penken zum Tuxer Bach

Zillertaler Parade am Rastkogelsockel

TALORT Mayrhofen, 628 m, im inneren Zillertal

AUFFAHRT Penkenbahn (Kabinen) 628 m auf 1780 m, dann Lift unters Penkenjoch auf 2020 m Höhe. – Evtl. Ahornbahn zum Filzenkamm auf 1950 m

HÖCHSTER PUNKT Penkenjoch, 2096 m

RASTPUNKTE Bergstation, 1780 m; Penkenjochhaus, 2096 m (evtl. Penkenhaus, 1816 m); Vorderlanersbach, 1256 m

BESTE ZEIT UND AUSRÜSTUNG Vom Mai bis Ende Oktober. Leidlich feste Schuhe, Wetterschutz! Mit FB-Wanderkarte, Blatt 15!

VARIANTE Wer es nötig hat, suche die absolute Einsamkeit, indem er ab Gschößberg, 1984 m, nördlich absteigt und zwar über die Ebendler Alm hinunter zum Bach und dann mit ihm über Horberg-und Kressbrunnalmen zum Keiler und hier steiler in den Zillertalboden bei Stockach, 620 m. Der Rastkogel hoch droben schaut ihm immer zu!

BILD Bei Astegg unterhalb des Penken. Tiefblick vom Penkenabstieg gegen Südosten in den Stilluppgrund. Ganz oben der Kamm Ahornspitze–Mugler–Grundschartner

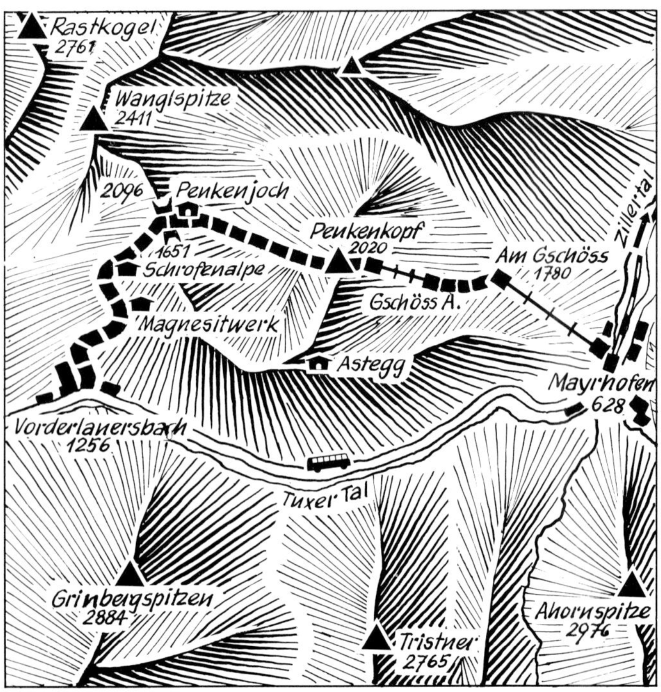

1400 Höhenmeter nordwestlich über Mayrhofen, der dörflichen »Hauptstadt des Zillertales«, erhebt sich der Penken – einst in guten vier Gehstunden, heute mit Kabinenbahn und Lift in 15 Minuten zu erreichen. Dieser Penken, eine mächtige, von schütteren Zirbenwäldern verschattete Almenrampe, ist ein leidlich unversehrtes Naturschutzgebiet und obendrein eine berückende Aussichtskanzel: tief unter uns münden die vier Fels- und Wasserschluchten der Zillertaler »Gründe«, darüber baut sich aus Urgestein und Eis die übermächtige Architektur der Gipfel des Zentralalpenkammes auf. Unten eine heimliche Idylle an der anderen, oben unabsehbar kühle Majestät, man schaut und vergißt die Uhr in der Tasche. – Unser Abstieg ist beschauliches Wandern, oben sachte auf und ab oder eben dahin, später etwas steiler ins Tuxer Tal führend. Von der Penken-Bergstation bummelt man in knappen zehn Minuten zum Sessellift an der Gschößalm, fährt fünf Minuten zum Penkenkopf auf 2020 m Höhe und wandert dann in 30 Minuten gemächlich über den grünen Balkon des Penkenrückens, vorbei an den bizarren Felsgestalten des »Knorren«, zum Unterkunftshaus unterm Penkenjoch, 2096 m. Man rastet und erkennt – nach der mitgeführten FB-Wanderkarte – viele Dutzende der Zillertaler Gipfel: darunter wie auf Griffweite die herrliche Pyramide der Ahornspitze, die Tuxer Dreiergruppe um den Olperer. Der Weiterweg verläßt die Rückenzone, wir steigen erst südlich in die Riesenhänge um die Naudisaste ein und marschieren dann westwärts, immer die Hänge querend, immer zur Linken unten das stille, lange Tuxer Tal. Bis zur Schrofenalpe gehend oder direkt ins Tal – näher am alpinen Magnesitwerk vorbei –, gelangen wir so in 2½ Stunden (ab Penkenjoch) gemütlich nach Vorderlanersbach hinab. Hier wartet der Bus nach Mayrhofen – und der nach Hintertux, wo einige Thermalbadhäuser und einige schöne Wirtsstuben auf uns warten. – Gegenüber noch ein Abstiegstip für trittsichere Geher: Ab Kabinenbahnstation am Filzenkamm, 1950 m, unter der Ahornspitze, sofort westwärts über den Kamm, gemütlich zur Filzenalm, steil hinab zum Wirtshaus »Wasserfall« am Stausee (mit Ia Bier gefüllt!) – dann eben hinaus nach Mayrhofen.

Österreich / Tirol / Tuxer Alpen / 2½–6 Std. / HU: 1446 m

80 Vom Arbeser nach Schwaz

Über Grafenast und Hochpillberg zum Inn

TALORT Schwaz im Inntal, 550 m

AUFFAHRT Sessellift vom Schwimmbad am westlichen Stadtausgang von 550 m auf 1350 m nach Grafenast, bzw. auf 2000 m Höhe zum Arbeserköpfl

HÖCHSTE PUNKTE Grafenast, 1350 m; bzw. (beim großen Abstieg vom Arbeser) Arbeserköpfl, 2026 m, evtl. Kellerjoch, 2344 m

RASTPUNKTE Grafenast, 1350 m; Hochpillberg, 980 m; Hochbrunn, 870 m (Gasthaus und Schwimmbad); evtl. Kellerjochhaus, 2227 m; Gasthaus Gamsstein (am Loassattel, 1683 m)

EIN TIP Eine Art da capo dieser Arbesertour ließe sich unweit westwärts am Glungezer wiederholen. An diesem berühmten Skiberg (der eben erst die Gipfelbahn erhalten hat), steigt man einsam – sozusagen nur unter Skigeistern – bis nach Tulfes zum Bus ab: 3 Std. gemütlich auf den Stufen Granit, Wald, Almwiese!

BESTE ZEIT UND AUSRÜSTUNG Juni bis Ende Oktober. Leichter, gut markierter Weg, auch für Kinder und ältere Leute. Am besten in festen Leichtbergschuhen. – Mit FB-Wanderkarte, Blatt 33 oder 15, 1:100000!

BILD Am hohen Gratweg vom Arbeser zum Kellerjochhaus (rechts oben). Ganz links oben der Gipfel des Kellerjochs, 2344 m

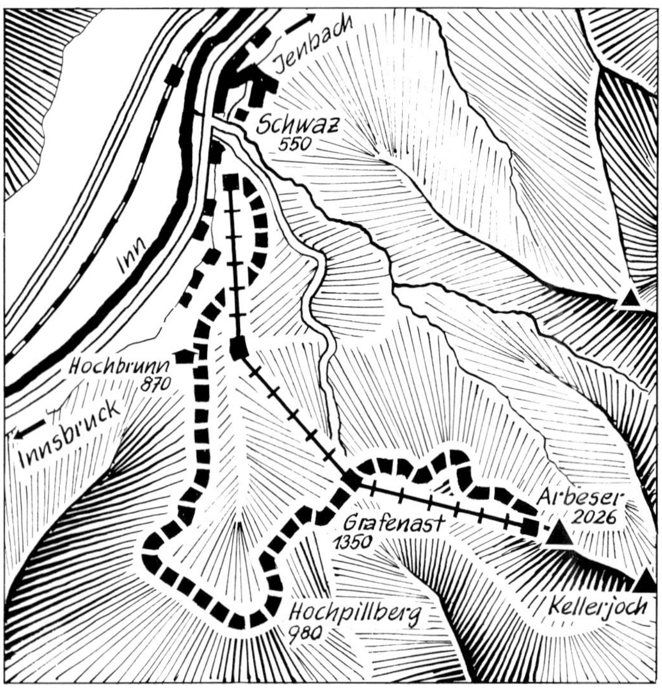

Am Westausgang der alten Fuggerstadt Schwaz, 550 m, führt unmittelbar vom Innufer weg ein Sessellift durch Hochwald weit hinauf nach Grafenast, 1350 m. Hier, an der Waldgrenze der alten, abgeplatteten Tuxer Urgesteinsberge, schaut man wie von einem heiteren grünen Almenbalkon tief hinab auf den silbern im Taldunst blinkenden Inn, hinüber auf die hellen Kalkberge des Karwendels oder hinein ins unabsehbare Ödland um Gilfert, Hirzer Berg und Rastkogel: über satten Almhängen und Waldgürteln locken und drohen felsige Kare, nackte Grate, nie begangene Schrofenwände . . . Um Grafenast herum ist freilich alles lebensvoll, und der gemütliche Abstieg an den alten Bauernhöfen des Hochpillbergs vorbei – schönen, würdigen Holzbauten von glücklichster Proportion, mit blumenüberladenen Balkonen! –, dann durch Waldstreifen und wieder über bachdurchrauschte Almgärten, besitzt alle Reize anmutiger Nähe. Der gute Weg ist nie anstrengend, nie langweilig, die Szenerie wechselt immerfort – einmal winkt der blaue Inntalboden, einmal das schaurig-schöne Vomperloch aus der Karwendeltiefe, einmal die silberne Hochgebirgshöhe –, dazu kommen die »Asten«, das sind die zwischen den Bergbauernhöfen verstreuten Heustadel, dazu kommt das Phänomen des Weerberges gegenüber – eines mächtigen, bis hoch hinaus von unzähligen Stadeln und Bauernhöfen überstreuten, grünen Almenberges . . . Am Hochpillberg, 980 m, wendet sich der Weg zurück nach Osten, um an der alten »Kohlerkapelle« vorbei bis Hochbrunn, 870 m, zu führen. Hier, wo auf der anderen Innseite der Bettelwurf hoch in den Himmel wuchtet, steht auf köstlich grüner Wiesenkuppe das alte Gasthaus, und dicht dabei liegt das Schwimmbad. Nach dieser erfrischenden Unterbrechung schlendern wir über Wiesen und durch Waldbreiten, Wasserrinnen und Gräben querend, weiter talab zum freien Pirschanger und an den Stadtrand. – Wer höher hinaus will, der fahre von Grafenast mit dem Lift hinauf zum Arbeserköpfl, quere – wie auf einer Schautribüne – hinüber zum Kellerjochhaus (40 Min., Bild) und steige dann (erst kurz am Kamm zurück, dann südlich unterm Kuhmesser-Gipfel hindurch) zum Wirtshaus Gamsstein am Loassattel, von wo ein bequemer Weg zurück nach Grafenast führt.

Österreich / Tirol / Zillertaler Alpen / 3½–4½ Std.
HU: 672 oder 1136 m

81 Vom Gerlosstein ins Zillertal

Kothahornalm – Labergeck – Steinerkogel – Mayrhofen

TALORT Zell am Ziller, 575 m. Bzw. Hainzenberg, 944 m (Talstation der Gerlossteinbahn)

AUFFAHRT Von 944 m mit Kabinenbahn auf 1650 m zum Berghotel Gerlosstein unter der Gerlossteinwand (Bild)

HÖCHSTER PUNKT Schladeralm, 1764 m

RASTPLÄTZE Berghotel Gerlosstein, 1650 m (gut bewirtschaftet). – Labergalmen, ca. 1750 m (unbewirtschaftet). – Berghaus Steinerkogel, 1263 m

BESTE ZEIT UND AUSRÜSTUNG Juni bis Ende Oktober. Auch mit Kindern ab 10 Jahren. Ungefährlich für trittsichere Wanderer. Mit Pullover, Anorak, Leichtbergschuhen und Proviant. – Mit FB-Wanderkarte, Blatt 15!

BILD Unter der Gerlossteinwand, 2166 m, in unmittelbarer Nähe der Bergstation (Berghotel) Gerlosstein. Man fährt hierher mit der Kabinenbahn von der Gerlospaßstraße, um dann in südlicher Richtung, parallel zum Zillertal hoch, über dessen Talgrund zu wandern bzw. nach Mayrhofen zum Bus abzusteigen

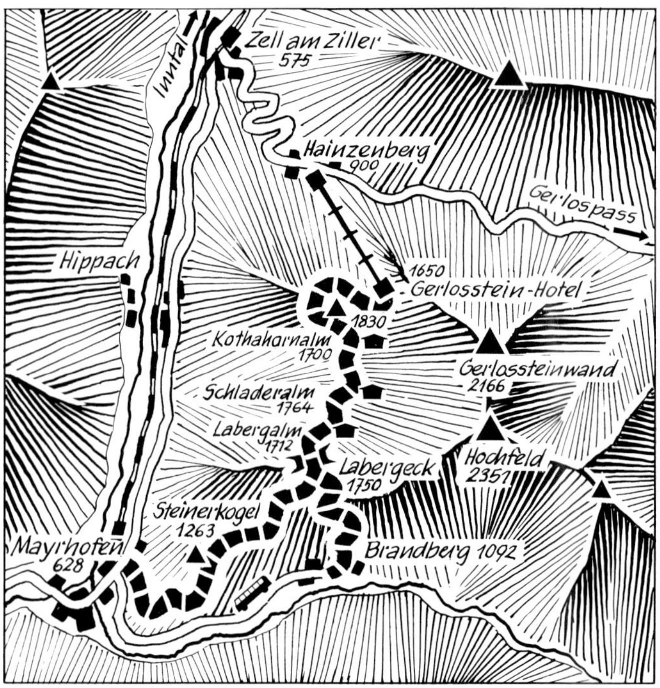

Man läßt seinen Wagen in Zell am Ziller stehen, also auf 575 m Höhe, fährt mit dem Bus zur Talstation der Gerlossteinbahn in Hainzenberg an der Gerlospaßstraße, 944 m hoch gelegen – und schwebt mit der Kabine auf 1650 m Höhe. Hier rastet man vor der Gerlosstein-Hütte, einem passablen, gut geführten Berghotel, bestaunt die nahe Steilwand des Gerlossteins und macht sich dann auf den Weg – einen der schönsten und stillsten Höhenwege weitum. Denn kaum hat man, vom Berghotel erst nordwestlich, dann westlich, endlich südlich – immer eben! – das Arbisközerl umlaufen, so wandert man stets an 1000 Meter über dem Zillertalboden dahin, den Blick auf den übergletscherten Zentralalpenkamm gerichtet. Zwar läßt sich fürs erste nur das Dreigestirn Riffler – Gefrorene Wand – Olperer sehen, dazu der Wächter des Zillertales, die 2976 m hohe Ahornspitze, aber hat man dann Kothahornalm und Schladeralm passiert, dann ist man auch bald am Labergeck, dicht oberhalb der Labergalmen auf etwa 1750 Meter Höhe, und hier erwartet einen der unerwartetste, in der Tat großartigste Augenblick unserer Wanderung: Ein »Augenblick« im wortwörtlichen Sinne, denn mit einem einzigen Blick umfaßt man den überraschenden Tiefblick in den rauschenden Zillergrund und den Einblick in dessen mächtiges Bergsystem. Die verschwiegenen, kaum je besuchten Seitentäler des Zillergrundes unter dem Hauptkamm tun sich auf, und ein Dutzend Dreitausender zieht den Blick auf sich: Aus der Almregion schaut man ins große Chaos. Man wird sich an den Labergalmen zur Rast setzen, ehe man den Abstieg nach Mayrhofen beginnt. Hier kommen zwei Routen in Betracht: 1. der etwas längere, weniger steile und besonders hübsche Weg durch Bergwald und Wiesen zum Steinerkogel (Wirtshaus) und von dort steil hinab an das Ufer des Ziller, oder 2. der etwas kürzere Weg nach Brandberg im Zillergrund: erst steil zur Waldgrenze, dann im Wald westlich (auf dem Weg zum Steinerkogel) bis Irbichl, 1264 m, und ab hier scharf östlich zurück und über Almwiesen hinab nach Brandberg, 1079 m: Bus nach Mayrhofen. – Noch einsamer: Gerlossteinhaus–Hochfeld bis Torhelmscharte, dann nur noch westwärts am grandiosen Aussichtsweg – hoch überm Zillergründl dahin!

Österreich / Hohe Tauern / 4–6 Std. / HU: 872 oder 1281 m

82 Vom Weißsee ins Stubachtal

Rudolfshütte – Tauernmoossee – Enzinger Boden

TALORT Uttendorf i. Pinzgau, 807 m. – Bzw. Enzinger Boden im Stubachtal, 1480 m (18 km Bergstraße von Uttendorf)

AUFFAHRT Kabine in zwei Teilstrecken bis zum AV-Hotel Weißsee (Rudolfshütte), 2352 m

HÖCHSTER PUNKT Bergstation oder Medelzkopf, 2761 m (lohnender Abstecher ab Bergstation, leichter Blockgrat)

RASTORTE Nur Rudolfshütte AV, 2352 m, dann Gasthof Schneiderau, 990 m und »Enzingerboden« (Bus)

BESTE ZEIT UND AUSRÜSTUNG Ende Juli mit September. Nur in guten Bergschuhen und Wetterschutz (Anorak und Pullover). Leicht für trittsichere Geher. Auch für Kinder ab 14 Jahren! – Nur mit FB-Wanderkarte, Blatt 12! Besser: AV-Karte »Glocknergruppe«, 1:25000!

BILD Ausblick von den kleinen Seen im Anstieg von der Rudolfshütte am Weißsee zum Medelzkopf am Kamm der Hohen Tauern. Im Hintergrunde (von rechts) Hohe Schneid und Eiskögele, 3436 m. Links darunter ein Teil des Ödenwinkelkeeses (Gletscher)

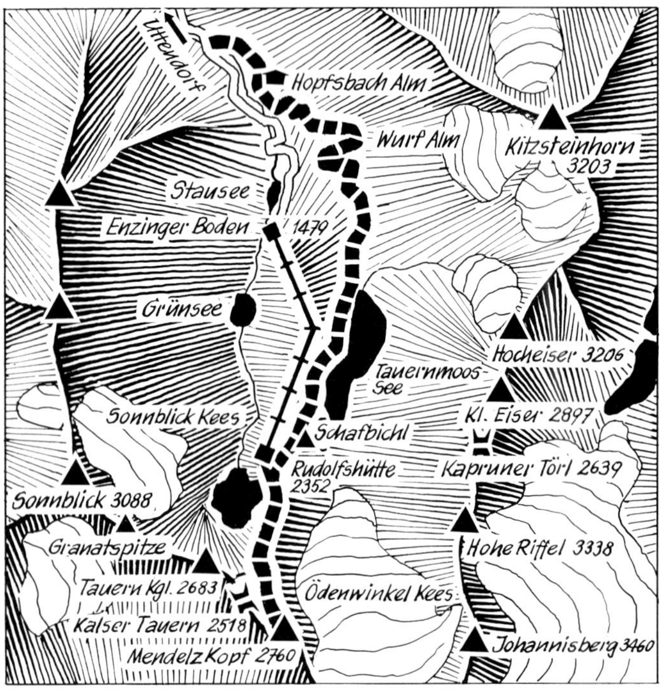

Der Höhenunterschied der Seilbahnstrecke Enzinger Boden–Rudolfshütte am Weißsee beträgt etwa 880 Meter. Der einfache Abstieg Weißsee–Enzinger Boden ist unschwierig – gleich rechts zum Wasserfall hinab, mit dem schnellen Weißenbach über »Französachalm«, Grünsee und Schwarze Lacke, immer interessant und steil – ist vielleicht nicht sonderlich einsam. Ich schlage deshalb noch zwei andere, vielleicht interessantere Abstiege vor: 1. Man beginnt mit einem leichten Anstieg von 1 Std. ab Hütte, zuerst am Steig zum Kalser Tauern, dann vor dem Paß links hinauf am Blockgrat und von Süden her auf den Medelzkopf, 2761 m. Der Ausblick (Bild) auf das schaurige Ödenwinkelkees unterm Eiskögele ist faszinierend. Dabei rastet man am Gipfel unmittelbar am Hauptalpenkamm und kann viele Gipfel, Eiskare und Eisgrate bestaunen. Der Abstieg zurück zur Hütte ist einfach. Hier beginnt Variante 2: man wandert (rechts, unter der Seilbahn) über den grünen Rücken der schrofigen Schafbichlköpfe, über saftige Grasböden, an kleinen Seelein und großen Urgesteinsblöcken vorbei, stets dem gut markierten Steig folgend, zum Tauernmoossee, 2003 m. An der Mittelstation, auf die wir hier treffen, wenden wir uns an der Wegtafel »zur Krefelder Hütte« nach rechts, überschreiten den Staudamm, passieren einen mäandrisch aufgelegten Wildbach und erreichen ein kleines Moor östlich des Rötenkogels (siehe AV-Karte »Glocknergruppe« 1:25 000). Hier biegt der Krefelder Hüttenweg scharf rechts ab, wir aber verlassen die Markierung und gehen links geradeaus auf schwach ausgeprägtem Steiglein (Vorsicht bei Nebel!) zum Westrand des Hochmoores, dann steil links (nördlich!) in Serpentinen hinab zur Reschenalm, 1900 m. Kurz hinter der Alm durch ein Gatter und durch die Wiesen rechts abwärts zum Murbach, bis man, 50 m tiefer, auf den verlorengegangenen Pfad trifft. Der führt jetzt wider Erwarten taleinwärts, dann aber doch talaus und hinab in die Schneiderau am Enzinger Boden. – Wer kein Auto an der Talstation hat und als Alpinist etwas anspruchsvoll »absteigen« will, steigt von der Rudolfshütte kurz (links) über das Kleine Riffl-Kees zum Kapruner Törl, 2639 m, und wandert drüben firnfrei über die Wintergasse zum Mooserboden, 2040 m (Bus nach Kaprun)!

Österreich / Kitzbüheler Schieferalpen / 5–8 Std. / HU: 800 m

83 Grüne Tribünen über dem Paß Thurn

Resterhöhe – Zweitausender – Roßgruber

Talorte Mittersill im Pinzgau, 789 m. – Kitzbühel, 750 m. – Paß Thurn, 1274 m

AUFFAHRT Sessellift zur Bergstation Resterhöhe, 1840 m

HÖCHSTE PUNKTE am Kamm: Resterhöhe, 1894 m (wird meist unterlaufen). Punkt 1941 m, Punkt 1975 m, Latschingkogel, 1889 m, »Zweitausender«, 2006 m. Für die Trittsicheren der Roßgruberkogel, 2157 m

BESONDERER HINWEIS An dem langen, stillen Kamm, der meist kaum Wegspuren aufweist, raste man stets südlich unter der Kammkrone in den Mulden der Südhänge – hoch überm Pinzgau, hoch über den vielen einsamen Heustadeln dieser köstlichen Almflanke! – Wenn bei Wetterumschlag Zwang zum raschen Abstieg, dann nur an steilen Almen südwärts in den Mühlbachgraben!

BESTE ZEIT UND AUSRÜSTUNG Von Ende Mai bis November! Unerläßlich ist sichtiges Wetter wegen der Wegfindung! Immer nehme man Proviant mit, die Karte (Freytag-Berndt, Blatt 12, Glockner- und Venedigergruppe), Anorak mit Kopfschutz, Handschuhe, immer feste Bergschuhe! Man verlasse den Kamm nicht zu irgendeinem Abstieg, bleibe in seinem Bereich!

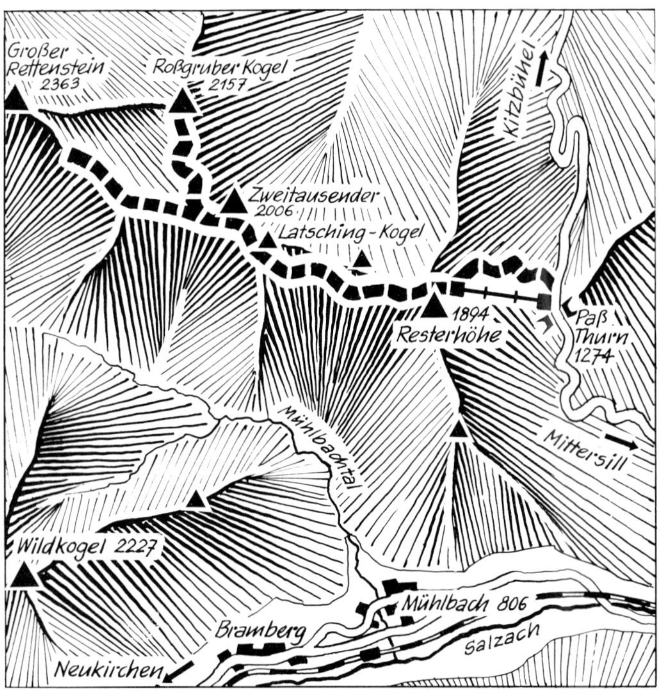

Eines der feinsten Abenteuer für Körper und Geist ist der stille Gang von der Resterhöhe über dem Paß Thurn bis weit hinüber zum Sockel des Roßgruber – immer hoch überm Talboden des Pinzgaues, immer die Firnmassen der Venedigergruppe vor Augen und Glockner und Wiesbachhorn dazu . . . Man fährt also über Kitzbühel oder Mittersill zum Paß Thurn hinauf, nimmt den Lift zur Bergstation, also von 1274 auf runde 1840 m Höhe, und marschiert los. Langsam! heißt die Parole, langsam und mit vielen Rasten! Es geht mählich bergauf bis zum Kamm, die Resterhöhe läßt man links liegen und dann bleibt man an diesem runden, stillen, merkwürdig flachen Riesenkamm, und das leichte Auf und Ab ist kaum zu spüren. Die volle Spannung kommt aus der großen Stille: schon dicht überm Lift hören die Leute auf, und vom Latschingkogel ab entdeckt man überhaupt keinen Menschen mehr. Am Zweitausender, wohin man seine gemütlichen 2–3 Stunden gebummelt ist, nähert man sich dem spitzigen Roßgruber und ist versucht, sofort hinaufzusteigen: Es sind nur noch gute 150 m Höhenunterschied, aber nur wer gute Schuhe hat, kommt über die steilen Schrofenmulden gut zum Gipfel. Auch ohne Roßgruber geht man 2–3 Stunden bis an dessen südlichen Sockel und dieselbe Zeit zurück. Mit dem Abstieg Bergstation – Paß Thurn hat man höchstens 5–7 Std. zu gehen . . . Aber man kann an jedem beliebigen Gipfel dieses wundervollen grünen Aussichtskammes umkehren! Es ist natürlich: je weiter wir westlich gegen Roßgruber und Großen Rettenstein vordringen, desto gewisser versinken wir im stummen Rausch einer überwältigenden Stille. Hin oder zurück, immer stehen die glänzenden Massen der Gletscher dicht gegenüber, man schaut mit behaglichem Erschauern in die tiefen Talgründe der Tauern und sammelt große Pläne. – Es gibt kein Gasthaus unterwegs, man nimmt seinen kleinen Proviant mit. Viel Obst! Der hohe Kamm schreibt das Tempo vor. Man sieht stets, wie weit es noch ist, wo man abbrechen könnte. Und wer umkehrt, weiß, daß er ab Bergstation nochmals 50 Minuten zur Talstation absteigen muß. Dieser Weg ist nur stellenweise in Ordnung, man sucht sich eben mit scharfem Auge die beste Möglichkeit im Hang . . . Man kann auch mit der Kabine abfahren!

Blick aus dem Flugzeug (das sich über dem »Zweitausender« befindet) auf den mächtigen Almenkamm zwischen Resterhöhe und Roßgruber. Der dunkle Keil im Mittelgrund ist der östliche Ausläufer des Wildkogel. An Tauernbergen erkennt man im Hintergrund von rechts: Großen Geiger, Groß- und Kleinvenediger, 3674 m, Hohe Fürleg, Plattigen Habach und den Talschluß des Hollersbachtales.

Österreich / Kitzbüheler Alpen / 4–5 Std. / HU: 749 oder 943 m

84 Kitzbüheler Skiberge in Grün

Alpenrosehütte – Brechhornhaus – Kirchberg

TALORT Westendorf bei Hopfgarten, 785 m, im Brixental

AUFFAHRT Mit Berglift von 785 m zur Alpenrosehütte, 1534 m

HÖCHSTE PUNKTE Brechhornhaus, 1728 m, evtl. Brechhorngipfel, 2031 m. Evtl. Natzberg, 1886 m, oder Fleiding, 1892 m

RASTORTE Brechhornhaus (privat), 1728 m. – Wiegenalpe (privat), 1520 m. – Alpenrosehütte, AV, 1534 m

ZU DEN ABSTIEGEN Wer ostwärts ins Spertental (nach Kirchberg) absteigen will, hat fünf markierte Abstiege. Wer sich erst beim Wirt der Wiegenalm entscheiden muß, kann links zum Brixenbach und nach Brixen, – rechts über die Kobinger Hütte nach Kirchberg zielen: 2 Std. (ohne Kinder)

BESTE ZEIT UND AUSRÜSTUNG Juni bis Ende Oktober. – Leichtbergschuhe mit Profilgummisohle, Wetterschutz (Anorak, Pullover). Gut markierte Steige, auch für Kinder ab 10 Jahren! – Mit FB-Wanderkarte, Blatt 38!

BILD Auf dem Wege von der Alpenrosehütte, am Hang des Fleiding dahin, zum Brechhornhaus. Oben rechts die Nordflanke des Brechhorns, 2031 m

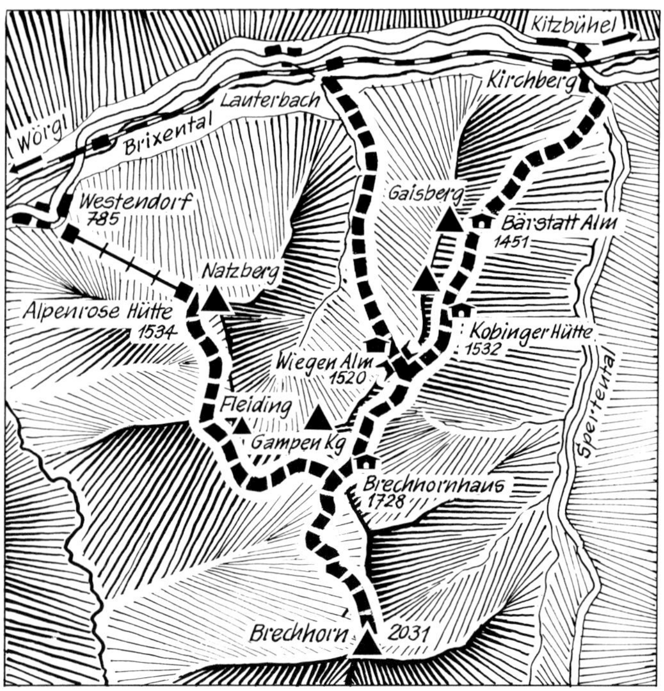

Das mit viel Recht berühmte Kitzbüheler Skigebirge mit seinen runden Kuppen über behäbig ausgebreiteten Tiroler Bergdörfern ist auch im Sommer beliebt: wer aber von Westendorf mit dem Berglift zum Gasthof Alpenrose hinauffährt, um von dort südwärts zu wandern, Fleiding und Gampenkogel zu umrunden und dann auf das Brechhorn zuzusteuern, den umfängt eine wunderbare stille Welt! Man kann es dort oben einfach nicht glauben, daß sich eine komplette Menschheit dem Autofahren verschrieben hat ... Fürs erste wandert man südwärts hoch über der Windau dahin, einem versteckten Tal, das auf die Filzenscharte zustrebt; hat man den Fleiding umgangen oder mit einem lohnenden Abstecher erstiegen, dann schaut man geradeaus ins Spertental hinunter, in das vielleicht hübscheste Kitzbüheler Skital, und sieht nun auch den Großen Rettenstein vor sich, sieht auf die Reichenspitzgruppe und einige eisüberwallte Tauerngipfel. Der Abstieg Alpenrosehütte–Brechhornhaus–Wiegenalm–Brixenbachtal–Lauterbach (bei Westendorf) nimmt gute 4–5 Stunden in Anspruch und verlangt Trittsicherheit und Orientierungsgabe. Steigt man von der Wiegenalm über Kobingerhütte und Bärstattalm nach Kirchberg am markierten Weg ab, so kann das Unternehmen dennoch etwas länger dauern. Genehmigt man seinen Beinen die Besteigung des wenig anstrengenden, aber aussichtsreichen Brechhorngipfels, 2031 m, so muß man 2–3 Stunden mehr aufwenden. Wenn ich diesen Abstiegsweg machte, dann stieg ich – zumal, wenn ich Kinder mit mir hatte – gern ins Brixenbachtal ab, also von der Wiegenalm gleich links hinab Richtung Rechentalalm zum Bache. Denn erstens empfing uns hier bald schattiger Bergwald, und zweitens ließ sich mit einem Bergbach allerlei unternehmen: etwa wenn man seine Gumpen ausmachte, das sind von Wasser in den Fels gewaschene »Badewannen«, oder auch Wasserfälle und dergleichen. – Wer partout östlich ins Spertental absteigen will, hat fünf markierte Abstiege vor sich: er wähle und ist bald in Kirchberg draußen. Man kann schon hinterm Fleiding, kann am Brechhornhaus, kann sogar über das Brechhorn hinweg östlich ins Spertental – tiefe Gräben, viel Wasser, Steilwald, almerische Filmszenen: still, schön!

Österreich / Tirol / Kitzbüheler Alpen / 4–5 Std. / HU: 1248 m

85 Stille Abstiege vom Kitzbüheler Horn

Zum Grießwirt und nach St. Johann

TALORTE Kitzbühel, 750 m – St. Johann, 725 m

AUFFAHRT Kabinenbahn ab Kitzbühel bis Gipfel. Oder Bahn und Lift ab St. Johann bis Harschbühel, ca. 1650 m

HÖCHSTER PUNKT Kitzbüheler Horn, 1998 m

RASTORTE Alpenhaus, 1668 m; Hotel Bichlalm, 1580 m; Wirtshaus Ober-Aigen, 1320 m; Wirtshaus Stang, 1030 m; Zielwirtshaus »Grießwirt«

BESTE ZEIT UND AUSRÜSTUNG Juni (Alpenrosenblüte) und September–Oktober. Ungefährlich für trittsichere Geher. Markiert. Nur in Bergschuhen begehen und mit Wetter- und Wärmeschutz! – Mit FB-Wanderkarte, Blatt 38!

HINWEIS Alle Abstiege auch mit trittsicheren, also geübten Kindern ab 10 Jahren! Für kleine Neulinge wäre die Höhendifferenz zu groß (beim ersten Mal!). – Übrigens ist der hier vorgeschlagene Abstieg Horn–Pfeiferkogel–Bichlalm–Stang–Kitzbühel fast zu weit für nicht wirklich geübte Kinder!

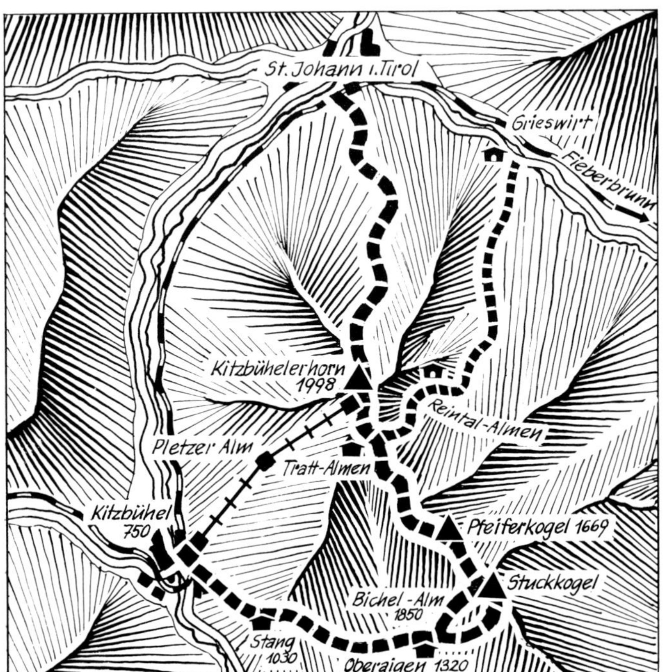

Am Gipfel des Kitzbüheler Horns, 1998 m, dem markanten, neuerdings mit mehreren Seilbahnen bestückten Skiberg, gibt es nur eine Devise für den absteigenden Bergwanderer: heraus aus dem Seilbahnrevier, und nicht dorthin abgestiegen, wo man abermals unter »fahrendes Volk« geraten könnte! Also diesmal nicht direkt südwestlich über Alpenhaus und Mittelstation nach Kitzbühel abgestiegen –, sondern ostwärts, also entgegengesetzt! Vorzug: absolute Stille! Wir steigen am Südhang, und zwar an dessen östlicher Kante, nur so weit gegen das Hornköpfl zu ab, bis wir nach links ins Reintal tauchen können – fort aus der lauten Welt! Wir wollen in diesem Reintal, natürlich den markierten Weg benützend, über Obere und Untere Reintalalm bis in den Bachgrund und in ihm bis hinaus zum Grießwirt laufen (Bus oder Bahn, 3 Std.). – Ein weiterer guter Vorschlag: Südwärts gerade hinab (erst in Serpentinen) zum Alpenhaus, weiter südwärts zur Trattalm und dann die Wegspuren südostwärts verfolgt – an der ersten Hangkante oberhalb der Trattalm geht es hinab zur Pfeiferalm (wobei der Pfeiferkogel oben links liegen bleibt). Nun südlich (stückweise weglos) zwischen Hochetz- und Stuckkogel durch und hier scharf rechts hinab in die alte »Bichlalm«, heute ein regelrechtes Berghotel. Ab hier steigt man endgültig über Ober-Aigen Richtung Schloß Kaps und zum Kitzbüheler Stadtrand ab (Gesamtzeit ab Horngipfel gut 4–5 Std.!). – Wer den Wagen in St. Johann stehen hat, hat ebenfalls seine private Abstiegschance: Ist er trittsicher, dann nimmt er den markierten Felssteig, der direkt vom Gipfel des Horns durch sehr steile Felsschrofen nordwärts hinab zum Harschbichl führt: hier kann er dann westwärts Oberndorf/Wiesenschwang oder, genau nordwärts, St. Johann anpeilen (Abstiegszeit gute 2–3 Std.) . . . Wie das Flugbild andeutet, spaziert man halben Wegs stets im Anblick des vergletscherten Tauernkammes und findet ungefähr 999 auch heutigentags und morgen und übermorgen entlegene, stille Verstecke, um der Sonne, einer sanften Erschöpfung oder philosophischen Bilanzen zu huldigen. – Weil die Abstiegshöhe volle 1248 m beträgt, kann man nur geübte Kinder, etwa ab 10/12 Jahren mitnehmen: Es gibt nur Almwege, ohne Pflege.

Blick – genau von Norden – auf das Kitzbüheler Horn, 1998 m, im Hintergrunde die Hohen Tauern mit der Großvenedigergruppe. Vorne ganz links das Reintal, durch das wir angenehm bis zum Grießwirt absteigen. Wir können aber auch links oben den ganzen Südkamm über Pfeiferkogel und Stuckkogel ablaufen und dann jenseits nach Kitzbühel absteigen. Auch der pralle Nordkamm in der Mitte unseres Bildes ist ein stiller feiner Abstiegsweg, bei dem man nur in der unteren Waldzone etwas Orientierungsgefühl braucht. Wegspuren immer vorhanden!

Österreich / Tirol / Wilder Kaiser / 4–7 Std. / HU 971 m

86 Unter dem Scheffauer Kaiser

Kaiserlift – Kaindlhütte – Walleralm – Steinerne Stiege

TALORT Kufstein, 503 m

AUFFAHRT Mit dem Kaiserlift (Sessellift) von 520 m auf 1300 m! ... Neue Bergbahn Kufstein (Sparchen) – Brentenjoch, 500–1200 m

HÖCHSTER PUNKT Hochegg (Unterm Gratauslauf des Zettenkaisers), 1474 m. – Wenn »Widauersteig«, dann Grathöhe 2070 m, bzw. Scheffauergipfel, 2113 m!

RASTORTE Kaindlhütte am Steinberg, 1318 m; Walleralm, 1146 m; Wirtshaus Hintersteinersee, 892 m; AV-Haus Hinterbärenbad, 831 m

BESTE ZEIT UND AUSRÜSTUNG Juli bis Oktober, aber möglichst an Wochentagen! Leicht, ungefährlich, auch für Kinder ab 10 Jahren. Nur in Leichtbergschuhen und mit Wetter- und Wärmeschutz. – Mit FB-Wanderkarte, Blatt 40! – Viel besser AV-Karte, 8, Wilder Kaiser, 1:25000!

GUTER TIP Man mache einen Mittwoch oder Montag zum »Sonntag« und der Wilde Kaiser ist leer!

BILD Im Abstieg am »Bettlersteig« von der Kaindlhütte ins Kaisertal nach Hinterbärenbad. In Bildmitte oben der Scheffauer mit seiner steilen Nordwand, ganz rechts eine Kante des Zettenkaiser. Links oben am Bildrand die Hackenköpfe. Zwischen Hackenköpfen und Scheffauer zieht der versicherte »Widauersteig« zum Gipfelgrat.

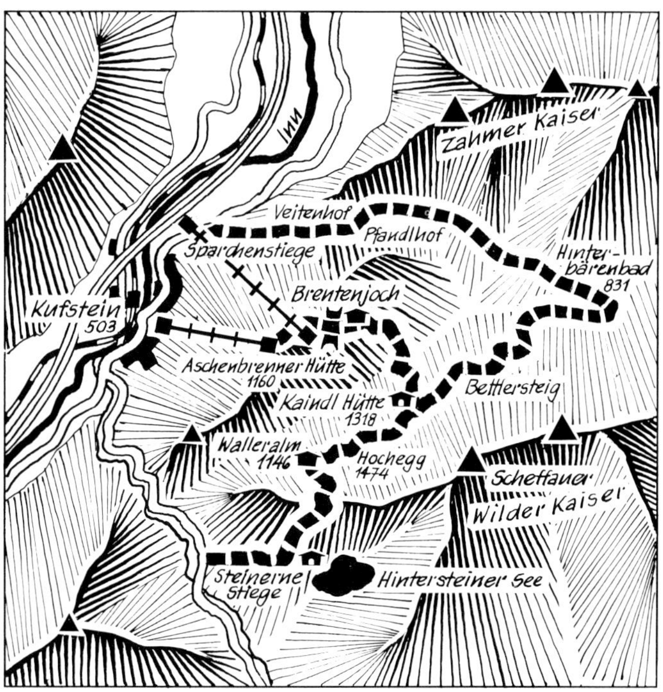

In der Steinbergmulde dicht unter der Scheffauer-Nordwand (mit ihren im Bild sichtbaren Riesenplatten unterm Gipfel) steht die alte liebe Kaindlhütte: unser Startplatz für zwei äußerst reizvolle Abstiege zurück ans Inn-Ufer! ... Es gibt zwei Chancen für's Hinaufkommen: 1. Den alten Kaiserlift mit angespanntem Sessellift, und 2. die neue Bahn ab Sparchenstiege zur Weinberger-Hütte am Brentenjoch (ab hier beinahe ebener Weg zur Hütte hinüber). – Abstieg I führt von der Kaindlhütte ostwärts ins Kaisertal hinab, quert also mit dem alten »Bettlersteig« die gewaltige Straßwalchschlucht, erreicht den Wirt in Hinterbärenbad und läßt uns hier einen Haken schlagen – bisher Ost-, jetzt Westrichtung, Abstieg am klassischen »Kaiserweg« über Pfandl- und Feichtenhof hinaus zur Sparchenstiege, hinab ins »Auracher Löchl« am Inn-Ufer ... – Abstieg II sucht ab Kaindlhütte zuerst den kurzen Anstieg von 1318 m Hüttenhöhe bis auf 1474 m am Grateinschnitt des Hochegg (das sind nur 45 schöne Minuten!). Dem triumphalen Übergang mit der Vorstellung des verfirnten Tauernkammes folgen der Abstieg über die Walleralm, 1146 m, in die Idylle des Hintersteinersees, 892 m, und die Knie-Übungen an der »Steinernen Stiege« zur Kufsteiner Bushaltestelle, 805 m. Der Steigplage von zusammen knapp 300 m folgt also ein gemütlicher, wenn auch anfangs steiler Bummelabstieg über 700 m. – Die Trümpfe über der Steinbergmulde sind die kühnen Plattenwände von Scheffauer und Zettenkaiser, ihre Grate, Schluchten, Kaminreihen und verlorenen Kare, dann jener kaum beschreibbare allererste Blick in den Süden auf Glockner und Venediger, auf Zillertaler und Kitzbüheler Alpen, und endlich die relative Stille bei diesem Abstieg ins grüne Leben. Der letzte Knalleffekt ist der Blick ins tiefe Inntalbecken, hinein nach Schwaz, Hall und Innsbruck – von milden Dunstplatten bedeckt, die stinkende Industriewerke verstecken. – Wer einen 100%igen »Scheffauer« buchen will, steige ab Kaindlhütte auf dem gut eisenversicherten, leichten »Widauersteig« in die Scharte vor dem Gipfel – und kippe dort in den lediglich Trittsicherheit erfordernden Riesenabstieg von 2070 m Kammhöhe bis Hintersteinersee und »Steinerne Stiege« – mit gut 1250 m Höhendifferenz: Das ist nichts für Kinder!

Deutschland / Chiemgauer-Berge / 3–4 Std. / HU: 860 m

87 Unter der Kampenwand

Hofbauern-Hochalm und Aschenthaler Wände

TALORT Hohenaschau, 693 m bzw. 616 m

AUFFAHRT Kleinkabinenbahn von 616 auf 1520 m (Sattel zwischen Kampenwand und Scheibenwand)

HÖCHSTE PUNKTE Bergstation, 1520 m; Kampenwand-Ostgipfel, 1669 m (für leidlich trittsichere Geher mühelos über die bewirtschaftete Steinlingalm zu erreichen. Zeitaufwand für Gipfeltour hin und zurück zur Bergstation 2 Std.!)

RASTORTE Restaurant Bergstation, 1520 m; Immenhof-Hainbach, etwa 660 m, im Tal (Wirt am Weg)

BESTE ZEIT UND AUSRÜSTUNG Da Südabstieg, schon ab Ende Mai bis Ende Oktober. Ungefährlich, auch für Kinder, wenn trittsicher. Leichte Bergschuhe und Wetterschutz erforderlich. – Mit FB-Wanderkarte, Blatt 30, leider nur 1:100000!

EIN TIP Wer an der Bergstation zu faul zum Absteigen ist, marschiere gemütlich ostwärts, überlasse die Steinlingalm den eiligen Trinkern und steige durch die Kaisersäle auf den östlichen Hauptgipfel der Kampenwand, 1669 m. Das verschafft a) einen herrlichen Überblick, b) ein längst fälliges Selbstgefühl, c) den legitimen Durst auf eine Halbe Bier oder Limonade. – Nach dieser Brotzeit stolpert man gerne unseren versteckten Weg »hinter der Kampenwand« hinunter ins Dalsental (ab Steinlingalm via Bergstation 4 Std.)

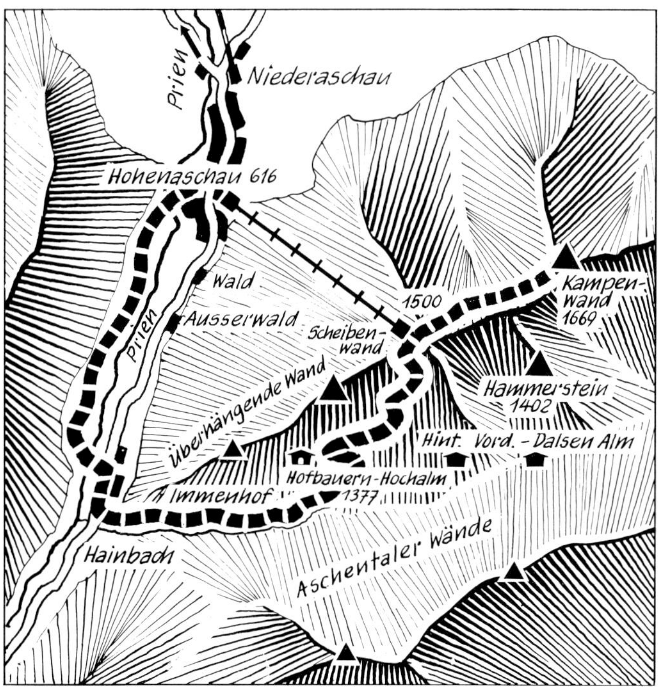

Oberbayern kennt keine schönere Aussichtskanzel als die Kampenwand bei Hohenaschau, wo man auf felsigen Zinnen hoch über dem blauen Vorland steht mit dem Silberspiegel des Chiemsees darin – und wo man, südwärts gewandt, dem gegenüber aufragenden Wilden Kaiser mitten in sein düsteres Kalkgerippe schaut. Man erkennt viele Tauerngipfel, und dann ist ringsum eine theatralische Wildnis von sanften Almmatten, aus denen überall scharfe Kalkriffe aufragen, alles wie kleine Nachbildungen der kalkweißen, vielgipfeligen Kampenwand selbst. Oft sind diese Riffe auch von jungen Fichten besetzt, was das romantische Bild vollendet. Natürlich schafft die neue Kampenwandbahn viele Menschen auf die erhabene Höhe, doch eben denen gilt es zu entkommen. Unser Steig ist markiert und beginnt direkt an der Bergstation, führt in südlicher Richtung im Linksbogen durch ein Felskar (man bleibe am oberen Steig!) und dann in einer scharfen Wendung nach rechts westlich in das vollkommen von Menschen, aber nicht von Murmeltieren entleerte Gebiet dicht südlich der Scheibenwand. Im Süden gegenüber stehen die Aschenthaler Wände, unter ihnen – für uns oben nicht sichtbar – ist das Dalsental mit der Dalsenalm versteckt. Dicht südlich der Bergstation gehen südwärts drei Wege auseinander (statt einem!). Der linke rennt ostwärts über die Steinbachalm nach Schleching, – der mittlere saust schnurgerade südlich zur Dalsenalm hinab (den können wir begehen), – der dritte spaziert westwärts und sein rechter »Abschneider« führt direkt zur Hofbauern-Hochalm. Hinter der steht eine kleine Kapelle mit einem Superfotografenblick ins Inntal hinein. Dort können Verliebte die spannungsreichsten Gespräche führen . . . Das Wegerl dorthin geht unterhalb natürlich weiter und führt uns am halben Weg durch Almland und Bergwald an ein starkes Bacherl, das (oberhalb) schöne versteckte Gumpen anbietet. Man kann dort tagelang den Adam spielen, nicht einmal ein Jäger findet einen. - In Hainbach draußen, wo es eben wird, gibt es prompt einen Wirt, aber nicht immer einen Bus nach Aschau. Im schlimmsten Fall geht man die 3 ebenen Kilometer zu Fuß und schimpft laut auf das Autofahrervolk. Das ist für Nurautofahrer ein unverhofft schöner Genuß!

Blick von Norden auf die Kampenwand, 1669 m, mit ihrem auffallenden Zackenkamm. Rechts der Sattel mit der Bergstation, von dem aus wir nach links zur Steinlingalm wandern und von dort in den Mittelgrund absteigen können. Wählen wir – wie auf der Skizze – die Südseite zum Abstieg nach Hainbach im Priental, dann verlassen wir rechts oben die Nordseite. Hinten rechts das Unterberghorn, links Leoganger und Loferer Steinberge.

88 Vom Untersberg nach Berchtesgaden

Abstiegswege über Mittagscharte und Eishöhlen

TALORT St. Leonhard, 460 m, bei Salzburg

AUFFAHRT Kabinenbahn von 460 m Höhe zum Geiereck, 1806 m, dicht unterm Salzburger Hochthron, 1857 m

HÖCHSTER PUNKT Salzburger Hochthron, 1857 m, oder – im zweiten Falle – Berchtesgadener Hochthron, 1973 m

RASTORTE Geiereck (Bergstation), 1806 m. – Bei Abstieg 1 Schutzhaus an den Eishöhlen, 1551 m. – Bei Abstieg 2 Stöhrhaus, DAV, 1894 m

BESTE ZEIT UND AUSRÜSTUNG Juni bis Ende Oktober. Nur in Leichtbergstiefeln mit Gummiprofilsohle, mit leichtem Pullover, Anorak und Proviant. – Nur mit FB-Wanderkarte, Blatt 10! – Bei Nebel bzw. unsicherer Wetterlage keine Untersberg-Plateauüberschreitung! – Für Abstieg 1 Bus in Schellenberg!

BILD Im Abstieg vom Gipfel des Salzburger Hochthrons zur Mittagscharte. Rechts am Bildrand ein Blick ins Salzachtal, das wir am Gipfel 1500 Höhenmeter unter uns liegen sehen

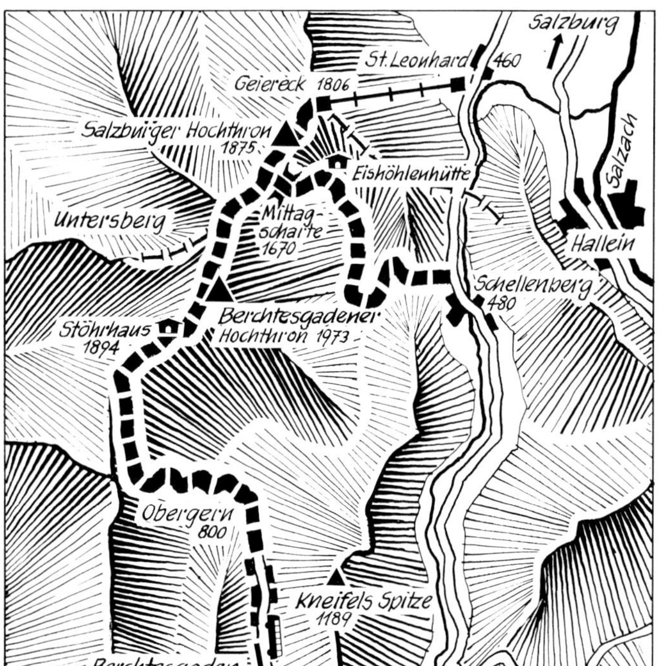

Hoch über der Mozartstadt Salzburg, die zur Zeit der Festspiele einem Hexenkessel gleichen kann, steht der Untersberg, eine gewaltige, höhlenreiche Felsbastion, in der sich nach der Sage Karl der Große einlogiert hat. Sie werden das zunächst für unmöglich halten, wenn Sie in zahlreicher Gesellschaft in einer großen Kabine von St. Leonhard im Salzachtal hinauf zum Geiereck auffahren. Hier stehen Sie bereits 1400 Meter über Salzburg und sehen wie von einer weit vorgeschobenen Kanzel über den Rupertigau hinaus ins Vorland. Wenden Sie sich nun südlich, um auf gutem Steig, einmal an der Gratkante, einmal durch Latschengassen, zum Gipfel des Salzburger Hochthrons auf 1857 m Höhe zu steigen (40 Minuten), dann stehen sie unvermittelt dem vollen Glanze der Berchtesgadener Berge gegenüber: Göll, Watzmann, Hochkalterstock, Steinernem Meer und Reiteralpe. Hier, am Gipfel des Riesigen Plateaus, verabschieden Sie sich endgültig von den anderen Seilbahngefährten, um in eine wunderschöne Einsamkeit zu entfliehen. Wer von der Mittagscharte (weitere 40 Minuten) den Abstieg 1 nach Schellenberg hinab machen will, kommt bei den berühmten Eishöhlen (Schutzhütte) auf 1551 m Höhe in Versuchung, an eine lebendige Gegenwart mächtiger Geister aus grauer und grausamer Vorzeit zu glauben, denn die Eishöhlen schaffen für derlei Imaginationen überzeugende, wenn auch eisigkalte Kulissen. – Wer Abstieg 2 wählt, muß starke Wadeln und Ausdauer besitzen, denn der Abstieg ist zunächst ein gewaltiger Auf- und-Ab-Marsch übers ganze Untersbergplateau: von der Mittagscharte geht es immer südwärts weiter bis zum Berchtesgadener Hochthron, 1973 m, hinter dem sich das Stöhrhaus des Alpenvereins versteckt. Von hier aus sieht man die großartige Bergwelt von Berchtesgaden wie durch ein Teleobjektiv: unfaßbar nah ist die große Felsenbühne gerückt! Wer genau hinsieht, sieht den ganzen Platz um das Haus von stark abgebrauchten Superlativen übersät . . Nach diesem gut dreistündigen Gang folgt nun erst der eigentliche Abstieg über den gut markierten Stöhrweg steil hinunter nach Hintergern bzw. Berchtesgaden (+ 3 Std.) – bei dem man aus tiefstem Herzen jene Menschen belächelt, die dort aufsteigen und eigentlich Respekt verdienen.

Deutschland / Berchtesgadener Alpen / 3–4 Std. / HU: 1198 m

89 Vom Jenner zum Königssee

Zwischen Hohem Göll und Watzmann

TALORT Dorf Königssee (Parkplatz), 602 m. Evtl. Berchtesgaden, 540 m

AUFFAHRT Gondelbahn über Mittelstation bis Jenner-Bergstation, 1800 m

HÖCHSTER PUNKT Jenner-Gipfel, 1874 m. Evtl. (als überaus lohnender Abstecher) Schneibstein, 2277 m (Bild!)

RASTORTE Am Torrenerjoch Stahlhaus (AV) und Schneibsteinhaus (Naturfreunde), etwa 1700 m, also leider nur am Startort! Man nehme halt dort Proviant mit, und viel Obst für die vielen herrlichen Rastplätze!

BESTE ZEIT UND AUSRÜSTUNG Juni und später Herbst. Ungefährlich. Gute Leichtbergschuhe und Wetterschutz wichtig. Auch für Kinder ab 12 Jahren. – Mit FB-Wanderkarte, Blatt 10! Besser mit Topogr. Karte 1:50 000, Berchtesgadener Alpen

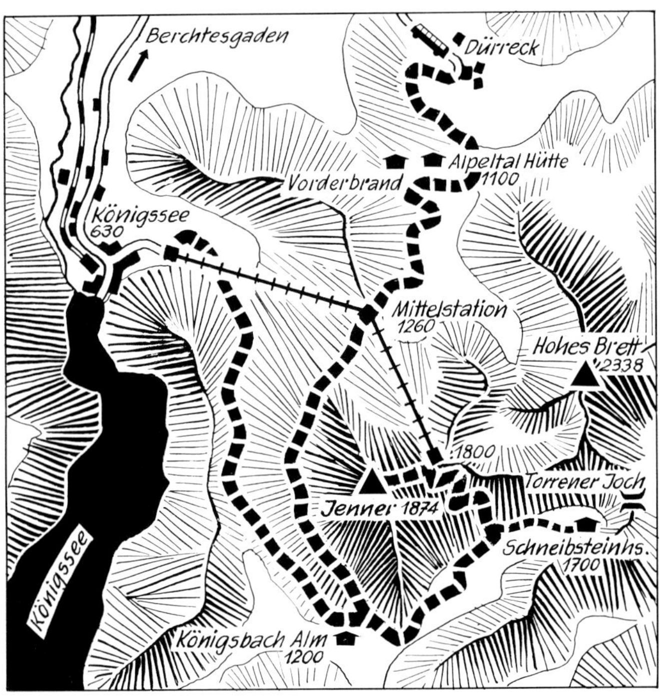

Der Königssee bei Berchtesgaden ist gewiß überlaufen, und auch unterm Jennergipfel, 1874 m, sammelt sich gern eine zahlreiche Gesellschaft, um nach der »absoluten Einsamkeit« Ausschau zu halten, die vom Stadtarzt so dringend anempfohlen und vom Reiseprospekt so zuversichtlich versprochen wurde . . . Diese Einsamkeit ist, wie überall, auch hier mit dreihundert Schritten zu erreichen. Man entwinde sich den postkartenschreibenden und knipsenden Naturfreunden um die Bergstation und enteile in östlicher Richtung zum Torrenerjoch, 1726 m. Dergestalt erreicht man in 30 Minuten eine stillere Bergwelt und auch die beiden Bergsteiger-Unterkünfte Stahlhaus und Schneibsteinhaus. Wer Mut hat, kehre erst ein, wenn er den Abstecher über den Grenzkamm (Teufelsgemäuer) auf den Schneibsteingipfel, 2277 m, gemacht hat und wieder zum Torrenerjoch abgestiegen ist (+ 2½ Std., nur mit trittsicheren Begleitern!). Ansonsten wendet man sich unterm Joch nach Südwesten und steigt, erst über, dann neben den jungen Bergwassern zur Königsbachalm ab auf 1200 m Seehöhe. Bis hierher wandert man oberhalb der Waldgrenze, die ungeheure Riesenstaffel der Watzmann-Ostwand vor Augen. Von der Königsbachalm weg geht es über die »Hochbahn«, meist durch Wald, oft von überraschenden Tiefblicken auf den Königssee zum Verweilen gezwungen, hinab zur Talstation und an die Seelände, 602 m. Dieser landschaftlich überaus eindrucksvolle Abstieg bringt immerhin 1200 Höhenmeter hinter sich, das ist viel! Wer diese Höhenmeter über eine größere Strecke und eine längere Abstiegszeit verteilen will, der zweige an der Königsbachalm rechts ab, quere am »Königsweg« über die Almwiesen und Jennerfelder zur Mittelstation, 1260 m (Jennerhaus), und wandere dann über die Alpeltalhütte, 1100 m, oder den Alpengasthof Vorderbrand, 1070 m, zur Bushaltestelle am Dürreck oder zur Bergstation der Hochlenzerbahn, um wieder Berchtesgaden zu erreichen. Überall auf diesen Abstiegswegen, insbesondere im Bereich des Torrenerjoches und der Königsbachalmen, gibt es Rastplätze von bezaubernder Schönheit: still, abgelegen, vor einer idyllischen Nähe und einer großartigen Ferne. Eine Zauberformel: Man komme spät im Jahr her, und früh am Morgen!

Im Abstieg vom Jenner über das Schneibsteinhaus (ganz links) zum Königssee (nach rechts unten). In Bildmitte oben der Schneibstein, 2277 m, dessen Gipfel gute Geher bei einem Mehraufwand von 2½ Std. mit einschieben können. Im Hintergrund links sieht man das Tennengebirge jenseits des Salzachtales.

Österreich / Tirol / Hohe Tauern / 4½ Std. / HU: 1545 m

90 Vom Kitzsteinhorn nach Kaprun

Schmiedinger Kees – Krefelder Hütte – Stangerhöhe

TALORT Kaprun, 784 m (bei Zell am See, 750 m)

AUFFAHRT Gondelbahn von Kaprun (Wüstelau), 928 m, auf 3029 m, unterm Gipfel des Kitzsteinhorn. – Für Absteiger nur bis Mittelstat. Krefelder-Hütte, 2400 m: Start!

HÖCHSTER PUNKT Kitzsteinhorn, 3203 m (für trittsichere Bergsteiger). Sonst Bergstation, 3029 m. Kein Start für Abstieg! Da Gletscher!

RASTPUNKTE Bergstation (bewirtet), 3029 m. – Krefelder Hütte, DAV, 2295 m, unterm Schmiedinger Kees (Gletscher).

WARNUNG 1. Oberhalb der Krefelder Hütte sind Steigeisen und Eispickel nötig! Unser Abstieg beginnt aber erst an der (eisfreien) Krefelder Hütte! Hier also keine Gletschertrasse! 2. Normalabstieg ab Krefelder Hütte nur für Kinder ab 12 Jahren! 3. Beste Zeit: Ende Juli bis Ende September! Nur mit festen Bergschuhen, Wärme- und Regenschutz (Anorak und Kapuze, Handschuhe). Ungeübte dürfen den Gletscherabstieg nicht riskieren und müssen bis zur Krefelder Hütte mit der Gondel abwärts fahren! Unbedingt mit FB-Wanderkarte, Blatt 12, 1:100000!

BILD Ausblick vom Abstiegsweg ab Krefelder Hütte. Im Mittelgrund das Schmiedinger Kees, oben das Kitzsteinhorn, 3203 m.

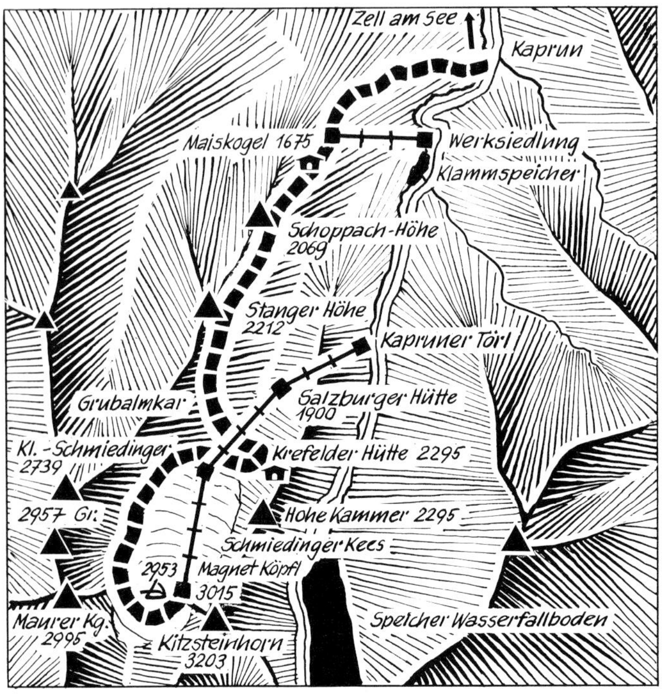

Das Schmiedinger Kees unter dem 3203 m hohen Kitzsteinhorn ist nun Sommer wie Winter das Pistenparkett aller passionierten, jetzt nicht mehr von Wartezeiten geplagten Pistenfahrer zwischen München und Wien. Die große Höhe sichert den hohen Rang! . . . Natürlich kann man, in zwei Etappen auffahrend, bis unter den Gipfel gelangen und diesen Gipfel auch besteigen – ein gesicherter Steig ermöglicht es –, aber noch jede Bergbahn hat schönen hohen Gipfeln die stille Würde gestohlen. So handeln wir klüger, wenn wir die Kabine nur bis zur Krefelder Hütte benützen und dann sehen, so schnell als möglich in die Stille zu kommen. Das ist nicht schwierig: Wir steigen von der Station kurz zur Hütte ab und nehmen dort den Steig, der in nördlicher Richtung eben durchs Grubalmkar zur Stangerhöhe zieht. Der Steig zielt aus dem Kar auf einen begrünten Sporn, den wir auf 2212 m Höhe an der Stangerhöhe betreten. Wir bleiben an diesem schmalen, lustig ausgesetzten Hochgrat bis hinüber zum Maiskogel – einem langen Weg, bei dem wir fortgesetzt den Zeller See entdecken, die komplette Wiesbachhorngruppe, den Pinzgauboden und nicht zuletzt, zurückblickend, das große Pistenrevier unter dem von hier aus makellos glänzenden Kitzsteinhorn. Der Weg ist in gutem Zustande, aber doch mit grasigen Schrofen durchsetzt, das heißt: Vorsicht bei Nässe! Niemals bei Nebel begehen! Bis zur Schoppachhöhe genießen wir das Firnreich ums Große Wiesbachhorn – ein prahlendes Gemälde vom Alpenhauptkamm! Dann steigen wir zwischen Waldkulissen und über Alpmatten ab. – Vom Maiskogel könnte man bergab fahren, doch klüger ist es, zu Fuß bis nach Kaprun abzusteigen. – Ein direkter, aber sehr steiler und kaum markierter Abstieg führt übrigens von der Krefelder Hütte zur Salzburger Hütte und dann neben oder über dem Grubbach durch mehrere Steilstufen auf den Talboden beim Wirtshaus Wüstelau (Strecke der berühmten Tourenabfahrt vom Kitzsteinhorn von ehedem). Dieser letztere Direktabstieg darf nur von erstklassigen Berggehern begangen werden, die vollkommen trittsicher absteigen und Orientierungssinn besitzen! Im Nebel oder gar bei Nässe ist dieser verwilderte Steilabstieg (einstige Skitourtrasse) sehr gefährlich, bitte ernst nehmen!

Österreich / Hohe Tauern / 4 (6) Std. / HU: 873 (1326) m

91 Vom Stubnerkogel nach Badgastein

über Salesenwald oder Zitterauertisch

TALORT Badgastein, 1083 m

AUFFAHRT Gondelbahn von 1100 auf 2228 m Seehöhe (mit Zwischenstation Salesen-Wald, 1800 m)

HÖCHSTE PUNKTE Zitterauer Tisch, 2461 m, und Tischkogel, 2409 m

RASTPUNKTE Bergstation-Restaurant, 2228 m; Salesen-Wald, 1800 m; Zitterauer Alm, 1872 m; Valeriehaus, AV, 1588 m, im Naßfeld. Evtl. Pochkarseehütte

BESTE ZEIT UND AUSRÜSTUNG Ende Juni bis Ende Oktober. Feste Schuhe (Leichtbergschuhe mit Gummiprofilsohle). Wetter- und Wärmeschutz, Proviant. Ungefährlich, auch mit gehtüchtigen Kindern ab 12 Jahren! – Mit FB-Wanderkarte, Blatt 19, 1:100 000!

BILD Der Zitterauer Tisch zwischen Gasteiner und Rauriser Tal, gesehen vom Tischkogel (südlich des mit der Gondelbahn erreichbaren Stubnerkogel)

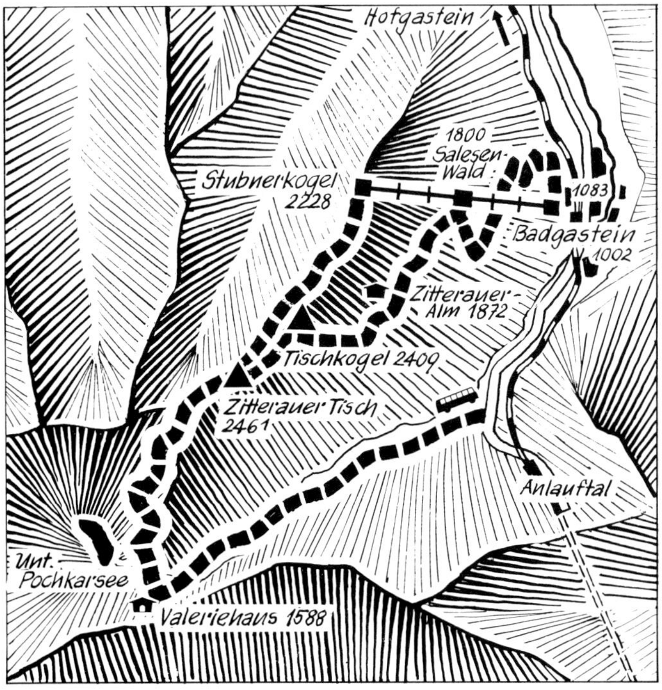

Gewiß, man trennt sich nicht leicht von der großen Brücke in der weltberühmten Gasteiner Hotel- und Wasserschlucht, auf der schon Kaiser und Könige, arme kranke Multimillionäre und reiche blühende Mätressen, aber auch glückliche Skikönige und unglückliche Teenager die Wonneschauer der ach so sicher gebändigten Gefahr empfunden haben – wo unweit der gletscherkalten auch noch heiße Wasser quellen und wo dicht neben der Brücke besonders reizende Saaltöchter uns einen k. u. k. Schwarzen servieren ... Und doch muß man sich auch davon trennen und mit der Gondelbahn zum Stubnerkogel fahren – von 1100 auf 2228 m Höhe – und oben energisch südwärts streben, weg von den Sonne-Anbetern in den Liegestühlen, weg von Seilbahn, Restauration und Postkartenstand. Denn da führt der freie Gratweg schon nach dreihundert Schritten in die Stille, und bald auch in die Höhe. Nach 60 Minuten steht man am Zitterauer Tisch auf 2461 m Höhe, steht auf einem aus schwarzem Urgestein errichteten Altar vor dem schimmernden Eis der Hohen Tauern. Ab hier gibt es zwei verschiedene Abstiege: 1. man steigt am Grat bis zum Gipfel des Tischkogel (Bild) zurück und wendet sich hier rechts – östlich –, um erst steiler, dann flacher, über einen Rücken zur Zitterauer Alm abzusteigen, also von 2409 auf 1872 m Höhe. Hier nimmt man nördlich Kurs auf die Mittelstation der Stubnerkogelbahn und wandert dann auf den großen Serpentinen durch Fichten-, Lärchen- und Zirbelwald hinab nach Badgastein ... 2. der viel schönere, aber etwas längere Abstieg führt vom Zitterauer Tisch am Grat nach Süden weiter, man läßt den Ortberg links liegen, steigt schon vor ihm in seiner rechten Flanke zur Miesbühelscharte, 2288 m, ab. Hier sehen wir bereits auf den Unteren Pochkarsee (über ihm Schareck und Herzog-Ernst mit ihren eisigen Nordflanken!), zu dem wir hinabsteigen und an dem entlang wir zur Pochkarseehütte wandern. Und weiter hinab zum Valeriehaus im Naßfeld, 1588 m. Hier nimmt uns der Bus nach Badgastein in Empfang. Zeit für Abstieg 1 etwa 4, für Abstieg 2 etwa 6 Std. – Abstieg 2, bei gutem Wetter unternommen, wird einem unvergeßlich bleiben. Aber: vor Abstieg 2 frage man stets in der Bergstation, ob Abstiegsweg ab Zitterauer Tisch begehbar!

Österreich / Kärnten / Schobergruppe / 4–6 Std. / HU: 1187

92 Vom Zettersfeld nach Lienz

über Tschitscheralmen und Oberdrum

TALORT Lienz in Osttirol, 673 m

AUFFAHRT Kabinenbahn von 673 m auf 1860 m

HÖCHSTER PUNKT Zettersfeld, 1860 m, bzw. Goiselemandl, 2433 m (in etwa 2 Std. gut zu erreichen!)

RASTPUNKTE Bergstation, 1860 m, AV-Jugendheim daneben, 1980 m; Zettersfeldhütte, 1815 m; Tschitscheralm, 1718 m; Oberdrum, 1057 m. – Im ganzen Bahnen–Lifte–Bereich des oberen Zettersfeld wimmelt es natürlich von Wirten und Unterkünften!

BESTE ZEIT UND AUSRÜSTUNG Von Ende Mai bis Ende Oktober. Nur in guten Leichtbergschuhen und mit Wetterschutz im kleinen Gepäck. – Mit FB-Wanderkarte, Blatt 18! – Diese herrliche Wanderung können auch gehtüchtige und trittsichere Kinder ab 10 Jahren unternehmen!

BILD Beim Abstieg vom Zettersfeld zurück nach Lienz über Schleinitzgraben und Tschitscheralmen treffen wir auf die hier übliche Methode rationellen Heutrocknens mittels »Heuharfen«. Unweit dieser »Heuharfe« wandelt auch der »Professorensteig« aus dem schattigen Dabergraben durch den Daberwald in die Wiesen von Oberdrum.

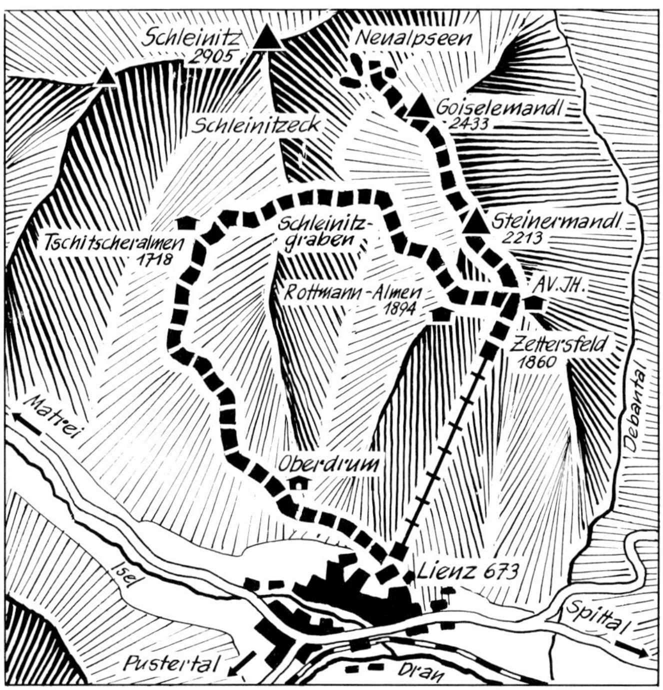

Zwischen dem Südtiroler Pustertal und dem Osttiroler Mölltal liegt die Stadt Lienz an der jungen Drau, überragt von der theatralischen Riesenkulisse der Lienzer Dolomiten. Hochstadlgruppe, Laserzgruppe, Spitzkofelgruppe stehen mit ihren vielen Kalkgipfeln dicht aneinander gedrängt wie eine mächtige Bastion aus Wänden, Pfeilern und Felsgräben – man wird nicht satt, dieses Bild zu sehen. Am schönsten sieht man es vom Zettersfeld, dem nordwärts der Stadt vom Treppengrat des Schleinitz, 2905 m, herabfließenden Lärchen- und Almenteppich. Auf dieses kaum absehbare grüne Sonnenfeld führt eine Gondelbahn von 673 m auf 1860 m Höhe. Wo Bahnen sind, sind auch Menschen. Deshalb ist es gut, sich von der Bergstation recht bald abzusetzen und das große Bild der Lienzer Dolomiten aus der Stille zu genießen. Wer es schon vom reinen Abstiegsmann zum Bergwanderer gebracht hat, der steige von der Bergstation auf gut markiertem Steig hinauf zum Steinermandl, 2213 m, oder noch ein Stück weiter am luftigen (ungefährlichen) Hochgrat bis zum Goiselemandl, 2433 m. Das kostet knapp 2 Std. bequemen, rhythmischen Steigens, und gibt er nun noch 30 Minuten hinzu, so kann er dichtan im großen, einsamen Schleinitzkar noch die Neualpseen besuchen, kleine, dunkle Seeaugen, von Murmeltieren bewacht. Vom Steiner- und vom Goiselemandl aus sieht man neben den Lienzer Dolomiten auch die Karnischen Alpen und die Sextener Dolomiten vor sich, sieht nordwärts in die Schobergruppe hinein und hinab ins einsame Debanttal ... Absteigend benütze man denselben Weg wie beim Aufstieg, quere aber über der Bergstation westwärts hinüber zu den Rottmann-Almen, 1894 m, und über einen weiten, von Kuhgängeln zernarbten Almrücken in die große Mulde des Schleinitzgrabens. Auch hier geht und steigt man ohne Gesellschaft, und um so mehr sieht man. Haben wir die große Mulde, viele Murgräben und Wasserrinnen querend, bis unters Schleinitzeck ausgelaufen, dann schlängelt sich der Weg als »Professorensteig« unter den Tschitscheralmen, 1718 m, hinab. Hier beginnt der steilere Teil des Abstiegs durch lichte Lärchengruppen hinab in den Wald, tief hinunter zur Forststraße, bis Oberdrum, – bis zur Straße nach Lienz, zum ersten Bierwirt!

Österreich / Kärnten / Hohe Tauern / 3–5 Std. / HU: 1520 m

93 Höhenwege unterm Ankogel

»Göttinger Weg« und »Goslarer Weg« nach Mallnitz

TALORT Mallnitz (Kärnten), 1200 m, am Südausgang des Tauerntunnels, Autoverladung in Böckstein bei Badgastein bzw. Mallnitz

AUFFAHRT Mit Kabinenbahn zum Hannoverhaus, 2722 m, am Tauernhauptkamm

HÖCHSTER PUNKT Hannoverhaus, 2722 m (AV)

RASTORTE Nur W. H. Hochalmblick am alten Hüttenweg durch die Südflanke! – Keine Hütte, keine Unterkunft auf den beiden »Tauernhöhenwegen« außer Hannoverhaus! Nur Mindener AV-Hütte, 2428 m, (über dem Tauerntunnel, 2½ Std. ab Hannoverhaus) offen und gut bewirtschaftet!

BESTE ZEIT UND AUSRÜSTUNG Juli bis Mitte September. Nur der alte Hüttenweg ist einfach zu begehen, auch wenn er etwas Trittsicherheit verlangt. Die Höhenwege mit 5–6 Std. Dauer sind nur für hochalpin sehr erfahrene Bergwanderer mit Karte, Proviant, hochalpiner Ausrüstung und Führer (»Tauernhöhenweg«) gedacht! Kein Kind mitnehmen! FB-Wanderkarte, Blatt 19, Goldberggruppe

BILD Die Maresenspitze, 2915 m (rechts), und die Kleinspitze, 2708 m (links), bei Mallnitz, gesehen aus dem Flugzeug, das ostwärts des Hannoverhauses des Alpenvereins den Tauernhauptkamm überfliegt. Der Kamm im Vordergrund zieht direkt zum Ankogel, 3246 m.

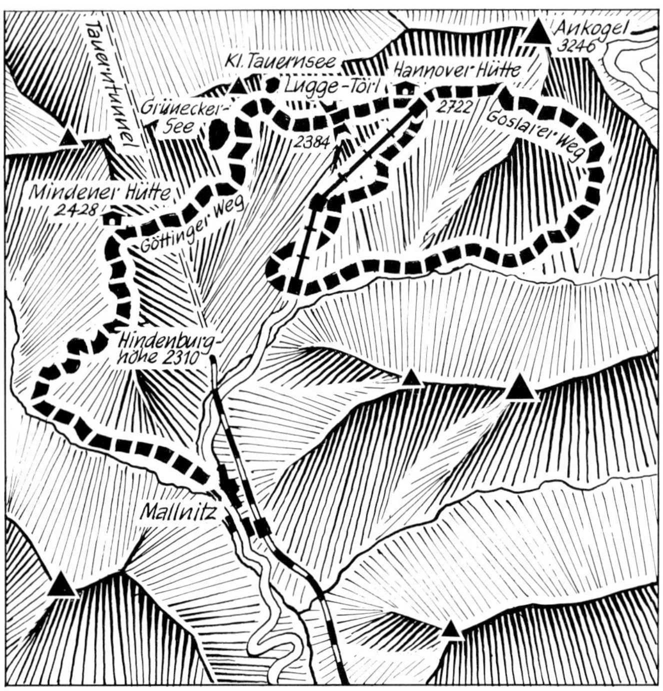

Von Badgastein aus führt uns der Tauerntunnel (Autoverladung in Böckstein) in wenigen Minuten hinüber in die Südflanke des Alpenhauptkammes – hier in die der Hohen Tauern zwischen Ankogel und Hohem Sonnblick. Am südlichen Tunnelmund liegt Dorf Mallnitz, man kennt es nur als Autoverladestation – anders als das weltberühmte Badgastein drüben im Norden . . . Nahe Mallnitz zieht von etwa 1200 m Talhöhe die Ankogelseilbahn bis hinauf zum Hauptkamm, also über die ganze, riesige Südflanke bis auf enorme 2722 m Höhe: dort steht das alte Hannoverhaus des Alpenvereins wie ein Wachthaus vor dem von Gletscherdecken umlagerten Ankogel, 3246 m. Es gibt drei Abstiegswege zurück ins Seebachtal und nach Mallnitz: 1. den unmittelbaren alten Hüttenweg über die Südflanke, im Bild weit rechts außerhalb des Randes, markiert, ungefährlich für trittsichere Geher (2–3 Std.). Ferner 2. und 3.: ausgesprochen hochalpine Höhenwege, die nur von alpin sehr erfahrenen Bergwanderern und vor allem nur bei absolut sicherem Wetter, in hochalpiner Kleidung (mit Karte und Proviant!) begangen werden können! Es handelt sich um den feinen »Tauernhöhenweg«, zwei Teilwege stoßen am Hannoverhaus zusammen: der »Göttinger Weg« von Westen her und der »Goslarer Weg« von Osten. Sehr ausdauernde Geher (ohne Kinder) gehen den Göttinger Weg westwärts über das Luggetörl, 2384 m, durch die Felswildnis um den Kleinen Tauernsee und den Grüneckersee, bis zur Mindener Hütte, 2428 m (nur Unterstand!); hier beginnt der eigentliche Abstieg über die südwärts vorgeschobene Kanzel der Hindenburghöhe, 2316 m, steil ins Seebachtal hinab (gute 4–5 Std.) . . . Auf diesem »Göttinger Weg« hat man fast unausgesetzt die im Foto sichtbare, wahrhaft formenstrenge Maresenspitze dicht gegenüber, den Ankogel und die Hochalmspitze im Rücken, das zum Verlieben stille Seebachtal unter sich. – Der dritte Weg, ohnehin nur für hochalpin erfahrene Berggänger gedacht, sollte nach dem »Goslarer Weg« ostwärts schon unter der Großelendscharte abgebrochen werden; man steigt hier einfach südlich zur Schwußnerhütte im Seebachtal ab. Der weitere Weg in den Lassacherwinkel (Celler Weg) ist verfallen! Zeit Hannoverhaus – Schwußnerhütte – Mallnitz etwa 4½ Std.!

Österreich / Hohe Tauern / 3–4 Std. / HU: 1163 m

94 Vom Palfnersee ins Weltbad

Hüttenkogel – Palfnersee – Badgastein

TALORT Badgastein, 1068 m

AUFFAHRT Mit zwei Sesselliften von 1068 m auf 2000 m bzw. 2175 m Höhe (Graukogellifte!)

HÖCHSTE PUNKTE Hüttenkogel, 2231 m (leicht, 30 Min.); Graukogel, 2492 m (nur für trittsichere Bergwanderer über den Hüttenkogel, etwa 1¾ Std. ab Bergstation). Evtl. Palfnersee, 2071 m

RASTPUNKTE Beim Nordabstieg Bergstation Graukogellift, 1983 m; Zehentner Hütte an der Mittelstation, 1478 m; Windischgrätzhöhe, 1230 m. Beim Abstieg über den Palfnersee nur einfache Almen

WARNUNG Der markierte Übergang Hüttenkogel–Graukogel–Palfnerscharte ist allen trittsicheren Bergsteigern möglich!

BESTE ZEIT UND AUSRÜSTUNG Nicht vor Juli, dann bis Anfang Oktober. Nur mit guten Bergschuhen und mit Wetter- und Wärmeschutz. – Mit FB-Wanderkarte, Blatt 19! Proviant nicht vergessen!

BILD Unter Graukogel und Feuersang am Palfnersee über Badgastein, beim Abstieg von der Liftstation unter dem Hüttenkogel

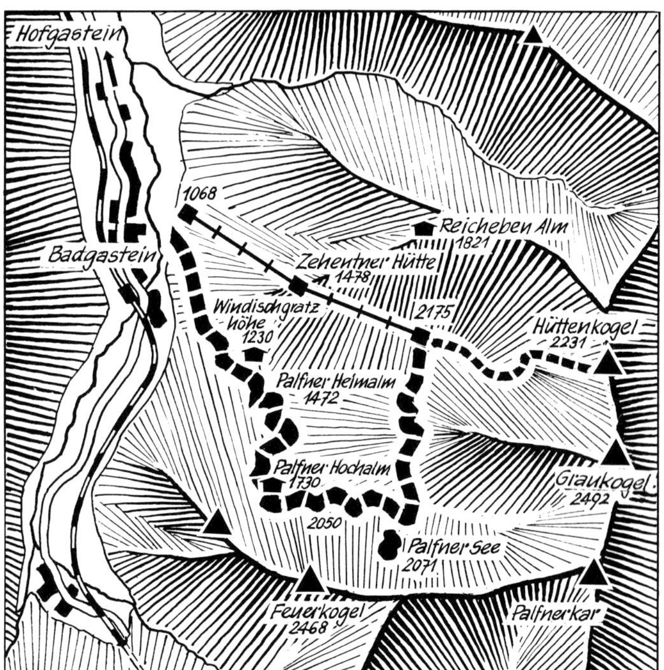

Aus den mit bedeutender Historie dick bepflasterten Straßen des Weltbades Badgastein führt ein bequemer Sessellift durch einen im Sommer ganz stillen Märchenwald hinauf bis unter die Felsgipfel von Hüttenkogel, 2231 m, und Graukogel, 2492 m – zwei einzigartigen Rastkanzeln vor der mit kühlem Hauch drohenden Eiswelt der Hohen Tauern und über den vielen kleinen Bergseen unter den Kar- und Gletschermulden der unmittelbar südöstlich aufragenden Tischlergruppe. Man kann von der 2175 m hoch gelegenen Bergstation schon in 30 Minuten zum Gipfel des Hüttenkogels ansteigen, um ins Eis der Ankogelgruppe zu schauen und hinterher nordwestlich abzusteigen, dann aber in den Hochwald einzutauchen und auf gutem Wege über Höllbrunn und Zehentner Hütte, am Ende über grünende und blühende Weltmeisterschafts-Muster-Skiwiesen, in die Gastein heimzukehren (3 Std.) – Schöner, und erfreulicher für Leib und Seele, ist es – freilich auch etwas länger und anstrengender –, auf die Gipfelpartien zu verzichten und von der Mittelstation des Liftes (2000 m) sofort südlich abzuschwenken. Da geht es einen schmalen Steig dahin, dicht über den letzten Lärchen und Zirben, beinahe eben die Falten des Gebirges auslaufend, und immer durch die Duftwolke über den Latschen- und Alpenrosensträuchern – bis man, vorher den Hauptweg nach links verlassend, an das Ufer des Palfnersees, 2071 m, gelangt (Bild!). Das Palfnerkar darüber ist eine graue, wüste Felsöde mit unabsehbaren Steinströmen unter brüchig verwitterten schwarzen Graten. Man rastet hier wie an einem vergessenen Ende der Welt, so still ist es, so menschenleer, so kühl und streng. Ist man bis hierher eine gute Stunde und einigermaßen eben gewandert, so heißt es nun aufpassen und sich ein wenig anstrengen: es geht westlich über die Rückfallkuppe des links oben drohenden Feuersangs, 2468 m, hinab zur Palfner-Hochalm, 1730 m, und von dort in kurzen, steilen Kehren durch einen Tobel und Wald zur Palfner-Heimalm, 1472 m. Von hier führt ein gut erkennbarer Steig zurück nach Badgastein. In knapp 4 Bummelstunden sammelt man da viel Freude. Der zuerst geschilderte Normalabstieg führt über die Reicheben-Alm, 1821 m, knapp an der Waldgrenze – ein idealer Rastplatz!

Österreich / Kärnten / Reißeckgruppe / 6–7 Std. / HU: 1911 m

95 Unter dem Großen Reißeck

Über Riekentörl und Zandlacher Boden ins Mölltal

TALORT Kolbnitz (Möll), 614 m, zwischen Tauerntunnel-Süd und Spittal

AUFFAHRT mit Schrägaufzug von etwa 700 auf 2200 m Höhe zum Schoberboden, dann Schmalspurbähnchen durch 2 km Stollen zum Seenplateau

HÖCHSTE PUNKTE Riekentörl, 2525 m. – Oder für tüchtige Bergsteiger Großes Reißeck, 2959 m

RASTORTE Reißeckhütte, ÖAV, 2281 m (bewirt.). – Zandlacher Hütte (priv., bewirt.), 1525 m

BESTE ZEIT Ende Juli bis September. Nur in Ausrüstung für die hochalpine Höhe, Wetterschutz, Kälteschutz, Proviant, genaue Karte. Nur bei sicherem Wetter! Nur Kinder ab 14 Jahren, wenn bereits gute Geher, trittsicher und ausdauernd!

KARTE Kompaß-Wanderkarte, Blatt 49 Reißeckgruppe (Mallnitz–Obervellach)

BILD Rückblick vom Riekentörl, 2525 m, auf Kleinen und Großen Mühldorfer Stausee, etwa 2300 m, mit Hoher Leier (links oben, 2772 m), Roßalmscharte, 2500 m, Kleiner Leier, 2662 m, Seescharte und Hochkedl, 2580 m

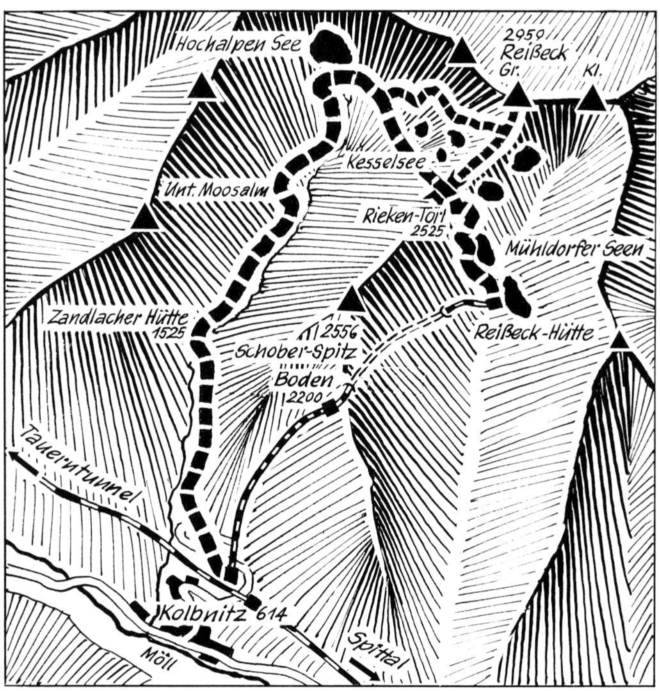

Vom 614 m hoch gelegenen Ufer der jungen Möll bei Kolbnitz befördert uns der zwar abschrekkend steil auffahrende, aber ungewöhnlich aussichtsreiche Schrägaufzug der Draukraftwerke bis auf gute 2200 m Höhe am Schoberboden. Aber dessen drei Teilstrecken genügen noch nicht! . . . Wir fahren weiter mit einer aufregenden Schmalspurbahn, quer durch einen zwei Kilometer langen Stollen, so daß wir das wunderschöne Reißeck-Seenplateau sozusagen im Tiefkühlzustand erreichen. Da freut man sich aufs Gehen und Steigen! Ich schlage vor: entweder erst zur Reißeckhütte hinüber oder gleich den Steig zum Riekentörl genommen, der uns in angenehmer und interessanter Bergwanderung – bald hoch über Großem und Kleinem Mühldorfer See – in die 2525 m hohe Scharte leitet. Das ist unser höchster Punkt! Wer aber will und kann (und entsprechend ausgerüstet ist), sollte hier bei sicherem Sommerwetter das Große Reißeck, 2959 m, also einen Fastdreitausender mit phantastischer Aussicht, besteigen: von den Julischen Alpen bis zur Glocknergruppe kann er alle Gipfel abzählen. Nun am Abstiegsweg zum Riekentörl zurück und von hier nordwärts am Steig zum Kesselsee und Schwarzsee hinab. Ab hier kurz westwärts und nach dem Bach scharf links, also südlich weiter, wo ein schmales Steiglein abwärts führt zur (verfallenen) Unteren Moosalm. Es ist still hier und schön, aber wir genießen es nicht – denn das Rätsel, wie wir in den tief, tief unter uns liegenden Zandlacher Boden kommen sollen, erscheint unlösbar . . . Gottlob, sagt jeder, wenn er dann unerwartet auf das Steiglein jenseits des Baches trifft, das, hoch überm Talboden beginnend, recht raffiniert erst im Wald, dann als Felsensteig über Wandstufen und Gratrippen steil hinabführt . . . Wer trittsicher ist, hat ein höllisches Vergnügen dabei. Wir sehen dabei den Riekenfall – einen Paukenschlag fürs Gemüt! Es folgen die Brotzeit auf der Zandlacher Hütte und der »Heimweg« hinaus nach Kolbnitz an der Möll . . . Zwei andere Abstiegstips, falls man nicht direkt zum Wagen in Kolbnitz zurück muß: 1. Ab Seenplateau südwärts über Seescharte–Göriacher Alm nach Mühldorf oder Pusarnitz! Oder 2. Seenplateau–Roßalmscharte–Hintereggengraben bis Hühnersberg. Große Abstiege, große Plage, große Freude!

Österreich / Niedere Tauern / 3 (6) Std. / HU: 1130 (1478) m

96 Vom Hauser Kaibling ins Ennstal

Krummholzhütte – Filzscharte – Seewigtal

TALORT Haus im Ennstal (bei Schladming), 740 m

AUFFAHRT Kabinenbahn von 750 m auf 1870 m zur Krummholzhütte

HÖCHSTE PUNKTE Hauser Kaibling, 2015 m; Filzscharte, 2218 m

RASTORTE Krummholzhütte, 1870 m; Hans-Wödl-Hütte, 1502 m

BESTE ZEIT UND AUSRÜSTUNG Ende Juni bis später Herbst, am schönsten zur Alpenrosenblüte (Juni/Juli). Nur in Bergschuhen und mit Wetter- und Wärmeschutz im kleinen Gepäck. Die geschilderte Abstiegswanderung ist für trittsichere Geher ungefährlich. – Mit FB-Wanderkarte, Blatt 20!

BILD Im kurzen, leichten Anstieg von der Bergstation an der Krummholzhütte zum Roßfeldsattel, 1875 m, von dem aus man zu dem kleinen, hier unsichtbaren Maralmsee absteigt. Die Filzsteinscharte, die vom Maralmsee aus erstiegen werden muß, um zur Hans-Wödl-Hütte zu gelangen, liegt links unterm Höchsteingipfel, 2543 m (links oben)

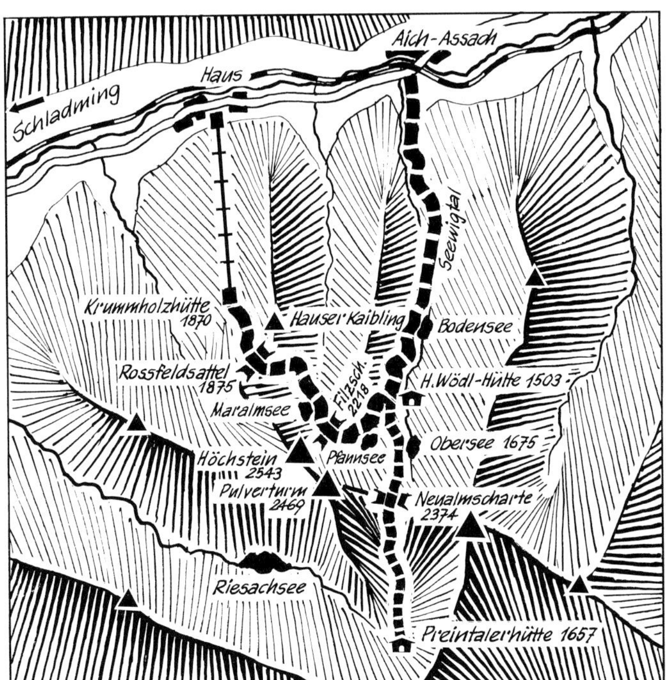

Wenn wir vom Hauser Kaibling bei Schladming den schönsten Abstiegsweg begehen wollen, müssen wir nicht den kürzesten wählen: der geht von der Bergstation weg schnurgerade durch Wald und herrlich aussichtsreiche Lichtungen hinab ins nördliche Tal. Der schönste Weg aber verlangt, daß wir von der Krummholzhütte, 1870 m, südlich ein ebenes Hangstück bis zum Roßfeldsattel, 1875 m, und später sogar noch einen Zwischenanstieg vom Maralmsee, 1830 m, hinauf zur Filzscharte, 2218 m, in Kauf nehmen – aber all dies und auch der längere Weg lohnen sich! Denn wir gelangen auf unserem Steig erstens in die Einsamkeit und weg von den Menschen, zweitens in die Felswildnis unter der Höchstein-Nordwand, 2543 m, und unter Kaltenbachspitzen und Pulverturm, 2469 m. Wir nehmen einen interessanten Einblick in den stilleren Teil der Niederen Tauern, lagern an spiegelnden Seeaugen und schauen aus dunklem Urgestein immer wieder hinüber zum hellen Kalk der Dachsteinwände . . . Man gehe demnach von der Bergstation an der alten, gemütlichen Krummholzhütte am Kratnyweg (mit 30 Minuten Mehraufwand auch über den Gipfel des Hauser Kaibling, 2015 m) zum Roßfeldsattel, 1875 m, steige hier östlich zum Maralmsee ab und erklimme von da weg den Steig durchs oberste Maralmkar hinauf zur Filzscharte, 2218 m, dem höchsten Punkt unserer Wanderung und eindrucksvollsten Aussichtsort (von der Filzscharte aus ist die Ersteigung des Höchsteins auf rot bezeichnetem Weg in 1 Std. möglich). Drüben geht es steil, die Filzseen und den Pfannsee zur Seite lassend, hinab zur gastlichen Hans-Wödl-Hütte am Hüttensee, 1503 m, und das kurze Stück Seewigtal hinaus zum Bodensee, 1200 m, bis wohin auch Autos fahren dürfen. Läuft man das Seewigtal aus bis hinaus zur Eisenbahnstation Aich-Assach, so hat man noch 2 Stunden daranzugeben, die man freilich nicht bereut. Wem es dieses wunderschöne Bergwandergebiet angetan hat, der nehme einen moralischen Anlauf und übernachte auf der Hans-Wödl-Hütte, um anderntags den großartigen Übergang über Höfersteig, Obersee, 1675 m, und Neualm-Scharte, 2347 m, zur Preintalerhütte, 1657 m, unterm Klafferkessel zu wagen: das ist nur zur Hälfte Abstieg, aber recht erlebnisreich.

Österreich / Dachsteingebirge / 5 bzw. 8 Std. / HU: 1598 m

97 Unter dem Hohen Dachstein

Krippenstein – Wiesberghaus – Hallstatt

TALORT Obertraun am Hallstätter See, 511 m. – Hallstatt, 508 m

AUFFAHRT Kabinenbahn über Mittelstation Schönbergalpe zum Hohen Krippenstein, 2109 m (evtl. weitere Abfahrt mit Kabine zur Gjaidalm, dann 4–5 Std. weiterer Abstieg)

HÖCHSTER PUNKT Krippenstein, 2109 m. Evtl. als Abstecher Simonyhütte ÖAV, 2206 m

RASTORTE Krippenstein/Bergstation, 2109 m. – Wiesberghaus (Naturfreunde), 1883 m. – Evtl. Simonyhütte ÖAV, 2206 m

BESTE ZEIT UND AUSRÜSTUNG Juni bis Ende Oktober. Niemals bei Nebel! Niemals den Steig verlassen! Nur in Leichtbergschuhen mit Profilgummisohle, nur mit leichtem Pullover und Anorak als evtl. Wärmeschutz, mit Proviant! – Mit FB-Wanderkarte, Blatt 28! (Auch 1:50 000 erhältlich!)

BILD Im Abstieg vom Hohen Krippenstein zum Ufer des Hallstätter Sees. Wir befinden uns zwischen Kreidergrube und Wiesberghaus. Im Hintergrund oben (von links) die Wände des Hohen Gjaidstein, die Dirndln, 2818 m, der Hohe Dachstein, 2996 m, darunter der Hallstätter Gletscher

Jeder wird den gewaltigen Höhenunterschied spüren – es sind 1600 Höhenmeter zwischen See und Gipfel –, der von Obertraun zum Hohen Krippenstein fährt. Dort empfängt ihn eines der schönsten Bilder der Ostalpen: die Gipfel des Dachsteins über dem Hallstätter Gletscher. Wer faul ist oder Zeit sparen will, kann nun weiter zur Gjaidalm gondeln, also von 2109 auf 1732 m Höhe hinab. Wer klug ist, schert schon am Hohen Krippenstein aus und schwenkt in die Einsamkeit ab, steigt gemütlich durch duftende Latschenfelder und Alpenrosengärten hinab zur Gjaidalm: immer hat er das Dachsteinbild im Auge, immer ist er fasziniert von der kaum absehbaren Weite des Karrenplateaus, das sich nördlich des Gletschers bis zum Krippenstein erstreckt und vor etlichen 20 Jahren Schauplatz der »Heilbronner Schülertragödie« war. Nun können wir ab Gjaidalm zum Wiesberghaus der Naturfreunde (bewirtschaftet) wandern (2 Std.) oder den Umweg über die Simonyhütte machen (4½ Std.). Da wir vom Wiesberghaus ins Tal nach Hallstatt noch weitere 3 Std. gehen müssen, würde der Umweg über die Simonyhütte eine Gesamtgehzeit ab Gjaidalm von 7½ Std., ab Krippensteingipfel von 8½ Std. bedeuten: dies gilt es zu bedenken! Freilich bietet die Simonyhütte dicht unter der Zunge des Hallstätter Gletschers besonders eindrucksvolle Landschaftsbilder. Aber auch der Weg Gjaidalm–Wiesberghaus – erst durch einsames Ödland, dann durch schönen Lärchenwald, und schließlich, unter den Wänden des Grünkogels dahin, durch Heidelbeerfelder, am Ende eben auf dem Kaiser-Franz-Joseph-Reitweg, hoch überm stürzenden Wildbach – vermittelt ein schönes, durch Gegensätze stark bewegendes Erlebnis. – Wer zur Simonyhütte geht und vom Gletscher fasziniert ist, dem muß gesagt werden, daß kein unerfahrener Wanderer einen Gletscher allein betreten darf! Auch erfahrene Bergsteiger betreten Gletscher ausschließlich am Seil! – Der direkte Abstieg Krippenstein–Schönbergalpe (Eishöhlen)–Obertraun ist markiert, aber nur für bergsichere, erfahrene Wanderer: Gefährlich bei Verlassen der Steige und bei Nebel! Zeit 5–6 Std.! Nochmals: Ob man aus Heilbronn oder Schnorrberg kommt, ob allein oder en masse: Immer sind große Karrenfelder bei Nebel todgefährlich!

Österreich / Salzkammergut / 4–5 Std. / HU: 1236 m

98 Vom Schafberg nach St. Wolfgang

Über Münichsee und Vormauerstein

TALORT St. Wolfgang am See, 547 m

AUFFAHRT Mit der Schafbergbahn von 547 auf 1783 m Höhe

HÖCHSTER PUNKT Schafberggipfel, 1783 m

RASTORTE Bergstation-Restaurant, sonst nur einfache Almen

BESTE ZEIT UND AUSRÜSTUNG Ende Juni bis Ende Oktober. Nur in guten Leichtbergschuhen, mit Wetterschutz im Rucksack! Kinder ab 10 bis 12 Jahren können mitgenommen werden, wenn sie trittsicher sind und gehtüchtig. Niemals vom Steig abweichen! Vor allem keine »Abschneider« gestatten! – Mit FB-Wanderkarte, Blatt 28!

BILD Rast am Münichsee im großen Abstieg vom Schafberg über die Vormaueralm hinab nach St. Wolfgang. Wie man sieht, empfängt einen am kleinen Münichsee (es ist der dritte See am Abstiegswege) eine vollkommene Märchenlandschaft – falls man gutes Wetter hat

Von St. Wolfgang am See, wo sich vor »Weißem Rößl« und Pacher-Altar die reisende Menschheit in zwei Welten scheidet, fährt man von 547 m Talhöhe auf 1783 m Gipfelhöhe zum Schafberg hinauf, diesem »Rigi« des Salzkammergutes. Der Schafberg verdient diesen Namen, denn er steht wie sein Schweizer Modellberg isoliert zwischen drei Seen und genau dort, wo aus den Alpen Ebene wird. Nichts ist reizvoller, als vom Schafberggipfel Ausschau zu halten: Man sieht dreizehn Seen und keinen weniger, sieht bayerisches und oberösterreichisches Vorland, sieht alle Wandergipfel des Salzkammergutes, dazu als überragende Kulissen Dachstein, Gosaukamm, Totes Gebirge mit Hohem Priel, Grimming, Ankogelgruppe, Watzmann, Göll, Hochkalter, den Salzburger Gaisberg. Lange bevor die uraltmodische Schafbergbahn, ein fauchendes Dampftier, installiert wurde, ließen sich die hohen Gäste des Salzkammergutes um jener Ausschau willen auf den Schafberg tragen . . . Wir fahren also auf die vergnüglichste Weise gipfelwärts, überanstrengen unsere Augen und machen uns dann an den Abstieg. Der Steig ist gut markiert und im oberen Teil mit etlichen Drahtseilen gesichert, manchmal verläuft er etwas exponiert durch steiles Gehänge. Er beginnt unterm Gipfel an der »Himmelspforte« als Alpenvereinssteig, der über dem Wetterloch dahinführt, Serpentinen zwischen Alpenrosen und Latschenfelder legt und zuweilen recht steinig ist. Natürlich ist er landschaftlich einzigartig schön! Nach dem steilsten Stück und etwa 60 Minuten Gehzeit erreicht man den verlassenen Kessel des grünen Suissen-Sees, 1432 m, dann folgen der dunkle Mittersee auf 1350 m und der Münichsee auf 1262 m Höhe. Keinesfalls ziele man auf die Eisenaueralm! Das würde einen großen Umweg bedeuten. Nach der Baderast am reizenden Münichsee wandern wir den recht angenehmen Steig über die Vormaueralm hinab ans Ufer des Sees und nach St. Wolfgang zurück. Dieser Abstieg samt anschließender Seepromenade ist trotz seiner Länge auch für trittsichere Kinder ab 12 Jahren geeignet – als klassischer Unterricht in Naturfreuden. Wie unser Bild beweist, enthüllen sich uns auf diesem klassischen Voralpenabstieg hinreißend schöne Naturszenen – reizende Bühnenkulissen im Scheinwerfer der Sonne.

Österreich / Salzkammergut / 3½–4½ Std. / HU: 666 m

99 Rund um den Traunstein

Grünberg – Laudachsee – Lainaustiege

TALORT Gmunden am Traunsee, 484 m. Man erkundige sich schon hier nach dem Schiffsverkehr von Lainaustiege bzw. Hoisen zurück nach Gmunden!

AUFFAHRT Kleinkabinenbahn von 500 m auf 1004 m zum Grünberg

HÖCHSTER PUNKT Grünberg, 1004 m, bzw. Scharte, 1150 m

RASTORTE Ramsauer-Alm am Laudachsee, 884 m; Maier-Alm, etwa 950 m

BESTE ZEIT UND AUSRÜSTUNG Juni bis Oktober. Ungefährlich, wenig anstrengend. Auch für Familien mit gehtüchtigen Kindern. Feste Bergschuhe und Wetter- und Wärmeschutz im kleinen Rucksack. – Mit FB-Wanderkarte, Blatt 28!

BILD Ausblick von der reizenden Halbinsel Traunkirchen über den Traunsee hinweg auf den Traunstein. Links am felsigen Ostufer ist die Lainaustiege, an der wir nach der östlichen Umwanderung des Berges den See erreichen. Dort führt uns der »Miesweg« unter den Felswänden nordwärts zum Gasthof Hoisen. Von hier bringt uns das Schiff nach Gmunden zurück.

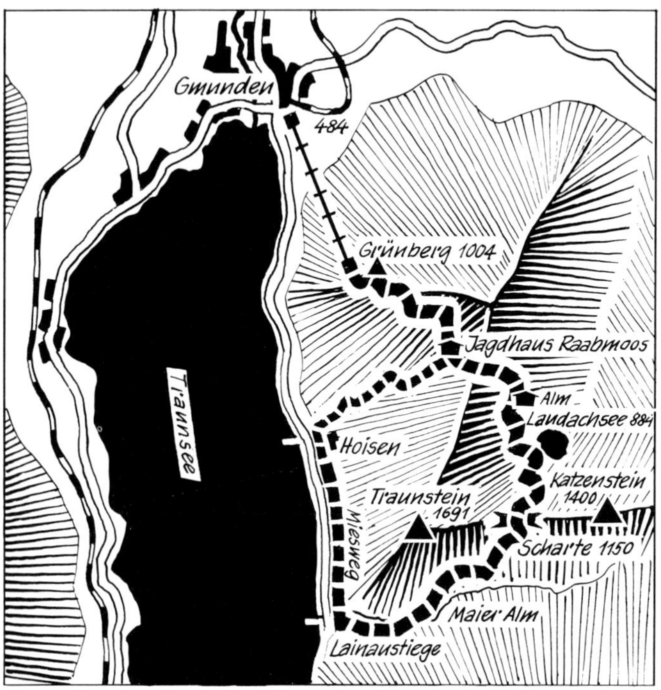

Es ist, als ob man in alten k. u. k. Hoch-Zeiten wandere: zwar fährt man in einer modernen Kabinenbahn von Gmunden, 484 m, zum Grünberg, 1004 m, hinauf, aber schon das Schweben über den vielen Parkvillen und Schlössern der österreichischen Aristokraten von »dazumal«, die große Stille jenseits der Bergstation, der herbe Ruch von Jäger- und Förstertreiben um den Waldsteig, dann die unüberbietbar romantischen Bilder am Laudachsee und unter den Felswänden des Traunsteins und endlich das behaglichfaule Rasten im kleinen Dampfboot, das uns zurück nach Gmunden bringt – das sind durchaus Umstände einer lieben, alten Welt . . . Die Landschaft am nördlichen Ende des Traunsees, wo die Berge sanft ins flache Land wellen, ist noch lieblich. Steht man aber oben auf dem Grünberg, den schimmernden Seespiegel tief unter, die Felsbastion des Traunsteins dicht vor sich und drinnen im Gebirge den überfirnten Stock des Dachsteins vor Augen, so weiß man gleich, daß die folgende Wanderung kräftiger alpiner Reize nicht entbehren wird. Man steigt vom Grünberg-Haus in guten 1¼ Std. auf neuem Weg, an der einsamen Hochgschirr-Jagdhütte vorüber, zur Ramsauer-Alm am Laudachsee, 884 m, ab: Hochwald, lärchengesäumte Wiesen mit feinen Fernblicken, abermals dichte Tannenschwärze und dann völlig unerwartet der kleine, grüne See unter den grauen Schrofen des Katzensteins. Nun zwei Abstiegswege: 1. Man geht ein kurzes Stück bis zur westlichen Abzweigung zurück und über Kaltenbachwildnis, Brautstube und Jocham-Graben hinab ans Seeufer. Dies wäre der kürzeste Weg. Sehr viel schöner ist der Abstiegsweg 2 vom Laudachsee über die »Scharte«, 1150 m, die über den »Kamin« gewonnen wird, eine seilgesicherte, schmale Felsschlucht mit großartigen Rückblikken auf den Laudachsee. Dieser Gegenanstieg kostet zwar 60 Minuten an Plage, doch die Plage ist interessant. Von der »Scharte« führt der Weg durch dichten Jungwald zur Maier-Alm und ins Lainautal, die Ostabstürze des Traunsteins überragen diesen Weg, wir sehen Gemsen klettern, dann treffen wir auf eine bequeme Holzstraße, die uns hinab zur »Lainaustiege« bringt; enge Serpentinen leiten zum See. Vom Seeufer führt der Miesweg zum Badeplatz und Gasthaus Hoisen.

Österreich / Steiermark / Raxgruppe / 4–5 Std. / HU: 1094 m

100 Von der Raxalpe ins Schwarzatal

Höllental – Teufelsbadstubensteig – Weichtalhaus

TALORTE Hirschwang, 528 m; Reichenau, 487 m (unterm Semmering)

AUFFAHRT Raxbahn, Kabinenbahn von 528 m auf 1547 m

HÖCHSTER PUNKT Otto-Haus, 1644 m (bewirtschaftet)

RASTGELEGENHEITEN Otto-Haus, 1644 m; Weichtal-Haus, 550 m

BESTE ZEIT UND AUSRÜSTUNG Mitte Juni bis in den späten Herbst. Leichtbergschuhe, Wärme- und Wetterschutz sehr empfehlenswert. Auf dem Wachthüttlkamm ungefährlicher Familienweg, auch für Kinder. Der »Alpenvereinsweg« und der »Teufelsbadstubensteig« sind als gesicherte Felsensteige nur Schwindelfreien zu empfehlen (evtl. Reepschnur mitnehmen zur Sicherung ängstlicher Begleiter). »Preintalersteig« ungesichert, nur für im Fels Geübte, evtl. mit Seil! – Mit FB-Wanderkarte, Blatt 2!

BILD Am Ausstieg des »Teufelsbadstubensteiges«, der vom Höllental durch die Felsen der Loswand zum Wachthüttlkamm führt. Rückblick zum Gaisloch

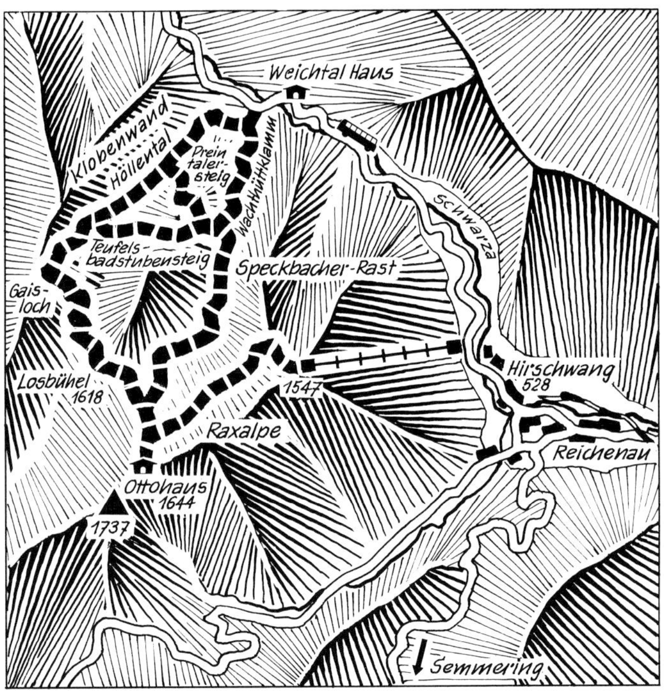

Die Wiener Bergfreunde haben sich für ihr Sonntagsglück zwischen zwei klassischen Hausbergen zu entscheiden: Raxalpe und Schneeberg. Zwischen beiden fließen die dunkelgrünen Wasser der Schwarza, in der viele köstliche, als »Schwarza-Forellen« berühmte Fische auf die Ehre warten, von Wiener Gourmets verspeist zu werden. Auf den nördlich der Schwarza gelegenen Schneeberg führt von Puchberg aus eine uralte Zahnradbahn. Ich empfehle, von Hirschwang, 528 m, bei Payerbach-Reichenau, mit der Kabinenbahn auf die Raxalpe in 1547 m Seehöhe aufzufahren, von dort aus in großer Gesellschaft bis zum Otto-Haus, 1644 m (40 Minuten), zu steigen und dann in die Stille zu fliehen. Denn nur sehr wenig Leute begehen unseren sehr romantischen Abstiegsweg hinab ins Schwarzatal, der noch dazu den Vorzug besitzt, mit drei Varianten alle Reize zwischen hochalpiner Felsbühne und beschaulicher Augenweide anzubieten. Man geht vom Otto-Haus nur eine gute halbe Stunde hinüber zur »Höllental-Aussicht« am Losbühel, 1618 m, von wo aus man nicht ohne leichte Schauer hinabsieht in die ungeheure Gruft zwischen Klobenwand und Loswand: ins Höllental. Schon von hier aus kann der völlig Schwindelfreie auf dem gesicherten und bezeichneten »Alpenvereinssteig« (mit 30-Meter-Eisenleiter) am engen, düsteren Gaisloch vorbei ins Höllental absteigen. Empfehlenswerter ist es, erst ein Stück zurückzugehen und den markierten Weg über die Speckbacher-Rast und den Wachthüttlkamm zu begehen. Hier gelangt man eine Viertelstunde unterhalb der Speckbacher-Rast zur zweiten Variante, die links als ebenfalls gesicherter und bezeichneter »Teufelsbadstubensteig« durch die Steilfelsen der Loswand in die Tiefe führt. Ein dritter, ungesicherter, aber markierter Klettersteig führt von derselben Stelle aus als »Preintalersteig« (nicht trittsichere, wenig geübte Touristen nur mit Seilsicherung!) nördlich in den äußeren Boden des Höllentales. In allen Fällen, auch wenn man am bequemen, über die Maßen aussichtsreichen Wachthüttlkamm bleibt, gelangt man am Schluß hinab an die Schwarza und zum Bus nach Hirschwang. – Die »Rax« ist ein Hausberg der Wiener, ein Familienklettergarten (mit Reepschnur, Donnerstimmen und leisen Tränen).

Ratschläge für bequeme Bergwanderer

Lieber Bergfreund!

Nehmen Sie mir nicht übel, wenn ich hier allgemein von den »bequemen« Bergfreunden spreche, wiewohl auch eine stattliche Schar gealterter, versehrter und von Zeitnot gejagter Menschen Bergbahnen benützt. Aber die große Masse der Seilbahnfahrer sind nun mal bequeme Menschen, und denen gilt aus gutem Grunde mein ewiger Appell. Diesen selten aus Notwendigkeit bequemen Bergfreunden habe ich folgendes zu sagen: Haben Sie keine Sorge, daß ich als vielerfahrener Skiläufer und Bergsteiger nicht das größte Verständnis dafür hätte, daß Sie bergauf lieber fahren statt gehen! Ich bin ja selbst ein begabter Faulenzer, und nur die Bergnatur hat mich zum fleißigen Läufer und Steiger »verdorben«. Denn im Umgang mit den Bergen habe ich gelernt, daß man nur durch eine gewisse Plage jenen Heißhunger, jenen Höllendurst und jene köstliche Gliederschwere erwirbt, die zu stillen und auszuheilen einen allerhöchsten Genuß bedeutet. Als Nur-Bergbahnfahrer kennt man diesen Genuß nicht. Fahren Sie nichtsdestoweniger weiterhin fleißig mit der Bergbahn, Sie stehen dabei immerhin an der Grenze des Paradieses, wo jene Hochgenüsse reifen. Vielleicht bringt »ein Schritt vom Wege« Sie eines Tages über die Grenze, vielleicht verführt Sie sogar dieses mein Buch, die Plage wenigstens als abwärts wandernder Bergfreund kennenzulernen. Haben Sie drei solcher Abstiege hinter sich, so haben Sie ohnehin gemerkt, welche Wohltat es für Leib und Seele bedeutet, den Beinen endlich einmal ihr natürliches Recht zum Ausschreiten, zum Gehen und Laufen zugestanden zu haben. Und dann wären Sie ja bereits auf dem Wege zum höheren Genuß.

Hier sind einige notwendige Ratschläge für bequeme Bergwanderer, die bergauf die Seilbahn benützen und bergab zu Fuß gehen. Das Hochgebirge – in dem alle hundert Abstiegswege dieses Buches verlaufen – ist nun einmal, am Flachland und Mittelgebirge gemessen, eine extreme Landschaft mit für den Menschen oft extremen, also gefährlichen Lebensbedingungen. Wo im Hochsommer in 3000 Meter Höhe polare Klimaverhältnisse herrschen und ein ungewöhnlich tiefer Luftdruck, da heißt es in jedem Falle Vorsicht üben. Nicht umsonst kommt jedes Jahr eine größere Anzahl Bergfreunde zu Tode. Denken Sie allein an das Unglück am Krippenstein im Dachsteingebirge, wo die Heilbronner Schulkinder mit ihrem Lehrer in einem relativ harmlosen Gebiet – das freilich volle 1700 Meter höher liegt als die Stadt Heilbronn – in den Tod gingen, wo das in ahnungsloser Courage mißachtete Unwetter (es war nur ein gewöhnliches Schneetreiben mit für jene Höhe normalem Wind, normaler Kälte und normalem Luftdruck!) mit so jäher Gewalt wütete, wie es am Neckarufer niemals denkbar wäre. Das Hochgebirge ist eine extreme Landschaft. Man muß es aber nicht fürchten. Man muß es lediglich respektieren. Courage ist gar nichts, Besonnenheit und ruhiger Mut sind alles. Je länger einer im Hochgebirge wandert, desto gewisser wird er dessen Bedingungen kennenlernen. Wer viel Erfahrung sammelt, geht endlich ungefährdet durch die große, eigenartige Landschaft der Alpen.

Was ist leicht, was ist schwer?

Dieses Buch enthält 100 Abstiegswege von Seilbahnstationen. Von den 100 Abstiegen beginnen etwa die gute Hälfte in der Region zwischen 1500 und 2000 m Höhe: also in den österreichischen, deutschen und Schweizer Voralpen hauptsächlich. In dieser Zone kann man allgemein von leichten Abstiegswegen sprechen, andererseits heißt es stets auf die Struktur des Abstiegsweges achten: Schrofen (bewachsene steile Felsen) beispielsweise sind gefährlicher zu begehen als nackter Fels. In Schrofengelände heißt es nichts als: am Weg bleiben! Auch in 1500 bis 2000 m Höhe kann ein Wetterumschlag schon gefährlich werden, deshalb gilt auch hier schon die Ausrüstungsvorschrift meines nächsten Kapitels!

Weitere 35 meiner 100 Abstiegswege beginnen in der Zone zwischen 2000 und 2500 m Höhe. Das ist bereits über der Vegetationsgrenze, hier gibt es überhaupt keine Ausnahme von meiner Ausrüstungsvorschrift!

Weitere 10 Abstiege beginnen in der Höhe zwischen 2500 und 3000 m, die letzten 4 schließlich in über 3000 m Höhe. Bei letzteren handelt es sich um die Abstiege vom Gornergrat bei Zermatt (lang, ungefährlich), von der Diavolezza zum Berninapaß (ungefährlich), vom Kitzsteinhorn über den Maiskogel (nur bei Nebel Vorsicht geboten!) und vom Piz Murtel, dem Vorgipfel des Piz Corvatsch im Oberengadin (Abstieg über die kurze Gletscherflanke nur am Seil eines erfahrenen Bergsteigers).

Wie schwer und wie leicht diese Abstiege sind, habe ich in den meisten Fällen angegeben. Über 60 meiner Abstiege können von älteren Leuten und von Kindern ab 6 und 8 Jahren gemacht bzw. mitgemacht werden, weitere 35 Abstiege können von Kindern ab 10 und 12 Jahren mitgemacht werden. In manchen Fällen ist es – vorsichtshalber! – gut, wenn man eine Reepschnur von 15–20 m Länge immer mit sich führt, um dort, wo Gräben, Muren, kleine, harte Schneerinnen oder exponierte Steiganlagen zu überschreiten sind, eine gewisse Sicherheit zu geben und zu haben. – Ich selbst gehe seit vielen Jahren mit Kindern aller Altersstufen in die Berge, ich habe noch niemals bereut, die kurze, billige Reepschnur mit mir geführt zu haben, beispielsweise am Säntisabstieg, am Weg Croix de Lognan nach Montenvers, am vereisten Langkofeljoch. Um einen festen Anhaltspunkt über die Schwierigkeit meiner Abstiege zu geben, darf ich in diesem Zusammenhang sagen, daß ich die meisten Abstiege mit Kindern zwischen 6 und 12 Jahren gemacht habe. Alle anderen Abstiege, die ich ohne Kinder machte, würde ich auch mit den Kindern unternehmen. Schwierig, besser gesagt, etwas exponiert sind (bei gewissen unguten Verhältnissen!) nur ganz wenige Abstiegswege dieses Buches:

Route 19 Säntis–Lysengrat (ein drahtseilgesicherter Treppensteig über bizarre Türme), nicht schwierig

Route 26 Piz Murtel–Fuorcla Surlej. Ungefährdeter Abstieg erst ab Fuorcla Surlej möglich. (Bis dorthin nur mit erfahrenem Bergsteiger, da kurze Gletscherflanke!)

Route 35 Rüfikopf-Abstieg (bei unsichtigem Wetter bzw. Nebel)

Route 47 Zugspitze–Reintal (ein sehr langer Abstieg, 8 bis 10 Std.!)

Route 52 Laberjoch-Westabstieg (verlangt besondere Trittsicherheit, wogegen der Ostabstieg harmlos ist)

Route 54 Seefelderjoch–Reitherspitze (wegen einiger steiler Schrofen am markierten Gratweg)

Route 55 Herzogstand–Heimgarten (an wenigen Stellen drahtseilgesichert, am Steig bleiben, dann ganz ungefährlich!)

Route 72 Langkofelscharte–Confinboden (Vorsicht bei Neuschnee oder hartem Altschnee! Nie abfahren!)

Route 90 Kitzsteinhorn (wegen Gletscher! Ungefährlich ab Mittelstation/Krefelder Hütte!) Abstieg beginnt an Hütte!

Route 98 Schafberg–St. Wolfgang (Vorsicht höchstens bei Nebel und Nässe! Guter Steig)

Route 100 Raxalpe–Schwarzatal (harmlos nur der Wachthüttlkamm. Die sog. »Kletter-Steige« ins Höllental sind aber nur für trittsichere Kletterer!)

Ich betone ausdrücklich, daß viele als nicht schwierig hier ausgelassene Routen fast ohne Ausnahme schwierig sein können, nämlich 1. bei Nebel, 2. bei einem plötzlichen Wetterumschlag, 3. bei überraschendem gesundheitlichem Versagen eines Wanderers, 4. bei Verlassen des markierten Steiges! Nichtsdestoweniger sind sämtliche Abstiege dieses Buches (mit den erwähnten Ausnahmen des Piz Murtel und des Kitzsteinhorns) für den leidlich erfahrenen, leidlich trittsicheren und mit den Wetterzeichen Vertrauten leicht zu begehen!

Die Ausrüstung ist wichtig!

Eine Grundregel für die Abstiege dieses Buches: keinen Abstieg in Shorts! Keinen Abstieg in Stöckelschuhen! Das Gebirge kennt keine Asphaltwege.
Zur Ausrüstung des Bergwanderers, auch wenn er nur abwärts geht, gehört unter allen Umständen: 1. eine Bundhose, möglichst aus Wollstoff, 2. Gute, feste Bergschuhe mit Profilsohle, 3. Je nach Höhe dünnere oder dickere Wollstrümpfe (oder als Ersatz im Rucksack), 4. Ein gut wärmender Pullover, 5. Ein guter, winddichter Anorak mit Kapuze, 6. Ein Paar gute Wollhandschuhe oder Fäustlinge, 7. Bei längeren Touren ohne Hüttenrast ein kleiner Mundvorrat: Knäckebrot, Dörrobst, Schokolade oder Traubenzucker, Speck. 8. Eine gute Sonnensalbe bei Abstiegen aus großer Höhe (Kitzsteinhorn, Gornergrat, Zugspitze, Piz Nair usw.), vor allem Labiosan für die Lippen! 9. Wenn man in Begleitung geht, eine 7-mm-Reepschnur von 15 m Länge (wiegt wenig, kostet wenig, gibt an heiklen Stellen große Sicherheit), 10. Ein kleiner, moderner Tourenrucksack, in den alles von dem eben Genannten hineingeht, was man gerade nicht braucht.
Ein Tip aus meiner eigenen Erfahrung: Ich verwende seit über 30 Jahren einen federleichten, überlangen Rohseidenschal (gewöhnliches Tuch 120 × 90 cm) als Halsschutz, Windschutz, Kopfschutz, Kopfkissen in Hütten, Sonnenschutz usw.

Weitere alpine Grundregeln

Achte auf die Wetterzeichen! Wer sie nicht kennt, frage vor längeren Abstiegen Einheimische, den Mann von der Seilbahn-Bergstation, den Hüttenwirt! Verzichte bei Nebel auf einen längeren, dir nicht genau bekannten Abstiegsweg! Unterschätze nie einen Wetterumschlag im Hochgebirge! Er kann auch im Hochsommer bis in die grüne Almregion Schnee bringen, er kann die Temperatur auf winterliche Kältegrade herabdrücken. Trifft ein körperlich erschöpfter, vielleicht verirrter Mensch in derartige Verhältnisse, so muß er mit dem Schlimmsten rechnen. Schließe dich möglichst nicht an Fremde an! Wähle dir gut bekannte Leute als Begleiter, von deren Leistungsfähigkeit du überzeugt bist! Dies gilt insbesondere für Kinder! Fast alle Abstiege dieses Buches können mit Frau und Kindern gemacht werden. Auch Kinder müssen vorschriftsmäßig gekleidet sein! Man ermahne die Kinder unentwegt, dort, wo es exponiert ist, am Wege bzw. an der Sicherung zu bleiben. Laß die Kinder das Tempo bestimmen! Mache mit ihnen mehrere lange, aber nicht viele kurze Rasten! Laß Kinder niemals allein über harte Firnfelder abrutschen! Gehe langsam und gleichmäßig! »Abschneider« und »Abkürzer« an Serpentinun- oder Hangwegen sind Kindern immer zu verbieten!
Betrete nie eine Schneewächte (die es auch im frühen Sommer noch gibt), meide harte Firnfelder und Schrofengelände! Meide Schrefen (grasüberwachsene, steile Felshänge) vor allem bei Nässe! – Nimm immer die angegebenen Landkarten mit, sie verdoppeln den Genuß des Wanderns und Schauens!

Und einige alpine Anstandsregeln . . .

Reiße keine Bergblumen ab! Erstens sind die meisten geschützt, das Abreißen also strafbar! Zweitens – und das sollte mehr überzeugen – sind Blumen wie Menschen Geschöpfe ein und derselben Macht.
Auch Tiere sind Geschöpfe unsersgleichen, sind ein Teil der Natur, die wir suchen und die wir in ihrer Vollkommenheit verehren. Laß also Gemsen, Hirsche, Rehe, Murmeltiere, Salamander leben, störe dieses Leben nicht, halte Distanz!
Denk daran, daß nach dir andere Bergfreunde kommen und deinen Platz am Gipfel einnehmen: wirf also kein Papier weg, trage deine leeren Konservenbüchsen heim! Und verdirb die Urstille des Hochgebirges nicht durch wüstes Geschrei! Jodel- und Halloschreie gehören auf die Gaudi-Bühne und zu verdorbenen Naturburschen, du sei still wie die Bergwelt um dich! Dann siehst du auch mehr, dann hörst du auch mehr!
Bleib immer am Wege, achte darauf, daß durch keinen unbedachten Tritt Steine abgelassen werden! Vor allem aber: laß nie aus Übermut selber Steine ab! Oft sind andere Bergfreunde unter dir am Steig, dir unsichtbar vielleicht. Sie gefährdest du durch den von dir ausgelösten Steinschlag.

WALTER PAUSE

Erklärung der Abkürzungen

In diesem Buch sind mehrmals Abkürzungen verwendet worden:

HU	=	Höhen-Unterschied
AV	=	Alpenverein (Deutscher), auch AV-Karten
SAC	=	Schweizer Alpen-Club
Chalet	=	ein wochenweise vermietbares Häuschen (Riederalp, Bettmeralp, Gspon, Zermatt und in anderen Schweizer Höhenorten)
FB-Karte	=	Freytag-Berndt-Wanderkarte, 1:100 000 (neuerdings blattweise auch 1:50 000!)
SL	=	Schweizer Landeskarte (Serien 1:25 000, 1:50 000 und 1:100 000)
CAI	=	Club Alpino Italio

Fotonachweis

Die Zahlen beziehen sich auf die Nummern der Abstiege

Josef Lassmann, Oberursel 1
Edit. Tairraz, Chamonix 2, 3
Foto Klopfenstein, Adelboden 4, 5, 11
F. & E. Heimhuber, Sonthofen 6, 39, 71, 73, 77
Hans Wunderle, München 7
Walter Pause, Irschenhausen 8
Foto Fäh, Gstaad 9
Foto Gyger, Adelboden 10, 14, 15
Franz Thorbecke, Lindau 12, 16, 19, 20, 21, 22, 25, 26, 27, 28, 29, 30, 32, 36, 37, 40, 41, 43, 44, 45, 48, 53, 54, 58, 59, 60, 61, 63, 65, 67, 83, 85, 87, 93
Lisa Gensetter, Davos 13, 24
Otto Pfeifer, Luzern 17
Foto Bürgi, Vitznau 18
Jules Geiger, Flims 23
H. Müller-Brunke, Grassau 31, 34, 35, 51, 79, 91, 92, 94
Foto Wolf, Schruns 33
Alfred Kloske, Augsburg 38, 42, 46, 47, 52, 55, 57, 62, 68, 69, 80, 81, 82, 84, 86, 88, 89, 90, 95, 96, 97, 98
Rudolf Henneberger, München 49
Wenzel Fischer, Mittenwald 50, 56
Werner Heiß, München 64, 76
Robert Löbl, Bad Tölz 66, 70, 99
Toni Schneiders, Lindau 72
Jürgen Winkler, Wolfratshausen 74
Foto Ghedina, Cortina d'Ampezzo 75
Silke Kolbe, Fellbach 78
Willi End, Wien-Baden 100

Von Hütte zu Hütte

20. Auflage, 211 Seiten
100 ganzseitige Fotos
davon 48 von
Franz Thorbecke
100 Tourenskizzen

Man muß nicht immer auf hohe Gipfel ziehen! Der erfahrene Bergsteiger kann seinen Ehrgeiz ebenso gut über stille Höhenwege und Übergänge »von Hütte zu Hütte« tragen und dennoch ein triumphales Hochgefühl heimbringen. Das zyklopische Chaos der alpinen Urwelt genießt sich im Tal wie auf dem Gipfel, es kommt nur auf die Augen an. Meine 100 Bilder, Skizzen und Texte deuten auf 100 erlebnisreiche Höhenwege zwischen Dauphiné und Wiener Schneeberg; 64 Touren sind einfacherer Natur, 36 führen in große Höhen und stellenweise über Gletscher. Ob Anfänger, Bergwanderer oder Bergsteiger, jeder findet die ihm gemäßen Routen. Diese neue Auflage ist in Bildern und Texten weitgehend überholt und verbessert worden.

Im schweren Fels

7. Auflage, 209 Seiten
100 ganzseitige Fotos
davon 25 von
Franz Thorbecke
100 Kletterskizzen

Den aktiven Kletterer anzuregen und dem alternden Kletterfreund tröstlichen Rückblick zu verschaffen: das hatte ich im Auge, als ich die »100 Genußklettereien« vorbereitete. Dieses Wort läßt ideale Kletterführen der mittleren Schwierigkeitsgrade III und IV erwarten, dazu festen griffigen Fels auf keiner gesuchten, sondern auf einer von der Bergnatur vorgezeichneten Route, und relativ geringe objektive Gefahren. Ich freue mich, daß dieses Buch beliebt geworden ist, ich habe es mit Passion – unter Austausch von 16 neuen Kletterführen – verbessert. Wer die hohe Schule der alpinen Kletterei beherrscht, der sollte an diesem Kletterbuch seine »extremen Freuden« haben: 100 Ziele in fünf Alpenländern führen auf hohe Gipfel der Lebensfreude.

Im extremen Fels

2. Auflage, 208 Seiten
100 ganzseitige Fotos
davon 6 von
Franz Thorbecke
100 Tourenskizzen

Dieser vorletzte Band meiner Bergbuchreihe vereinigt alle hohen Ziele der europäischen Kletterer-Elite von heute: vom Kalkfels des Dachstein und Gesäuse bis zum Granit von Dauphiné und Montblanc. Die Auswahl ist subtil. Ein ansehnlicher Kreis aktiver Extremkletterer aus fünf Alpenländern half mir bei der Auswahl und der »extrem schwierigen« Vorbereitung der Anstiegsskizzen. Sie berücksichtigen die letzten Erfolge der alpinen Extremkletterei, aber auch fällig gewordene Berichtigungen. Die Grade V und VI bestimmen den Rang der teils freien, teils mit künstlichen Mitteln zu bewältigenden Kletterei, am Begriff der »klassischen«, der logisch verlaufenden Führe wurde festgehalten . . . Diese 2. Auflage (1977) wurde 100mal bis ins letzte Detail überarbeitet, vor allem Skizzen und Text.

Im Kalkfels der Alpen

5. Auflage, 211 Seiten
100 ganzseitige Fotos
davon 33 von
Franz Thorbecke
100 Tourenskizzen

Der griffige Kalkfels der »Vorgebirge« nord- und südwärts des aus Granit und Eis gebauten Zentralalpenkammes fordert vielfach zum Klettern heraus. Auch hier findet man klassische Gipfeltouren! Von 100 Zielen muß man bei 75 Hand an den Fels legen, vielfach im leichten Fels; bei 50 Touren hat man schon den Grad II (mäßig schwierig) und bei 15 Touren sogar den Grad III (schwierig) zu respektieren. An der Erfahrung darf es nicht fehlen! Man trifft auf berühmte Normalwege, macht beliebte Überschreitungen – genießt im sanften Rausch des »gefährlichen Lebens« den schönsten Kalkfels der Alpen: in den Dolomiten, im Dachstein und Karwendel, im Wetterstein, in den Lechtaler und Bündener Kalkbergen. Und dies alles nahe den großen Städten Wien, Salzburg, Bozen, München, Lindau und Zürich.

Umfang 37 Blatt
12 Farbfotos
25 Schwarzweißfotos

Schöne Bilder und amüsante Texte finden Sie im

Walter Pause Bergkalender

Pause-Bücher für Bergfreunde und Skifahrer

Berg Heil

23. Auflage, 211 Seiten
100 ganzseitige Fotos
davon 32 von
Franz Thorbecke
100 Tourenskizzen

Ich bin ganz sicher: Diese 100 Wanderungen und Bergtouren in den Alpen führen den besonnenen, auch den alpinen Gefahren gewachsenen Bergfreund durch alle Zonen elementarer Lebensfreude – und auf einen schönen Gipfel gesunden Selbstbewußtseins. 55 Touren im Kalkfels, 45 Touren in Granit und Firn des Alpenhauptkammes: unterschieden nach vier Schwierigkeitsgraden. Zu den 35 leichten (I) kommen 48 mittelschwere (II und III) und nur 17 etwas schwierigere (IV) Touren – beinahe alle sind sogenannte Normalwege, nur kurz sind die bei 20 Touren zu passierenden Gletscherstrecken . . . Alle diese Touren lehren dem von tausend kleinen Reizen übersättigten Menschen unserer Zeit wieder den Wert der einfachen Freuden: der Strapaze und der Gefahr!

Ski Heil

19. Auflage, 211 Seiten
100 ganzseitige Fotos
davon 69 von
Franz Thorbecke
100 Abfahrtsskizzen

Die 19. Auflage der »100 schönsten Skipisten der Alpen« – 1958 in 1. Auflage als Buch der »100 Skiabfahrten« vorgestellt – bietet sich hier als ideales Wintermärchenbuch an. Die Totalität des modernen – leider schon überzogenen, weil industrialisierten – Pistenbetriebes beweist sich hier in 100 Bildern, darunter sehr vielen erneuerten Luftaufnahmen, in klaren Skizzen und kritischen Texten. Möge jeder frohe Pistenfahrer doch auch an den hohen Preis denken, den wir Liebhaber der alpinen Urlandschaft für deren weitgehende Zerstörung durch den »Ski-Boom« bezahlen. Wer »Boom« sagt, bejaht das Vergängliche. Die Flucht von immer mehr Skifahrern von der Piste in die einsame Urlandschaft der Skitouristen bestätigt es. Dennoch sage ich aus vollem Herzen – Ski Heil!

Abseits der Piste

11. Auflage, 211 Seiten
100 ganzseitige Fotos
davon 85 von
Franz Thorbecke
100 Tourenskizzen

100 stille Skitouren »Abseits der Piste« – das heißt »abseits des Rummels«, »abseits der Vielzuvielen«. Ein Buch der Sonderlinge? Ich glaube nicht. Ich empfehle es lachenden Herzens auch den Massen des modernen Pistentreibens. Denn so unverhofft plötzlich über 10000 Stadtmenschen 50 Kilometer um ihre Städte laufen und Tausende von Skilangläufern die Wasa-Renner nachahmen, so unverhofft kann auch eine neue Wende im Skilauf kommen. Unter uns: ich hoffe nicht! Ich wünschte, daß meine Leser mit mir allein bleiben in der hohen Stille der entlegenen Kare, Gletscher und Firngrate, hoch oben im scharfen Licht der Sonne, hundertmal, so wie es die Luftfotos Franz Thorbeckes und meine Skizzen und Texte herausfordern! Deshalb Ski Heil!

Klassische Alpengipfel in Eis und Urgestein

6. Auflage, 211 Seiten
100 ganzseitige Fotos
davon 53 von
Franz Thorbecke
100 Tourenskizzen

Gefährlich leben? Nur eine Sache der Umstände und der Umsicht. Diese 100 Gipfeltouren in Granit, Gneis und Firn des Alpenhauptkammes bedeuten jedenfalls die 100 Traumziele jedes Alpenfreundes. Natürlich sind hier die 100 »Normalwege« dargestellt, also die leichtesten Routen auf diese zwischen 3000 und etwa 4500 m hohen Berge. Unter diesen »Normalwegen« sind 22 relativ leicht, 60 weniger und nur 18 wirklich schwierig. Wobei erst die Umstände der großen Höhe, also Wetter, dünne Luft, Kondition und der Zustand von Firn und Fels über die Relativität entscheiden. Fast alle Touren sind schwieriger als die Gipfeltouren »im Kalkfels« der Voralpen, die nur 2000 bis 3000 m hoch und deshalb meist eisfrei sind . . . . Berg Heil!

BLV Verlagsgesellschaft München

KEMPTEN
Hörnle
53
Aggenstein
40
FÜSSEN
Tegelberg
41
ROSENHEIM
Wendelstein
62
87
LINDAU
Laber
52
Wank
Herzogstand
51
55
57
Wallberg
58
61
86
Scheffauer
Geisalpseen
39
42
GARMISCH-PARTENKIRCHEN
Brauneck
Rotwand
OBERSTDORF
Tannheimer
KUFSTEIN
38
Nebelhorn
44
Eckbauer
49
50
56
Dammkar
Rofan
60
Zireiner See
Kanzelwand
37
Grubigstein
47
48
Kranzberg
59
85
Zugspitze
Kreuzeck
84
Alpenrosehütte
Seebensee
46
Seefelderjoch
54
63
Hafelekar
80
Grafenast
Resterhöhe
83
Niggenkopf
Rüfikopf
35
INNSBRUCK
30
43
Acherkogel
81
Gerlosstein
36
Kapall
34
45
Venetberg
68
Mutterer Alm
90
32
Lünersee
Valluga
LANDECK
79
Penken
Elfer
64
Nößlachjoch
78
33
Hochjoch
69
Eggalm
82
Gauertal
31
Eisgrat
67
Weißsee
Riffelsee
65
29
Jakobshorn
Rotmoos
66
Zettersfeld
92
MERAN
BRIXEN
Drei Zinnen
77
70
Raschötz
ST. MORITZ
Grödnerjoch
71
CORTINA
26
Corvatsch
BOZEN
72
27
Langkofel
76
Sella
28
Lagalb
Diavolezza
74
Marmolata
73
Vajolet
75
Rosetta
TRIENT
BRESCIA
VERONA